现代哲学倾向

——评自然主义、唯心主义、实用主义和实在论,兼论詹姆士的哲学

〔美〕拉尔夫·巴尔顿·培里 著

傅统先 译

商务印书馆
The Commercial Press
创于1897

Ralph Barton Perry

PRESENT PHILOSOPHICAL TENDENCIES

Longmans, Green & Co.

1929

献给亲爱的和敬佩的威廉·詹姆士以为纪念

目　　录

第二部分　自然主义

第三部分　唯心主义

第四部分　实用主义

第五部分　实在论

序　　言

　　为了避免对本书范围有任何误解起见，让我在开始时说明一下，除了附录以外，本书与其说是一部历史，毋宁说是一种批判。我试图不仅综述现代哲学的一些倾向，而且还予以估价；我的批评是彻头彻尾以实在论的哲学为根据的，而我仅在本书的结束部分才建设性地把这个实在论的哲学提出来。

　　既然我的方法是批判的而不是论述的，无疑地会有人责备我犯了个人谬见的毛病，把一些观点归之于某些作者而这些作者将不承认是他们自己的看法。也许有这样的情况，但无论如何我总是把我所批评的观点陈述得使问题的是非曲直摆在研究的最前面。我认为，发现某些流行的观点是否正确，较之在一些细枝末节上煞费苦心地去讨论它是属于谁的观点，更为重要。

　　再者，我承认我已给予我所讨论的这几种倾向以英美思想界所特有的那种相对重视。这表现在我承认在唯心主义中把"批判的"或康德派的动机跟形而上学的或黑格尔派的动机结合起来的重要性；这表现在我把实在论和"新的"或非二元论的实在论等同起来；这表现在我给予了实在论和实用主义两者以同样卓越的地位。至于英美派对现代哲学的探讨和大陆派之间在分配分量和强调重点上的差别，如果把本书跟路德维希·斯坦因的杰作《当代哲学流派》作一比较，就可以看出来。

本书有些部分是把杂志上的文章拿来重印的；我已在适当的地方表示了应有的谢意。在这里我想对我的朋友霍耳特教授、斯鲍尔丁教授、梅森博士、谢佛尔博士和冈瑟·雅科比博士等人的帮助也致以谢忱。

拉尔夫·巴尔顿·培里

剑桥,1911 年 9 月

第一部分　导论

第一章　哲学理论和既有的信仰①

§1. 理论和信仰之间的分裂　如果要把各派哲学趋势作一概述，就不可能不使人感觉到，在学院哲学与街头哲学之间，在批评家最近的冥想、假设和定义与人类一般的信仰之间的分裂。这个分裂不是哲学所特有的。在纯科学和通俗科学之间，在政治理论和政治信念或传统之间，也有类似的差别。但是这两种情况下的差别都不如哲学中所存在的差别这样混淆或紊乱。纯科学和通俗科学之间的混淆情况，由于发展了一种有组织的技术，使纯科学大部分成为常人所不能理解的东西从而得以避免；而且很少有把科学假设在成熟以前就加以应用的危险，因为在任何这类假设能够加以应用之前都必须克服许多材料上的困难。在政治学方面也是同样的情况，不过当然要少得多。政治行动是以一个社会中坚定而广泛地接受某些普遍的信仰为基础的，而这些信仰是不受理论的盛衰所直接影响的。而且在这方面，对于理论的应用，除了在非常的条件之下，也必须是缓步前进的，因为它所运用的工具是复杂的。

人们可以辩论说，普通的哲学信仰，由于它们跟社会利益广泛

---

①　这一章系以《哈佛神学评论》杂志第 3 卷，1910 年 7 月号上所载的"理论与信仰"一文重印，但略有增改。

地互相渗透以及由于既定的宗教所具有的权威,也受到类似的保护而成为稳固的东西。但是一次哲学革命比一次政治革命较为容易成功,这仍是一个事实。其所以这样的理由乃在于:一种哲学,跟一种政治不同,是一件个人的事情。一个人可以改造他的世界观——把他的思想世界建立在一个新的基础上并且重新安排他的价值秩序——这除了他自己习惯的惰性以外是不会遭遇到任何更大的阻力的。而且在像现在这个个人主义的时代,教会已经放松了它对人心的控制,这样一个革命比较容易获得成功。因此,如果理论的可变性对信仰容易发生危害的话,那么这种危害在哲学的情况中就特别大。而且在这里也特别易于陷入混乱,因为理论哲学还没有能够发展出它自己所特有的技术。在哲学探讨和思辨中所用的术语大多数是宗教信仰中的术语;以致常人太容易把研究者的暂时假设和他的宗教信仰的神圣符号等同起来。

§2. 理论和信仰是具有同样根本价值的认识形式　理论和信仰,即批判思辨的新词句和对于生活的旧假设,两者都是认识的形式。而且虽然有必要把这些形式加以区别,甚至把它们分别地组织起来,但是那种必要性不应该使我们看不见这个事实,即它们的价值根本上是相同的。通过知识的增进对自然进行控制,是进步的工具和希望的主要依据,这一点乃是现代文明的公理。这较之普通所假定的更其显著是现代所特有的一个观念。古代世界对于进步曾有其武断的和批判的观念。前者乃是通过征服领土和篡夺政治上的控制来扩张国家和种族的观念。后者,由于希腊天才的贡献,则是认为人性必经充分修养和锻炼的人文主义观念。这些古代观念又为基督教的超自然主义所代替,这种超自然主义把人类得救的希望寄托在另一个世界,而这是要在放弃了这个世界之后才可以达到的。当基督教的欧洲已经还俗的时候,便发展了一个关于固定体系的神权政治观念,在这个固定的体系中,一切人类的活动都应该受宗教权威的限制和控制。最后,作为对既定秩序的一种反动,出现了文艺复兴时期的观念——一种复古的热忱和一种颠倒历史进程的想望。

虽然现代的观念从所有这些观念方面都有所借重,它是根本不同的。它证明了在人生的事业中人类的团结一致,而在这一点上它体现出它的基督教的精神;同时它又从非基督教的思想中引申出一种对于人类才能的尊重和一种相信人类确有力量为他本身获得幸福的信心。但是这些动机在现代精神中已经结合在一起,以致产生了某种完全新颖的东西。幸福是能被种族所赢得的,而且应该是为了全种族而赢得的;幸福在未来而且只有从长期的和集体的努力中才能产生;而获得成功的力量在于进步的知识和对于自然的控制。这是培根的观念。获得知识的诱因在于它应用于生活。"因为成果和发明就似乎是求得哲学真理的发起人和保证人一样。"所以培根希望有学识的人们要以他们当前环境的事实作为他们研究的出发点而且要以之为目的。"因为我们的道路并不是在一条水平线上,而是上升和下降的,首先是上升到公理,然后下降到工作。"在《新大西岛》的最后一部分,对于所罗门宫的豪华富贵,伟大的博物馆和实验室、宝库和工场,即所谓"这个王国的灯塔",有一段出色的描绘。所罗门宫的长老在接待他的拜访者时所说的话乃是对于弗兰西斯·培根所曾预言的景象和后世所曾坚决完成的情况的一个简明而生动的概述。"我们创设的目的是为了寻求原因的知识，和事物的秘密的运动；而且是为了人类帝国疆域的扩大以至达到一切可能的东西。"①

理论和信仰的价值终究是一样的。两者都是知识的形式，而知识则照耀和指导着一切有意识的行动。但是，如我们即将看到的，每一种这类的知识形式也有一种特殊的价值，而这个比较根本的价值乃是通过这种特殊的价值而实现的；而这些比较特殊的价值不仅要求在程序上有所差别，而且甚至于要求在用词方面也有某种不可通用的地方。

§3. 理论和信仰中动机的差别和对立　　斯蒂芬在一篇名叫《信仰者的怀疑主义》的论文中曾经指出在不信仰和相反的信仰之间普遍地存在着混淆不清。"信仰"一词在任何历史时代差不多总是用来指明既有的信仰，即为权威或为一致的公论所支持的信仰；而"不信仰"则用来指明不同意这个既有的信仰，即使如我们所常见的这个不同意的本身也是由于信仰所致。既有的信仰抗拒变迁，而且在另一种信仰有可能获得发言的机会之前，它必须受到攻击、削弱或者破坏；所以赞成者们便认为反对者们在他们基本意图中是破坏性的，而没有看清楚这个事实，即这和另一个信仰有关，而这个信仰跟当时所流行的那个信仰一样，就其本身来讲，也是肯定的和有建设性的。因此，近代宗教正统派曾经把一定的世俗趋势谴责为不信仰，而这种世俗趋势实在并不是起源于一种喜欢制造分歧，而是由于人们对于自然一致性和对于人类有挽救他自己

---

①　《培根哲学文集》，艾利斯和斯佩丁编，第 3 卷，第 156 页；同上，第 4 卷，第 73、96 页。这里引用的培根的话系根据"培根之预言"这篇文章部分重印的，见《通俗科学月刊》，第 77 卷，1910 年 10 月号。

的力量所具有的一种最虔诚的信念。如果我们像斯蒂芬那样断言,在反对科学和个人主义的自由发展时,"信仰"的维护者们其实曾设法阻止或破坏过那种相信争取文明进步的信念,而这种在文明中的进取心却曾主要地推动了上两个世纪的进步,这也并不是完全不公平的说法。

　　但就我们目前的目的而言,这个情况的重要意义并不在于这些敌对信仰之间的争论,它们都是积极的和确信的,而在于一方面是使人精神奋发的信仰,另一方面是使人悬虑不安、迟疑和一般地软弱无能的那种可以被适当地认为是不信仰的状态之间所存在的分歧。我们的作者说:"当一个人的信念最有利于奋发的行动而不受使人在生命的重要关头意志陷于瘫痪的疑惑所困扰时,这个人便最有信仰,在这个意义上说,这种信仰代表着一种实在的力量。他对于所要达成的目的必须有一个清晰的想象,他对这个目的的虔诚信仰可以成为他一生中占统治地位的情感而且他可以集中他的全部精力在这个目的的焦点上。"[①]在眼前的讨论中,我用"既有的信仰"一词来指明信条,即指有利于行动的坚决信念而言;而且我的目的还要指出,相反的那种心理状态,即不信仰或缺乏有利于行动的信念,也可以由理论所导致。在理论能够变成信仰之前,它必须变成一种生活计划;它不仅必须为人们所陈述,而且也要为他们所采纳。当信仰变成理论的时候,这就意味着某一个人的生活计划中的一个主要部分被取消了;有必要使他停止行动和中止这个计划,如果不是永久废弃它的话。如果不承认在理论和信仰之

_____

　　① 斯蒂芬:《一个怀疑论者的辩护》,第50页。

间这个极端的差别,如果不理解,作为心情、心理状态或生活契机,
它们几乎是相对立的,那么我们就必然会始终看不出异端和怀疑
的真实悲剧。

信仰的价值在于应用。知识只有在为了行动的目的而被承认
的时候,才变成了信仰。这一点对于最基本的常识、专门技巧和宗
教虔诚方面同样都可以这样讲。常识包括多种多样的事物,而这
些事物对日常生活的目的而言都能视为理所当然的。常识必须确
实有用;但是如果它不是在习惯上和暗中为人们所信托的话,它仍
然不会是有用的。专门技巧脱胎于科学;但是在科学原理尚未十
分完善地建立起来,成为可靠的东西之前,它们是不能够加以应用
的。而虔信,如果它不是经常的,如果一个人的生活不是建筑在它
上面的,也不是如所谓宗教那样的好事情。如果一个人打算明天
做些什么,或者是建筑一座桥梁,或者是祈祷上帝,他总是有所信
仰的。因此,信仰虽然和知识必然共同有其真理的价值,但超过真
理的价值之外和在它之上还有一种特有的价值。这个价值便是那
种深信和坚定心,而没有这种深信和坚定心,任何始终一贯的努力
都是不可能的。而且既然情况如此,那就势必有一种恰当而强有
力的使人有所信仰的诱因,而这是跟爱真理有所不同的。因此,有
些人由于丧失了他们的信仰而有所抱怨,或者设法去恢复他们的
信仰,祈祷上帝对他们的不信仰进行帮助,他们并不是完全没有理
由的。

理论不能代替信仰,正如石头不能代替面包一样,这一点现在
是清楚的了。理论并不跟信仰一样直接滋养和保持生命;因为不
像信仰一样,它不适合于行动的脾胃。从事于理论就要怀疑。研

究者必须既不轻信，又要老实相信，既无所信仰，又要准备相信一切。当他保持着一种从事于理论的心境时，他始终是胸襟开朗的，愿意接受真凭实据的，只是暂时地或假定地作出一些肯定罢了。他可以打基础，但是他不能停止在基础上，以致不能在这些基础上从事建筑。况且，人们并不指望理论家把他的理论付诸实践，正由于这个理由，他享有一定的不负责任的情况。他担当着就一个问题的是非曲直来对它进行检验的任务，而不涉及暗底下的动机。他被允许进行一定的猜测，在各种假设的可能的选择之间有一定程度的犹疑不定，而这种情况对于行政管理的资格来说是很不利的，从事理论活动的心灵也并不拘泥于生活中所流行的那些比例标准。科学家往往像詹姆士的"近视的蚂蚁"一样，它碰着每一个微细的裂痕和罅隙，而从未怀疑过还存在着一个中心。但是这个程序对于适当地指导人生虽没有什么好处，然而作为理论分析的一个偶然情况，这既不是没有价值的，也不是没有结果的。切斯特顿曾经说过，"一个人并不因为建筑一个一英里高的雕像而发狂，但是他会由于在几英寸以内想出一个雕像而发狂。"①在后一种情况下，按照社会效能的标准来判断，这个人是在发狂；但是当人们认识到，他的兴趣是在理论方面的时候，他的狂妄就有了解释，或者被断定并不是狂妄。而且在生活和理论中同样容许有一定的步调上的差别。有一个格言说："如果一个人只相信他所能完全懂得的东西，那么他必须具有很高的才华，或很少的信念。"换句话说，当一个一心从事理论的人进行工作时，生活就似乎允许经常由充

---

① 切斯特顿:《正统派》,第 67 页。

分而明显的理由所指导;而在实际当中,如果一个人采取了这样一个原则,他就会不能前进一步。合理的生活不是通过怀疑、检查、试验和证明而是通过假定来进行的。对于生活,有一种紧迫和短促的情况,这就不可能使得一个人一味地从事于批判或按照逻辑上精密的衡量来考虑每一次的肯定。

我并未在企图把人们分为信仰者和理论者,我希望这一点是清楚的。我并不是在人的阶层上进行区别,而只是在特有的心情或心理状态之间加以区别。然而,这个区别是在道德方面的,而不是在心理方面的。在理论和信仰中有一种不同的动机,有一种不同的人类的善。所以无论在个人的生命中和在社会历史中这些心情就势必会戏剧性地彼此发生抵触。有属于理论方面的一个集团,也有属于信仰方面的一个集团,彼此都忠实于自己的集团。例如,也许在我们自己的时代,更多地需要强调信仰的动机。我们是生活在一个理性主义的时代,在我们当中有很多人是属于某一个理性主义的团体或社团,而倾向于理论派。这个派别的特点就是认为:拥护既定的信仰的人们只是由于顽固或惰性才怀疑或抗拒新事物。反之,保守主义跟激进主义是同样激动的,同样是为对于善的爱好所推动的。因为拥护既定的信仰的人就是拥护既定的生活的人,他适应于当前的利益,而这种适应是在日常中经过考验和证实的,而且是大多数人们全部地和坚决地接受的。如果轻视他,把他当作真理的敌人,就不如把他当作和平和秩序的朋友而予以某些尊重,来得更为开明一些。

§4. 信仰的协同一致性　　我们将会不懂得信仰的动机的力量或它在生活经营中所起的作用,除非我们认识到它的协同一致的特性。一个既定信仰所具有的价值是跟投入其中的利益的数量成比例的。而信仰的这种共同性在每一种度量上，无论是在个人、社会和历史的尺度中都表现出来。曾经有人说过，任何一个行动者都是一个宿命论者。这是因为如果要把一个人生命中的几个动作服务于一个目的，那就需要坚持信仰。一个行动计划，按照其范围大小，在其执行中需要时间和多种多样的动作，而在每一时刻，每一动作上都必须予以坚持。每一个行动计划都是根据无数关于自然和社会环境的假定而制订的；而且如果对于这些假定发生了怀疑，这个计划实际上就停顿了。行动的效率是跟它的范围成正比例的，而它的范围愈大，它的组成因素之应该固定和稳定就愈为必要。一个人必须绝对地相信假定，这样才可以使他自由地把它们置之脑后而面临所要完成的工作。

进取的企图愈大，就愈需要有一个固定的方向，就愈需要具有这样一个观点，即在我们把千百个辅助的动作聚积和配合起来，联合地和积累地达到了被指定的目的之前，它必须坚持不变。而且一个信仰的坚定性对于社会行为，较之对于个人行动，尤为不可缺少。各种不同的合作都要求人们站在共同的立场上。最好的伙伴，好像最好的朋友一样，是能够对于大多数的事情视为理所当然的。凡对于每一种次要一些的社会事业是真实的，对于政治和宗教就更是真实的了。社会的力量在于制度，而制度之所以有这样的力量乃是由于一种信仰广泛地为社会所共同持有。制度是一种最细致和复杂的生活机制，它是从无数个人的目的和信念中所产生的。而且假使这个机制的各个部分不是巩固和持久的，它就不能够始终保持完整无缺而为它所设置的目的服务。简言之，如果人的观念是流动和变迁的,对于维持秩序或促进文明,社会就不能发生作用。这不仅说,社会行动受到了阻碍,而且说,无论任何政治的或有组织的集体都会是不可能的。不信仰对于宗教的利益同样是有害的。只有当一个坚定的,关于人类命运最后的根源或虔诚崇拜的最高对象的信念统治和统一着生命的一切形形色色的活动时,那种利益才得以现实。这种福利永远也不会完全获得的,但当它为我们所获得时,它就曾给予文明一种健康的愉快和旺盛之感。当科学和艺术、常识和神秘的神情、外部的神态和内心的癖好,虽然它们在所有的人们之中是既不同的而又相同的,都只是在装饰着和扮演着同一个主题时,这个圈子才完成了,人的力量也就变得完善了。而且加速和提高共同行动的这种想象和热忱的一致性必然是建立在看不见而根深蒂固的共同信仰的基础之上的。

关于信仰的协同一致性还有进一步的一个证明。如果社会要有效地发生作用,它不仅在横的方面,而且在纵的方面也必须始终保持一致。文明在时间上的连续乃是进步所不可缺少的条件。当根本的信仰有了改变时,那就很像是迁移到一个新的星球上去了一样;一切的工作都必须从头做起。文明所征服的领域显然是由于迅速而突然的胜利所赢得的。但是革命只是改革的开始。保藏这些胜利的果实和构成文明的希望主要所寄托的那种稳定的和几乎不可察觉的前进,这是一个缓慢的改造和教育的过程。为了使这成为可能,就必须把问题和机会同信仰一同传递下来。除非我们放弃了这个责任,否则年轻一代不仅必须掌握老年人所已经留下的东西,而且他们还必须获得同样的立脚点。

于是便有了信仰的体系,它们制约着有效的、共同的和进步的生活。进一步还可以说,这些体系有其比较重要些的和比较次要些的部分。有些信仰,好像拱门上的楔石或金字塔的基石一样,不可能被移去而不同时毁灭整个结构。如果在一切信仰中有什么好处,那么那种好处在这样的信仰上就会更大一些;而且如果有一种动机使人们纠合起来支持任何信仰,那么当这些信仰在危难之际,人们就会最激烈地受到激动。因为这些信仰是大部分的东西所依托的,是人们所最坚持的,而且是他们全部所有的利益的所在。当它们发生动摇时,那就似乎是天崩地裂。

§5. 伽利略和宗教裁判　　不管对于相反的东西存在着怎样的先入之见,不管对于进步的东西的一切阻碍有着怎样合理的急躁心情,但是如果我们不能看到保守主义也具有一定的正确性和坚定的忠实性,我们就会始终看不出伟大的过渡时代的意义。因此我们就急于谴责十七世纪的宗教裁判与伽利略和笛卡尔的妥协。当代天主教的正统已被证明是错误的,犯了残酷的和愚昧的错误;而伽利略和笛卡尔无疑地失去了一个表现布鲁诺和斯宾诺莎式的英雄主义的机会。但是,如果我们假定说,宗教法庭仅仅是由于预存的恶意所推动的,或者说,伽利略和笛卡尔仅仅是由于懦弱,这就把戏剧的一种强有力的动机一笔抹杀了。

要记住,伽利略[1]是被控告主张地球是转动的。这个主张当时被宣布是"矛盾的、异端的、违反圣经内容的";而伽利略则被迫去放弃它。他曾为他自己辩护,理由是说,圣经不是科学。他说:"所以,看起来,当我们须要处理那些为我们的感觉经验所揭露在

---

[1]　1564—1641。

我们眼下的或从绝对的论证所推演出来的自然影响时,这绝不能根据圣经的内容进行审讯,这些圣经内容是容许千百种不同的解释的,因为圣经上的字句的意义并不如自然现象一样有那种严格的局限性的。"① 但是这个辩护却未曾考虑到在控告中所涉及的关于这个学说的"矛盾"和"异端"的特点。它之所以是危险的,并不是因为它跟圣经内容的矛盾,而是因为它跟流行的信仰是矛盾的。这是明确地违反了地球不可移动的信仰的;当宗教法庭结论说,为伽利略所赞成的哥白尼学说乃是对于这个信仰的一个威胁时,宗教法庭是没有错误的。

但是为什么地球不可移动的信仰是大家所喜爱而不惜以处死的惩罚来保护它呢?人们被烧死在火柱上或通过合法的法律程序而遭受着痛苦,这不是仅仅由于残暴或一些轻微的罪过。它必然看起来似乎是幼稚和荒唐的,除非我们能够学会认识到现在认为陈腐的天文学的东西所曾经一度具有的巨大的人类的重要性。因为它不仅是说,人们怀疑,如果太阳并不移动,上帝又是怎样曾经命令它静止不动的;而且哥白尼的学说违背了整个实际的生活方向,而这个方向统治着基督教徒的想象而且证明他们的计划是合理的。在欧洲文明史中常识从来没有像在伽利略时代中那样的包罗万象和那样高度的统一。作为但丁"神曲"主题和圣托马斯《神学概述》基本论点的关于天地的概略并不是一种神秘的真理而是普通人们所分享的光芒,而在他们面前显示出了他们日常的希望和恐惧的对象。地球乃是一个紧密而有限世界的中心。它是上帝

---

① 引自米息尔"伽利略的审判",见《通俗科学月刊》第 10 卷,1877 年,第 389 页。

亲手为人类的居住所准备好的，并为了人类的便利和喜悦而为日月星辰所围绕着的。上帝本身居住在这个体系的外围，在那儿他能够观察和控制着在这个中心上所演出的人类戏剧。人的堕落和赎罪就是自然本身的主题，解释自然的钥匙；而作为这些交易场所的地球就是它的真正的中心。

现在我们要记得，对于自然的这个影像乃是生动地呈现在一般人的心目之中的，在各种的艺术形式中描绘出来，重复地暗含在宗教仪式的各种姿态中，而且日常从普通的语言和神态中表现出来。而且我们进一步还要记得，在这样一个时代中，世俗的和宗教的信仰还没有严格地划分开来；这时候人们在特殊场所所相信的东西乃是服从于他们在整体上所相信的东西的，而且这时候，不管世俗性在怎样的增长中，人们总不能完全忘了拯救他们的灵魂。于是当他们听见说地球是移动的，而且它仅仅是太阳的一个游离摆动的卫星，而太阳又只是许许多多太阳中的一个的时候，无怪乎他们感觉到震惊。当基督教的想象在以后几个世纪中对于这样一个分散的和无限的宇宙，以及其无穷的许许多多的世界尚且不能完全适应，在十七世纪早期的一个基督教徒未能接受这样一个假设，这有什么奇怪呢？欧洲人在一千多年以来就已经习惯于圣经中和托勒密式天动说的想象境界；从一切实际的目的上讲来，当时这就是他们的世界，在这个世界上他们业已建成了他们的家庭，定下了他们的计划，而且通过一切的传统和联想，它使得他们对它感到亲切可爱。不管宗教审判可能曾经犯过什么样的罪过，但它的确不是简单的粗暴残忍；因为它是当时认为保护它本身以及一切它所具有的良好的东西的手段。

当我使我自己感觉到这些考虑的力量时,我深信伽利略的悲剧并不如有时所假定的那样简单。他和他的谴责者都没有能够享有一个不分裂的心灵。正如他们不单纯是真理的可恶的敌人,同样他也不单纯是一个轻率的偶像破坏者,由于害怕物质上的苦痛而被迫沉默下来。因为双方面都必然已经感觉到在忠于现存的秩序和赞成理论真理之间的矛盾。这毋宁说是在两种动机的对比力量上的差别。教会的神职们是处于一种负责的地位;伽利略,在孤寂的瞭望台上使他的心灵摆脱了对社会后果的思想,而去处理"为我们的感觉经验所置于我们眼前的自然影响"。

在他的第一审以后,伽利略曾经试图避免受到破坏公共信仰的谴责,用一种对话的方式,发表了他的天文学的研究,"在这个对话中讨论了这两个重要的世界体系……而没有在它们之间作出任何决定。"①在这些对话中对这两种体系的优点都进行了争辩,结果,在传统体系的拥护者是名义上的胜利者的同时,哥白尼体系的证据对任何有资格作出判断的人来说,实际上是具有更大的说服力的。这无疑地是企图去满足一般的群众,大声宣称:"地球是不动的",但同时却小声地对他的共同进行辩论的人们说:"但是我们知道,地球是确确实实在移动着"。伽利略不是不会耍这一套手段的,而人们对于他们认为是一个大胆欺骗的抱怨使得伽利略的谴责者们变得更为毒辣,而在这一点,他们在他的第二审中清楚地表现了出来。但是按照伽利略所必然曾经感觉到的这种在动机间的真实冲突来看,以及按照别一些并不如他这样机警和老练的人们

---

① 发表于1632年。见霍佛丁:《近代哲学史》,梅叶英译本,第1卷,第175页。

所采取的政策来看,我们能不相信,这些对话中有一部分是严肃地企图在理论和信仰之间求得调和吗?伽利略并不是一个革命者,但是他是热爱他的科学声誉的。他愿意忠于真正的研究准则,同时又想要避免扰乱公众的和平。因此他建议把他的科学结论当作是"假设的",意思是说,这些结论是从信仰中抽绎出来的。他认为科学可以被允许按它自己的途径进行工作,而且对于任何可以在纯理论的根据上所提出来的观念都可以自由地予以采纳,但有一个条件,即社会能够得到保护而不致由于过早地试图把这些观念付诸实现而受到危害。社会是在从事信仰,科学家则在进行肯定;他们这样做的动机是各不相同的,而与他们有关的价值也是不同的。于是最好是把理论的和信仰的过程分开来。的确,它们是不能绝对分开的,而且即使这是可能的,那也不是我们所希望的;但是它们能被视为社会的不同功能而使得它们相互之间不致直接发生干扰。

§6. 笛卡尔对理论和信仰的调和　　如果我在认为伽利略具有这些思想这一方面还有错误的话,那么至少对笛卡尔[①]来说无疑地确实是这样的。当 1633 年伽利略被判罪的消息到达了笛卡尔时,他刚在准备发表他所写的"论宇宙"(De Mundo),在这本著作中他主张地球运动的学说。虽然,如笛卡尔本人后来所说的,这个主张对于他的全部自然哲学是具有重要意义的,但他立即放弃了这个计划。而当他在他的《哲学原理》一书中再回到这个题目时,他已经发现了使他的理论跟为大家所接受的信仰两相调和的

---

① 　1596—1650。

一个途径。他把运动界说为"物质的一部分或一个物体,从直接跟它相接触的或我们认为静止的那些物体的附近向着另一些物体的运转"。① 在这里,按照笛卡尔关于星球运动的学说,星球是处于一种液体之中的,这种液体旋涡式地围绕着太阳流动着。于是在这个旋涡正在移动的时候,这个星球,(在这个事例中,就是地球)就是不动的,因为相对于与它相邻近的物质而言,它是保持固定的。

对于这种我们无疑地称为双关语的东西,这时候笛卡尔为什么会予以重视呢?这单纯地是一种胆怯和虚伪的证明吗?确实,笛卡尔并不属于构成殉道者的那种材料的;但是他却是一个具有超过常人的勇敢和具有卓越的学术上的诚实性的人。我们要在别的地方去寻找解释。他并不是为了私人利益的目的而随波逐流的;但他确是同情于他的时代的,而且他实际上是想把他自己跟他的时代统一起来。地球的运动对他的时代所具有的意义跟废弃婚姻制度或民主制度对我们所具有的意义是差不多的;它是失败和回复到混沌状态的一个标志。

笛卡尔是曾经深刻地考虑过理论和信仰之间的冲突的,在作为真理之条件的在理智上的自由和作为社会稳定之条件的在情操上的一致性之间的冲突的,这一点无疑地已被他最具有个人特点的著作《谈谈方法》所证明。在那儿,他结论说,正如当我们建议重建我们所居住的房屋时我们必须在进行这个工程的同时栖身于某一个角落,同样,即使当理论的判断被保留时,也必然要在实际上

---

① 笛卡尔:《哲学原理》,费奇英译本,第 245 页。

有所信仰。所以笛卡尔建议要控制他的实践,使之服从于他所必须要共同生活的那些人的意见。而且既然如果社会和个人永远不断地检查自己的立脚点,他们就不能取得进步,为了实际的目的,他建议坚决地接受即使是可疑的但已为他们所采纳的意见;"在这里,要模仿旅行家的事例,当他们在树林中业已迷失路途时,他们不应该从这一边到那一边流浪不停,更不应停留在某一个地方,而应该对着同一个方向尽可能成直线地继续前进……因为这样,如果他们没有正确地达到他们所希望达到的那个地点,但至少他们最后将会到达某一个地方,这大致要比停留在树林当中好得多。"①

伽利略和笛卡尔由于感觉到这两个伟大的人类的动机,理性主义和保守主义,都有其重要意义,因而使他们自己分裂了。布鲁诺、康帕耐拉、拉缪斯和伐尼尼曾经更为不调和地赞同第一种动机,反对第二种而为它所压倒。这六个人的历史并不是证明了人性的残忍和两面性,而是证实了一个在社会中根深蒂固的观念所具有的一种几乎是不可征服的抗拒力量。

§7. 信仰所具有的自然的保守性。当前的倾向　　从这些在思想方面的先驱者们的命运就可以推论说,既有的信仰是具有保护本身的能力的。在信仰中无疑地有一种沉重的惯性,它使得信仰得以免于太容易被推翻了。新的观念不仅对于那些因而要被迫放弃自己事业的人们是不可相信的;而且它们也是难以为人们的心灵所接受的。它们必须总是遭遇着和需要去克服那种所谓"矛

---

　　①　笛卡尔:《谈谈方法》,费奇英译本,第25页。

盾可笑"的谴责,而这种谴责乃是代表着常识固定的习惯而说话的。《宗教的医治》的作者对于当代的那些矛盾可笑的事情表现出一个可爱的满不在乎的态度。它们距离常识很远,因而人们可以宽容它们而不致害怕对于生活有任何的后果。他说:"有些人主张说雪是黑的、地是动的、灵魂是空气、火和水;但这一切都是哲学而不是精神错乱。"①有一位晚近的作家告诉我们说,"一切有了一些年纪的人们已经知道了有一些事实、一些经验是跟超自然的东西毫无联系的,而他们不敢谈这些事实因为害怕被当作是发明家而被镇压。……正如有一位老妇人正准备相信她旅行回来的儿子所讲的一些关于牛乳河和干酪岛的海外奇谈;但当他离开这些而谈到一些真实的话时,她却不再相信他的话了。她说:'不对,不对,铁锚从红海里突然终止了一个法老的车轮,这我能相信;但是我不相信鱼会飞!不要再说下去了!你在骗你的妈妈。'"②

但是值得注意的是常识并不像过去曾经一度那样富有魅力了。我们已经首先变得习惯于一些矛盾可笑的事情,然后就变得喜欢它们了。在我们今天,证明是否由熟悉的事实负责来决定的,这一点我还不能确定。我们盼望有惊奇的发现,而对于一个缺乏新奇性的理论采取怀疑的态度。这种情况在学术上的激进人物无疑地总是如此,而这很快地在变成一般的心境。对于这种改变可以提出许多理由。首先,这是由于现代社会有着高度的传导性。一个人的心情以不能置信的速度就传遍了整个的社会。理论家们

① 布朗:《宗教的医治》,天波版,第115页。
② 费尔丁:《人们的心》,第274—275页。

的怀疑、猜测和结论立即就传递给大家,而公众本身立刻就发生了一种理论的态度。其次,民主的原则获得普遍的胜利,这一点在这里也产生了一种变化。学术思想上的排外性是不适合于自由社会的胃口的。它必须是共享的,而且共同享有知识跟共同享受其他的物品一样。最好的东西对于每一个人来讲并不是太好的;所以生活不能建筑在一班聪明人士的仁慈恩赐上面。一度曾经有人以为,如果少数人的眼睛是睁开的,他们就可以领着其余的人走;但是现在没有一个人同意继续保持这种盲目的追随。最后,人道主义和功利主义的情操要求一切知识立即予以利用。为了使得人们可以由此而得救,或者说使生活条件得到改善,或者说使人类可以前进一步,就必须立即把知识运用到生活中去而使之为它服务。

在今天所有这一切以及其他的倾向共同促使人们产生了一种急躁的心情和过于轻率的信仰。我们又苦于具有了一种新型的轻信态度。曾经有人抱怨说,人们太容易倾向于相信他们的父兄所曾相信过的东西,说人们缺乏首创性和独立性。但现在又有理由害怕人们太容易相信那种过去从来没有人相信过的东西。具有固定信念的人们,好像在早年缺乏自由思想者一样,将变得越来越稀少了。而这种后果对于社会福利的危害较之早期的心安理得和狭窄的胸襟,必然并不更小一些。因为虽然心灵上的爱好探索和灵活变通乃是发现新的真理的条件,但总的讲来,它和社会是不相容的。理论必须改正和启发信仰,但是它不能与从事于任何重要事业的行为一致地替代信仰。

§8. 在理论和信仰之间需要调解　　对于一个似乎反复发生而不可避免的问题,我不能希望提出任何一般的解答。生活的精蕴就是它应该既是保守的，又是变易的。信仰使得社会团结稳定；理论使得它有改善的机会。而且既然每一个人类的动机都是易于有所夸张的，社会就总会一方面受到满足和专断的害处，另一方面则受到贸然改革的害处。在理论的心情和信仰的心情之间的冲突，在从事于理论的集团和从事于信仰的集团之间的冲突归根到底将无疑地是造成混乱和浪费的一个根源。而且在范围牵涉到最广的地方，这个冲突就最为惨痛；这就是指关于那些牵涉到社会最为深刻的观念。但是我想，我们是有理由得出一些并非完全无关紧要的推论的。

首先，既然信仰具有一种为理论所没有的优点，那么最好是慢一些放弃信仰。对于这样一个关键性问题的重要性所具有一种应有的认识，不允许我们走别的道路。一定程度的抗拒性和惯性乃是精神上沉着的一个标志。而这也并不是跟理智上的灵活性和好奇心不相容的。它只要求人们学会一种保留的态度而拒绝在人们爱好的信念的圈子内立即容许怪异的学说。同样，在社会行动中的保守主义跟关于人类制度的这种最生动和最严肃的思索并不是不相容的；但是如果这是可能的话，社会的行动就必须比具有好奇心的人们的思索要缓慢些，而且坚持这种观念必须予以长期地考验和逐渐地吸收。

关于这件事情，在理论家们的肩上，而且特别是在那些专心致力于检验最根本观念的人们的肩上，也担负有一定的义务。我们发觉，在这儿，理论和信仰之间的障碍最小，无疑地这是因为这些观念还没有可能进行确切地处理。在政治、社会和哲学方面的理论表述着常识的语言，利用着使人联想起日常生活对象的术语。

它好像一位人种学家在对他的个人朋友进行谈话似的。但是在理论的术语和信仰的术语之间是绝对不能够确切相符的，因为这两方面是在不同的具体关联中予以界说的，而且是属于不同的体系的。于是就更有理由主张为什么应该使用不同的符号，而平常的人也就不用害怕，他的面包或他的灵魂的得救乃是维系在一个论点的命运之上了。

以上我所讲的特别有力地应用在哲学家的身上。没有其他的人争辩过这类严重的问题；而意见的分歧和变动在任何其他的理论探究的领域中也不是这样显著的。而且在这里，我并不是特别涉及那些公开宣称他们是形而上学者的人们，而是指一切具有理论心境（theoretically minded）倾向的人们，他们是专心从事于带最后性的问题的，其中包括科学家们和道德学家们。这似乎可以推论说，社会特别需要去避免草率地吸收这种理论。然而，它通常所使用的字眼却是代表人类中最信任和最喜爱的信仰对象的那些字眼。没有一个人曾像哲学家那样经常地和无所谓地徒然使用"我主上帝"这个名字。不仅仅关于上帝，而且也关于不朽、自由、婚姻和民主等，在哲学家们争吵的同时，信仰者们却带着沮丧的神情来证实这些显然不能解决的问题。我希望，为了理论上的目的，哲学可以有一种属于它本身的语言，而且以一种不引起社会注意的专用语来解决它的争论。如果这是可能的话，哲学就更有充分的实惠得免于直接的社会责任，而这是最有助于清晰的观察和正确的思维的。而且社会便能够有富裕的时间等待着运用一种更为精练和经过更多考验的真理。

理论家并没有义务立即把他从事于理论的好处给予社会。克拉客曾经试图用科学的论点来推翻无神论。关于克拉客，有人曾这样说过：直到他从事于证明上帝的存在时，人们才真正怀疑上帝的存在。在以理论为根据的合理的赞成和盲目的信仰之间总有一种绝对的差别。理论的心情，即使在已经达到一个结论的时候，也是一种实际怀疑的状态。当从事于信仰的状态过渡到从事于理论的状态时，的确是有损失的；而且只要一个人略微推动一下这样一个过渡，他就犯了轻率和不负责任的毛病。把一个人的个人理论去代替另一个人的信仰，无论这个理论是多么有理由，这是一件严肃的事情。因为信仰是信仰者生活的一部分，是对他的行动具有信念和充满了希望的一个条件。诚实迫使每一个理论家变成一个宣传者，这是一个不正确的观念；毋宁说，在绝对多数的事例中，人道的情操和一种对社会福利的恳切关怀却在要求他不做一个宣传者，这倒是真实的。

沟通理论和生活的任务也许是任何人命中注定要从事的一种最细致和负责任的任务。而且不能否认，具有从事理论习惯的心灵就有一种倾向使他没有资格担任这项工作。因为研究者受有这样一种训练，即除了他能获得的现有证据以外，他忽视一切其他的考虑。人类具有这样的盖然性，即他的结论不久，也许就是明天，即将为新的证据所推翻，对于这样的盖然性，他是正当地不予考虑的。它跟他的问题是不相干的。但是理论可以改变而不致有什么损失，反有一定的收获，而在信仰方面却并非如此。在这里，损失要比收获更为确定一些。理论家如果要使自己的心灵解放出来，就必须忽视这样的考虑，而且他也受到过忽视这种考虑的训练；而这种考虑在这里却有巨大的重要性。一个要予人们以忠告的人必须是人们的友人。他必须了解他们的希望和分担他们的责任。所以他就必须对于每一个观念考虑到它对那种当前的、具体的为一切社会行动所必由出发的人类心理的状态所产生的效果。没有人曾比弗兰西斯·培根更有说服力地宣称:人之所以战胜自然而在一切高贵的艺术中有进步乃是由于他具有知识。但是我想关于既定的信仰,他也会愿意把他关于古代文物所说的话应用到这里来;即它是"值得有那种尊重的,人们应该以它作为一个立足点而去发现什么是最好的途径;但是当人们已经有了这个发现时,这时候就要争取进步"。

第二章　哲学中科学的和宗教的动机

§1. 科学和宗教之间的差别，以及哲学的模糊地位　理论和信仰之间的区别不仅对于了解哲学和生活的关系，而且对于了解哲学主张本身的发展和当前的意义，都具有最大的重要性。因为哲学，由于它跟科学和宗教的特有关系，是受这两方面的动机所支配的。

在科学和宗教之间有两个根本的差别，一个是在题材方面的差别，而一个是在动机方面的差别。[①] 它们在题材方面的差别乃是跟近因和远因之间的差别相适应的。物理科学乃是涉及自然事实中特殊的相互关系和重新安排；宗教则涉及作为整体的自然的一般性质，或凡超乎自然而仍然属于生活环境的一切东西。它们在形式方面的差别乃是跟我们刚才所已经讨论的那种在理论和信仰之间的差别相适应的。科学乃是关于从事与实际利害无关的研究所运用的方法和所具有的精神的最突出的例子。科学在理论上动机的纯洁性曾经是科学发展的标志；一直到最后，虽然它终究是有用的，可是在它本身的工作程序中它成为一切人类活动中对于利害关系最不感兴趣的。在另一方面，宗教基本上就是一种行动

---

① 科学的题材将在下一章中进行讨论。在这里我们基本上是讨论它的理论动机。

计划。宗教是人类得救的希望或失望。因此，在科学以中立的或无关利害的措辞来表达它自己，减除有关的利害而保留其在应用方面的作用的同时，在宗教中却已经从事于应用了。科学是对其题材的一种描述；宗教则按照它的题材而有所行动、有所惧怕或有所希望。

哲学从开始起就服侍着这两个主人。它曾试图以科学的精神而且具有一种类似的在理论上的超脱状态，把知识用于科学的限度以外。但是它也曾试图建成宗教信仰，明白地表达宗教情绪而且阐发一种使人得救的计划。因此，哲学是为两类人物所经常倚靠的。有些人希望它对于一些超过实证科学范围以外的特别问题；如"意识""空间""因果性""真"和"善"等，提供一个在理论上有力的解答。有些人则期望为了生活的目的为这个时代或任何饥饿的灵魂提供一个关于这个世界的概述和评价。为了满足前一种要求，哲学必须是专门的和不具有潜藏的动机的；但同时为了满足后一种情形，它又必须是有人情味的而且对于一切比较深刻的需要和情欲都是具有强烈的敏感的。因此，哲学既是一种深奥的研究，也是一个通俗的启示；分给学者以逻辑上精细的推敲而分给俗人以一种家常的智慧。而由于这种双重职能的后果，哲学家们之间就有了分别并且说出了一种混杂的语言。

§2. 科学中理论的动机　　如我们所已知的，科学绝不是在动机方面完全是理论的。确实，应用科学或通俗科学无疑地是早于理论科学的。智慧从直接资助行动方面摆脱开来以及以其本身利益为目的而独立进行工作，这既是过去服务的一种报酬，也是提供更高的贡献的一个机会。智慧在经济生活中必已获得它的地位。

智慧,作为一种基本的必需品,乃是在一定的环境条件下从事正确工作的能力。所谓"正确的"行动总是不仅相对于环境条件,即际遇或四周环境,而且也是相对于某些激动的兴趣而言的。它的正确性在于它适应或改变环境以满足其兴趣。环境也就会相应地激起两种类型的正确的或理智的反应中的一种。在一方面它将遭到抵抗或回避,厌恶或惧怕;在另方面,它将受到欢迎、利用或希求。于是,在这种对于生活的直接关系中,总是按照它们的害处或好处来考虑到原因和结果两方面。而且按照这种对自然的观点来看,它只是走向泛灵论的一个简短的步骤,或者说,接近于这样一种看法,即认为自然原因是受精灵控制的。一个人不得不跟某些典型的环境过程相处,而这些典型的环境过程则被认为是受一种一贯的友谊或敌意所控制的。环境社会化了;而怀柔或回击的方法也超出了人类和动物交往的圈子以外,而扩充到比较广泛的自然原因的领域。换句话说,有益的原因就被设想为恩惠的,而有害的则被认为是怀有恶意的。当结果被人视为好的或坏的,而它们的原因被视为有好的作用或坏的作用时,这大致总是我们所最容易作出的假设和认为是最讲得通的假设了。在机械科学发展了很久以后,当一个人遭遇到命运的转折点时,在他的本能的怨恨或感激中就出现了这种情况。因此,便产生了这样一种原始的科学,在这种科学中结果是有益的或有害的,而原因则是友谊的或是敌意的;简言之,在这种科学中,自然的事件完全跟生活同化了。

从这种原始的科学中,主要地通过两种动机的作用,逐渐地发展了机械的或理论的科学。第一,怀柔和报复的方法从实验上已不被信为是一种控制自然的方式。为了当前迫切的需要,无论如何,耕种土地和观察季节总比向着土地祈祷证明更为有效,而把火药放在干燥的地方总比信赖上帝证明更为有效。第二,当人们能够生活得更舒服些而更能自由地运用他们的自然力量时,他们就有一种闲散的好奇心。换言之,他们就不顾及他们的希望和惧怕而进行观察。从现代的意义讲来,天文学大概是最初的科学,因为日月星辰,既是显然突出而又距离行动的舞台较远,总是易于激起一种无动于衷的好奇心的。由于这两种动机所起的作用,结果就丧失了它们的实用色彩,而原因则丧失了它们友爱或敌对的意图。这并不是说,结果或原因已经失去了它们对于生活的意义,而只是说,那种意义,由于求知的目的,已被视为偶然的因素而被排除了。因此,一个物理的实质具有一定突出的特性;这种物质则借助于这些特性而成为食物或毒物;而天上的星球组成一定的方位,人类便借助于这种配置方位而感觉到白昼的光亮或夜晚的黑暗,夏天的炎热或冬天的枯萎。但是发展了的科学所具有的标志却是把这些特性和方位记载下来而不涉及后果,而且措辞是没有情欲的意味的。

众所周知,一个纯理论的科学的发展曾经使科学对于生活的贡献不可衡量地增加了。至少,在这种情况之下,理论活动的独立性乃是它的有用性的主要条件。这样的理由并不难懂。当知识局限于服从现有的需要时,它就使人坚信这些需要是最后的了;而当它从这样服从于现有需要的状况下解放出来时,它就成为新需要的一个源泉了——刺激着倡导性,开辟了一个无限成长的远景。由于为了未能预见的机遇而暂时保留着对于知识的应用,这种知识的应用就会更为多样化和更为有效果些。因此,科学便具有这样一个功能,把智慧的那种不用的剩余力量积累起来,而生活的富源和策划便是从这种剩余的智慧中得来的,而文明的建设事业也是借助于它而进行的。

§3. 宗教和信仰的动机 宗教,好像科学一样,是起源于在一定环境下需要做正确的事情:跟科学一样,它是一种适应。它起源于在整个环境之下需要从全局去采取正确的行动——起源于需要达到一种最后的适应。宗教是试图跟司令部打交道,获得在最高法院的发言机会,保证取得一些在统治权威方面的恩宠。当理论科学进展而涉及自然现象的近因时,终极的原因便不断地向背景中退却,归结为一而成为上帝,和自然成对立之势。上帝和自然的两重性自此以后便由它们分隔的程度而被标志出来了。一方面上帝被理解为超验的,或独立于他的创造物之外的,在这里人们就假定一个人可以不顾及这个暂时世界中的事物的进程而直接跟上帝交涉来挽救他自己。在另一方面,上帝被理解为跟自然和历史的秩序有关,而成为其内在的或成拱形的统一体,在这里就只有完全适应于这个世界的道理才能获得他的恩宠。

因此,宗教,好像在萌芽时期的科学一样,是按照环境对于生活的意义来看待环境的。这些统治的力量是按照它们所产生的好处或坏处来为人们所认识和所判断的。但是这只是科学的原始形式,在这儿科学的动机尚未专门化和尚不精练,但它却是宗教的最终的形式。这种作为命运之根源的统治力量便名之曰上帝。当人们带着爱情或沮丧,带着希望或恐惧来对待这些力量的时候,而且只有这样的时候,它们才构成了宗教的对象。宗教基本上就是有关于生活和情欲之事,正如科学在其业已发展的形式中乃是有关于在理论上超脱的事情一样。因此,科学和宗教不仅要按照它们不同的对象来加以识别,而且要按照它们不同的表达形式来加以识别。科学,注意于事物之近因,便成为理论的独特事例;而宗教,注意于事物之终极的原因,便成为信仰的独特事例。

§4. 哲学动机的混淆。纯理论哲学的地位　　然而,这样的相互关系显然是任意武断的。理论科学终究会被吸收到生活中来,而在通俗科学和应用科学中得到表达。换言之,也有一种有关于近因的信仰。而且同样在超然的理论研究中也有终极原因的地位。换言之,正如通俗科学或应用科学是跟纯粹的科学相关的,宗教便同样是跟纯粹的哲学相关的。

如果这样的相互关系指明了哲学的正当地位,那么我们就必须认识到,传统哲学就没有像科学在它那方面所曾经达到的那种在其理论的动机方面的清晰的分野。也许有人会反对说,这两种事例并不是平行并列的。在检验终极的原因时,实用的动机为什么胜过理论的动机,是有理由的。因为无疑地,由于实际需要的压力——生命的短促以及有关的争论点的重大意义——在这种情况之下,当证据还必然是不完备的时候就势必要得出一个结论。在科学的领域中,理论可以远远超过信仰而前进,积累着继续不断增长的超过实用的知识;但是在这里,情形恰好相反。一个人为了要挽救他自己,就必须把理论上的盖然性转变成为主观上的确切性;他必须相信得比他所知道的要多些。① 当一个人处理他的世俗之事时他是依靠他自己的收入为生的,但是在宗教中他就必然要负

---

① 　见本书第 287—290 页,第 373—375 页,第 401—403 页。

债。因此,有关于终极原因的一个严格的理论结论比相应的信仰,将总是较为局限些和具有较大的假定性的。而信仰,具有其较大的积极性、大胆和带有终极性的气氛,将会使得理论的审慎假设晦暗不明而使得它本身固着于人心,视为表达关心于终极原因的唯一方式。由于这个理由,人类智慧的工作倾向于在关于近因的科学理论和关于终极原因的宗教信仰之间予以划分,这是毋庸争论的了。

但是显然,如果在一种情况中理论的超脱是替生活服务的,那么在另一种情况中也将同样是如此的。在一种严格的理论哲学中,终极原因是用批判分析的方法来加以检验的,在这里,情欲被压抑着,而应用被保留着。这样一种严格的理论哲学则为一种启蒙的因而是有用的宗教提供了最大的希望。因为信仰的优点就是它的真理性,而不管它的对象是什么,这也许是自然各部分之间特殊的相互关系或者是整个自然的根基和构造。而达到真理的最迅速和最可靠的途径乃是专门化和严格的运用理论的方法。如果信仰的轴心不包含有理论上有效的东西,它就会是不健全的。无所怀疑的信仰必然是胜过理论的,因为它一定是比较稳定些和保守些;但是信仰的方法不可能替代或与理论的方法相混合而不同时也毁灭了它最忠诚的仆人的。严格地讲来,发展一个严格的理论哲学对于宗教是重要的,正如发展理论物理学对于工程学的重要性一样。

§5. 在古代和中古思想中科学从属于伦理学和宗教 哲学当前的这种模糊的地位是由于近代科学和宗教之间的对立,以及由于这种把纯理论跟科学联系起来而把终极问题跟宗教联系起来的习惯所产生的。有些哲学家们是受理论的动机所控制的，而在他们看来，哲学首先是一种没有利害关系的，追求正确知识的尝试；这些哲学家们就倾向于把哲学跟科学等同起来。在另一方面，在有些哲学家们看来，哲学的题材是十分重要的，它所关心的主要目的乃是最后原因或世界基础，而这些哲学家们则倾向于把哲学和宗教等同起来。

但是科学和宗教的分裂乃是比较晚近的发展。在上古和中古时代，大部分由于一般地接受目的论的方法而阻止着这两者间的分裂。希腊思想的主导范畴在苏格拉底时代便已锤炼成功而表现为独特的人本主义和道德主义。柏拉图的认识论，为亚里士多德所采取，新柏拉图主义者所继承而遗留给基督教的经院主义，而这种认识论是以善的概念为中心的。理解一个东西就是去看它有什么好处。[①] 在这种认识论流行的时期，除了传统和启蒙之间的一般对立之外，在宗教和科学之间是没有什么不可避免的对立的。宗教的方法——为了生活而解释自然——也就是科学的方法。在应用中，在对象的使用或价值中也就有对这些对象的在理论上的说明。基本的科学，科学工作程序的典型，并不是一种从生活中抽绎出来的物理学，而是一种使生活合理化的伦理学。而在科学和宗教都在运用同一方法的地方，哲学就不致被迫去站在哪一边。它可能同时既是科学的扩延，也是宗教的提炼。哲学只是持续地和系统地追求智慧：它是知识的完成，以区别于科学的零散片断；它也是信仰的基础，以区别于宗教的轻率肤浅和泰然专断。

---

① 见本书第 123 页，第 179 页。

柏拉图的认识论是既为基督教义所保存,也为它所支持。在柏拉图主义中,目的论是由伦理学演化而来,而扩展到宗教的;在基督教义中,它一开始就是由宗教中演化出来的。但在这两者之中,生活的根本原理都同样是处于优先的地位。中古思想跟古代思想一样,乃是生物中心或人类中心的。自然是按照它对人的影响来加以解释和说明的。它是以上帝对他的创造物的幸福所赐与的神意和恩惠为根据的。终极原因的完善,创造性的设计的恩典被认为是对自然进程一个最可靠的解说。简言之,在知识体系中神学替代了伦理学。而从作为基础科学的神学方面讲来,显然还没有根据在科学和宗教之间加以极端的区分。而且在这两者中的任何一种和哲学之间也没有任何显著的区别。凡神学按照神的启示所理解的东西,哲学则以理性的自然意义去探索它;而在哲学和狭义的科学之间,除了是在完备的知识和片面的知识之间的区别以外,便别无其他的差别了。

§6.　在十七和十八世纪中科学向宗教扩张　　当宗教的范畴是如此在科学中占有主导地位时,哲学就不致由于必需有所选择而感到苦恼。当这种优势随着经院主义的崩溃而告终时,曾经试图在一种新的基础上保持这种和平共处的局面。在从前是把宗教范畴强加在科学的头上,而现在独立演化出来的科学范畴就要扩展到宗教中去。在十七和十八世纪中,哲学从新的科学运动中获得它的动力而基本上试图概括出一种科学方法,使它能为传统信仰的伟大教义提供证明。在这两个世纪的一些其他广泛冲突的趋势中出现了这样一个共同的动机。

统治十七世纪思想的笛卡尔运动是由于数学物理学的兴起而

得到启发的。在数学中,笛卡尔发现了一种在传统哲学中所显然缺乏的清晰性和说服力。在他看来,如果只要能够把自然的智慧从潜藏的动机中解放出来,从累积的传统的沉重负担中解放出来,就有许多获得知识的可能性。他惊奇,"这样坚强而结实的基石会没有在它们上面建筑起巍峨的上层建筑物。"①笛卡尔和他的后继人的论著中所要建立的这样一种上层建筑就是从数学中采用"分析法",而把它应用于关于上帝与灵魂的形而上学上去。这种尝试在斯宾诺莎②的体系中获得了登峰造极的地位,在这个体系中有其数学上的术语,演绎的条理,对于拟人论的严厉抑压,以及其把上帝转化成为最后的和漠然的必然性。

　　培根运动和笛卡尔运动是同时开始的,但一直到下一世纪才上升发展。这个这动是受经验的和实验的科学的兴起所激发起来的。培根曾表达了发明的精神——与其说伽利略关于运动分析的诸规律是重要的,毋宁说他的望远镜是重要的。所以为培根所发起的运动运用了观察的方法,而不用数学推理的方法。这个运动在十八世纪的上升归功于洛克③,他是跟当时实验物理学家们来往的,而且他对于先验的必然性是怀疑的。他建议采用"平常的历史法"。但是洛克和追随他的神道论者们对于运用科学方法建立宗教真理的可能性都是没有任何怀疑的。基督教义不仅"不是神秘的",而且用经验的证据证明了它是没有理由怀疑的。上帝是从结果到原因的一种简单的推理;从自然的存在到它的创造者的存

---

① 笛卡尔:《谈谈方法》,费奇英译本,第 8 页。

② 1632—1677。

③ 1632—1704。

在,以及从自然的设计到它的创造者的智慧的一种简单的推理。

于是,在这两个世纪的期间,在科学和宗教之间便没有不可逾越的鸿沟,而对于哲学也就不存在进退维谷之境。哲学家就是把科学方法应用于宗教题材的人。只有当科学是狭隘的时候它才跟宗教对立起来;而只有当宗教不讲道理的时候它才跟科学对立起来。哲学家的职责便是扩大理性的领域或者是用启发去为信仰辩护。

§7. 科学和宗教之间的决裂和哲学的进退两难　　从古代和中古时期的思想过渡到十七和十八世纪思想曾有一个突出的标志,即拒绝拟人论的主张。我们曾看到把知识体系集中于伦理学和宗教,其中就包含有一种原始的武断,这既破坏了知识的说服力,也把它局限于狭小的界线之内。在文艺复兴时代的科学宣布它的独立时,它曾提出了为知识而知识的理想,承认必然性和事实而不涉及生活的偏向。物理学变成了征服未知的一支新军的集合点。这支新的远征军曾预先假定有可能把这种征服力扩展到宗教的重大问题上去。只有在人们确切地瞻望着对于信仰和权威的对象获得更为有效的控制时,这些信仰和权威便为人们所废弃了。

但是十八世纪结束时标志着一种新的危机;这种新的危机由于把物理学扩展到宗教去的企图遭到失败,而且因为当时最卓越的哲学家们曾谴责说这种失败是必然的和无望的而使这种危机得到了促进。在英国,休谟[①]曾论证这种从自然到上帝的推论是模糊不清和没有结果的;他指出,这些能为观察所证实的自然原因完

---

① 　1711—1776。

全未能满足宗教的要求。在大陆上,康德①证实了休谟的批评,而且此外还破坏了当时古老而衰弱的笛卡尔主义;认为仅仅从观念或定义去推演上帝必然会不能建立他的存在。换言之,依靠感觉事实的经验科学方法,和依靠数理或半数理概念的确切科学方法,同样未能证明宗教。结果,在思想界产生了一种新的区分,即在十九世纪广泛突出的,在科学集团和宗教集团之间的区分。而且同时哲学遭遇着这样一种进退维谷的境况,使得它目前的地位变得这样模糊不清。显然,由于被迫要在科学和宗教之间有所抉择,它本身也分成两派:一派人们由于其理论的动机而跟随于科学之后,而另一派人们则由于它的题材内容而追随于宗教之后。

在科学哲学家和宗教哲学家之间的区分又由于一定类型的思想家的逝世而有了进一步加深。十七和十八世纪的大科学家和伟大的冥想的玄学家在许多事例中就是同一个人。例如,笛卡尔、霍布斯、莱布尼茨,乃至康德都是如此。雷伊在《近代哲学》一书中写道:"一切大哲学家们都是突出的大科学家,而伟大的科学家从不轻视哲学思考。因而对于一度在十九世纪存在的,不在研究之间(这是恰当的和必要的)而在研究者之间的完全分隔,我们会认为是特殊的和独特的。"②如雷伊所指出的,产生这种情况的理由不仅仅由于刚才所描述的这种观念运动而且也是由于这样一种环境条件,即科学内容的丰富已经超越了任何一个人的能力。从事于

---

①　1724—1804。斯宾诺莎的理性主义的宗教,它全部废弃了目的论,在通俗的思想看来,它实质上不是宗教的,因而早已为通俗思想所拒绝。见本书第110—112页,第180页。

②　第20—21页。

一切科学的人已为从事于一门科学的人所代替,他所研究的范围愈狭窄,他对他的根据就愈有信心,而对于一切试欲处理终极的和最后的东西的企图则抱着一种怀疑的态度。除非哲学家本人要变成一个专门家而把自己局限于一门科学的范畴之内,否则,即在他自卫的情况中,他就似乎要被迫采取一种为他自己所特有的方法;这一种方法不仅特殊地对某一门科学是对立的,而且对整个科学也是对立的。而他在宗教中发现了这种方法,它业已跟哲学的题材本身结合在一起了。

§8. 科学的哲学和宗教的哲学　　布特鲁教授在他的《现代哲学中的科学和宗教》一书中在总结他的导言时说:"科学和宗教已不再如近代理性主义者所主张的那样,具有一个共同的确定性——理性:在它们之中每一方面都是绝对的,各有其本身的方式,在每一点上它们都是有区别的,好像按流行的心理学所主张的那样,它们是跟灵魂的两个机能,即理智和感情,分别相适应的。幸亏它们具有这种互相的独立性,它们能够发觉它们是处于同一意识之中的;在这里,它们好像两种不相渗透的物质原子在空间并列一样,边靠边地潜存着。它们公开地和默许地一致同意对彼此的原理不加以批判,互相尊重其既有的地位,因而各自获得安全和自由——这就是这个时代的安排。"①和这种两元论的思想方式相适应的,在上世纪的进程中出现了科学的哲学,或实证主义和宗教

---

① 　第35页。此书最近已为尼尔德译成英文。见"导言"。

的哲学,或浪漫主义。^① 在这两个哲学派别中,每一派跟一位对过去哲学的伟大的破坏者是联系在一起的——实证主义跟休谟,而浪漫主义则跟康德联系着的。

休谟的批评是不折不扣的。它把宗教兴趣的对象置于绝对超越于理性范围之上。关于神灵的书籍,它既不包括"有关于量或数的抽象推理",又不包括"有关于事实和存在的实验推理",就必须加以焚毁:"因为它除了包括诡辩和幻想以外一无所有。"^②在一世纪之后,继而有孔德予实证主义以一种更为富有建设性和充满希望的转变,他把科学无限成长的远景以及由于不断地征服自然与人类的进步所建立起来的文明扩张到了人类的领域。但孔德对于过去宗教的形而上学的谴责,如果可能的话,较之休谟的批评尤为严肃,因为他是把这种宗教的形而上学跟心灵的幼稚时期联系起来看的。最后,到了斯宾塞,他对于过去时代的这种形而上学予以正式的审询、判决而贬入"不可知的"领域之内。科学家,不管是数学家或实验工作者,便成了绝对掌握知识源泉的人;他不仅是一位顾问工程师,而且也是先知和哲人。

至于康德,在另一方面,由于他否认了旧的理性主义而为一种信仰哲学铺平了道路。虽然实证的知识仅限于物理科学的王国,但理性却被认为掌握着"不可制约者"(the "Unconditioned")的必

---

① 我是用这个名词来指这样一种哲学,其中事物的精神依据和中心乃是设定的或为一种信念所接受的。在这种哲学中容许宗教信仰的动机占统治地位。见本书第163—165页。

② 休谟:《人类悟性之研究》(1749),第165页。(参见《人类理解研究》,商务印书馆1957年版,第138页。——编者)

然而有效的理想;同时,"神""自由"和"不朽",这些宗教的对象在
道德意志中找到了它们的根据。虽然根据理论的准则,它们不再
被判断为真实的了,但是由于生命的更为深刻和更为可信的目的,
它们却必须为人们所信仰。这种康德式的批判提供了浪漫主义这
种为宗教所统治的哲学的原始型态。浪漫主义,并不像过去几世
纪的这种哲学一样去用科学的程序证明信仰的条款,只是讲明信
仰的态度的理由而标榜着它本身就具有权威。所以浪漫主义并不
把宗教上具有情感的名词转变成为理论上漠然无情的名词;它只
用宗教的精神和语言来重新肯定宗教的要求,而只有在有必要给
予它们以统一性和有意识的表达时才这样转变它们。

§9. 自然主义和唯心主义。实用主义和新实在论的兴起

在实证主义和浪漫主义中,哲学的这两种动机是严格分隔和对立
的。实证主义乃是由于忠实于正确研究的准则而走到了科学阵地
的哲学;浪漫主义则由于对类似宗教的终极问题发生兴趣而被溶
化到宗教里去的哲学,这两个趋势决定了十九世纪哲学发展的进
程,而在今天则分别为自然主义和唯心主义所代表。在"自然主
义"中,这种实证主义的趋势朝向一种系统的唯物主义,或一种对
科学概念较为精细的批评的方向发展着。在"唯心主义"中,这种
浪漫主义的趋势对于它所必然要依附的那种认识论——即关于认
识的意识的形式和理想之先在性的理论——加以扩大和加强。但
是在自然主义和唯心主义之间的差别,正和它们所分别联系着的
科学和宗教之间的差别一样,并不在于理论上的分歧,而是在于在
态度和方法方面的对立。自然主义的拥护者乃是被那种属于科学
家惯常所具有的慎重和冷静所控制的;唯心主义者,在他的哲学中

则具有一切为生命所具有的那种迫切要求和高贵愿望。在他看来，"目的论的立场，内在意义或作用的立场"就是"哲学本身的立场"①。

在自然主义和唯心主义以外，后来又曾增加了"实用主义"和新"实在论"。至于这些比较晚近的趋势是否代表"开始的"哲学，而自然主义和唯心主义则代表"已终结的"的哲学，这当然只是后一辈的人们才会知道。目前，它们还没有享有它们的对手们所享有的那种特权。自然主义是从科学的胜利中获得信誉的，而唯心主义是从对宗教的忠诚和企望中获得地位的。进一步，实用主义和实在论两者乃是作为反抗者来开始的，而且它们抗辩的这种强大的精力本身就证实了它们所必须克服的抗拒力的强大。但它们的精力充沛和成长的潜力乃是无可怀疑的。

实用主义和实在论同样既反对自然主义的狭隘性，又反对唯心主义的夸张性。两者都试图把前者的经验论气质和后者对于超越实证科学范围以外的那些问题的承认统一起来。它们既不承认物理事实的最后性，也不承认绝对理想的实效性。它们的区别也和它们的一致性同样地明显，而且会终于使它们相距很远。实用主义原来是注意于驳斥唯心主义中一元论的和超经验的因素，而用那种可以直接观察到的人类的生活和思想去解释生活和思想而不诉之于辩证。但是生活和思想仍然是探究的中心题目而在没有保证的条件下试图用以代替整个存在的中心。简言之，实用主义跟武断的拟人论从未距隔得很远，这种武断的拟人论就是本能地

---

① 阿尔比：《唯心主义之现有意义》，载《哲学评论》杂志，第ⅩⅧ卷，1909。

或武断地采取了实用信仰的立场,而这个动机是在唯心主义中占
有中心地位的。在另一方面,实在论不仅反对绝对主义,而且也反
对拟人论。实在论比实用主义和唯心主义的距离更加远得多。如
果这个两歧是实在的,那么实用主义就会发现和唯心主义有更多
的共同之处,而实在论跟自然主义有更多的共同之处。[①] 因为实
在论跟自然主义一样,要把它自己脱离生活而试图就事物自然的
色彩,通过一种透明的媒介去观看事物。但是这个两歧是不必要
的。事实证明我们的研究有可能既和科学一样,是经验的和富有
精力的,而又是从只关心于物理事实的局限中解放出来的。

　　而且正是这种可能性说明了实在论的机会。除了那些手工实
验的方法以外还有其他正确的方法;除了物体之外,还有其他的实
体;除了物理学里面的关系和测定以外还有其他的关系和测定。
正如我们所曾见到的,如果一种哲学将在科学的限制以外去寻求
那些在宗教信仰背面的问题的答案,那是确有这样的余地的。哲
学正确地负有责任来解决这些问题;如果不在一种证实了的确切
性的形式之下来解决它们,那么至少在一种最合理的盖然性的形
式之下来解决它们。但是从生活中抽象出来的理论将会最好地为
生活服务,这在科学方面如此,在这里也是如此。宗教的利益,正
和任何世俗的事业的成功一样,是受它所由出发的假定的真实性,
所采取立场的正确性所制约的。凡自然界所不容许的事情,我们
就不能用任何简单的假定的优越性去迫使自然容许。所以培养幻

---

　　① 因此,实用主义者柏格森和一个唯意论者有很多共同之处,而实在论者罗素则
接近于自然主义。见本书第373—375页。

想乃是用真实的失败这样的代价去求得一种主观的满足。知道最坏的事情，如果它是存在的话，和知道最好的事情，是同样重要的，而且较之梦想最好的事情还要不可比拟地重要得多。人类征服他的环境而把它塑造成为有用的东西，原是通过忘掉惧怕和放弃希望的办法，直到他使自己训练得冷静地坚定地去观察事物而来的。对于这个规律宗教也不是例外。因为这时候他所看见的东西在后来就变成了克服惧怕和满足希望的手段。人类的情欲是应该表达出来的，这是必要的，但是它们的表达却不是哲学的职能。教导人类的情欲，用知识去启发和指导它们，这是必要的。但是即使如此，这也不是哲学的首要的职能。因为哲学家的职责首先是寻求那种可以启发和指导情欲的知识本身。

第二部分　自然主义

第三章　科学的范围和方法

§1. 自然主义和自然科学　自然主义即指科学之哲学的概括而言——即把科学的理论应用到哲学问题上去。据我们所已知,哲学和科学两者都有一个永恒的和基本的特征。双方各自有其传统,有它自己的权威以及它自己的忠实信徒。但自然主义建议要把科学的定则也当作是哲学的定则。这种试求知识的统一是带有永恒性的。欧洲思想的每一个时代都曾有过它所特有的自然主义的派别;在这个派别中即利用它所赞成的科学理论去满足其特殊的哲学需要。因此,古代的原子论,十七、十八世纪的机械论,以及比较晚近的"能量学"都曾经依序地表现为一种世界观或人生观。

科学家本身,即从事专门研究的人,只有当他以一种新的资格从事活动的时候,才成为一位自然主义的哲学家。严格地讲来,作为一位科学家,他对于哲学问题是无所主张的。他所采取和运用的一套工作技术乃是为他本门的专家一致同意承认的。他的问题是他的前辈和同僚所没有解决的问题;他的方法是过去曾经证明有效的方法之一或是它的改进。对于所谓空间和时间之谜,或者如因果的本质、世界的统一性和真理的意义等等问题,他是不去烦心的。简言之,他的行动是局限于他毫无疑问乃至是他所没有意识到的理智范围以内的。但是科学家也是一个人,所以他也随时会变成一位哲学家,在非专业的思索的时间中他的心灵也许会转向那些经常迫切要求解决的最后问题。而且这时他也许会肯定说,这些问题的解决在于对科学发现加以应用。这样的肯定他是不能在实验室里加以证明的;他只能以一种哲学家的姿态出现时才能予以论证。自然主义的主要源泉在于科学家们,经常是些有重要地位的人们,具有扮演哲学家角色的倾向,把他们已经熟悉的传统和假设搬运到哲学的论坛上去。

　　自然主义还有一个不很明显,但同样重要的源泉即是科学的通俗化。当科学被普及而成为常识的时候,它就几乎一定要和哲学融成一气。照例,它不是用以代替来自哲学根源的理论,而是和这些理论共同存在着。常识对于这几个部门的知识领域是不认真加以考虑的,而且对于任何种类的矛盾,它都是不反对的。关于人的机械论和精神论的学说,或关于宇宙进化的假设和神灵创造的假设,它对这些都是在同样意义之下一视同仁地接受下来的;一种是从通俗科学中学习得来的,而另一种却是从圣坛上学习得来的。而且如我们即将看到的,一般群众有一种易于堕入对事物的自然主义观点的特殊倾向,而且认为它是先于一切其他观点而存在的。因为自然主义的观点,在一定程度上和"实用的"观点是相同的,而且它是来自机体的习惯,而与科学的普及是不相干的。

　　§2. 科学的权势　　由于自然主义只是扮演成为哲学角色的科学,在上一世纪,它也就享有科学所已获得的非常的权势。科学曾经在一种无可比拟的程度上激起过人们的想象。这一部分是由于这个事实:即在一个文明社会中的每一个成员都利用着科学的结果而且把这些结果归功于科学。把人类生活在上一世纪所曾经享受的大量增加的便利、安适和效用都归功于科学，都正确地归功于它。运输、制造、卫生以及运用物理工具的每一种活动都已经发生了变革。而且这个事实在每一个人的日常生活中都成为家常之事了。他用来订购用品的电话，带他开往办公地点的无轨电车或汽车以及载他迅速开到钢筋结构的高建筑屋顶上去的升降机——这些以及成百种类似的东西不断地证明了科学的辉煌成就。

而科学的发现和发明——它不断地推陈出新对于大众的心理上较之科学的应用尤其有着深刻的印象。这一事业的坚定的进展是可以测量得出来的。知识是增加了；而每一次的增加又开辟了新的增加的希望。昨天的奇迹已成为今天的常识。因此，科学吸引着人们的注意；它使人们的血液沸腾；乃至它创造出奇迹。

但是大众心理倾向于科学还有一个比较深刻的理由。科学近来的进展曾经实现了培根的预言，通过知识而获得力量。自然已失去其恐惧现象。它已服从于人类的利益而且以野蛮变化成为文明。科学成就的辉煌曾给予人们一种在这个世界上的主人翁的感觉；它曾把生活的动机从单纯的维持转变成为征服。而且因此，科学经常超越了原有的实际成就的限度而揭示了以前所未曾怀疑过的可能性，以致人类现在以一种新的，充满着无限希望的心情迎接着未来。的确，认为生命具有一种由于控制其环境而树立和扩大其本身的力量的这个信念乃是现代最重要的宗教观念。而且科学由于它和这个观念的关系曾经公正地受到过颂扬。

科学和自然主义的这种权势还有一种解释，即由于科学作家的声誉和受到大众的欢迎。斯宾塞、达尔文、赫胥黎、戴达尔、波阿-雷蒙，克尔文、奥斯瓦尔德、阿伦纽斯以及其他人的哲学著作曾享有广大的声誉,这是一些公认为哲学领袖人物所很少享有的。在次一等的科学家和次一等的哲学家之间也有同样的差别。而且这并不是由于个别天才、文体或形式的偶然结果。在大众的心理上,科学观念就是直接可以理解的,而且是一见即知为盖然如此的,而这些都是哲学观念所没有的。如果我们能够解释这个事实,我们对科学的比较清晰的理解就将会大大地前进一步。

§3. **科学和常识之间的一致性**　在名词的外延和内涵之间逻辑学家们曾加以区别。一个名词的外延系指着一定具体的个体而言,而它的内涵则指一定的特性而言。因此,"天体"的外延指海王星、木星等,而其内涵则指"太阳的卫星"的特性或关系。一个名词的具体事例构成其外延;一个名词的意义或定义则构成其内涵。科学名词的外延对常识而言是特别地清晰或不模糊的,这是一个很重要的事实。科学的事例是容易识别出来的;人们懂得科学家所谈的是有关于哪方面的事情。我们能够同他一齐看到他正在观察着的自然方位,或者能够拿起他正在实验着的自然物体。在另一方面,当哲学家论及所谓真、美、善的时候,我们却不知道向那儿去找。如果他的脸色假装出一种喜悦的表情而我们又神经质地或神秘地被感染了,我们也就会感到激动或者得意扬扬。因为当幻想家和诗人谈到它们时我们是当作好意来解释这些东西的。或者说,如果他眨眨眼,我们也就会跟着他笑——而感到松一口气。但是哲学家通常却显得和科学家一样冷静和严格;而且我们的心肠愈硬,我们就愈是傲慢或烦恼。只有科学家才似乎使词适合于严肃的语调。在他和常识之间显然有一种默契,而这在哲学家方面却是完全没有的。科学是用常识的自然语言来表述的;哲学却是用一种使人惊奇而神秘的陌生的声调来表述的。

这种情况可以从下面的事实得到解释:即科学和常识都同样在不知不觉中接受了一种经验分类或经验图型,而这正是哲学所要有意识地去批评的东西。这个图型或分类有时也被称为"自然的世界秩序"。在这个秩序中,一个事物就是一个物体,而这个世界就是物体事件的空间场地和时间顺序。一个词的外延,即事例,总是一个个别的物体或一群个别的物体,——它是在某一地点在某一时间内发生的,而且通过姿态或操作就可以毫无疑问地识别出来的。用这样的名词去进行思考乃是常识的习惯和科学的方法。

有些东西人们显然不承认具有物体特性的,而心灵则倾向于以物体去对待它们,这就可以说明这种常识的习惯势力了。人们几乎有一种不可抗拒的癖性倾向于把上帝想象成为住在天堂的某一个地方,而灵魂在死后便归依到那儿去,即使他们也承认上帝是一种精神的东西。即以灵魂而论,从定义上讲来,它是身体的对立物,然而通常还是把它想象成为一种在身体里面的透明而精微的物体,在人死以前它随着肉体活动,而在人死之后它便独立于肉体之外而独自运动。同样,要求清楚地解证的企图几乎总是迫使人们使用空间的图解。表达空间的词藻在普通语言中混杂一起以致是几乎无法根绝的了。把一个差别说成"巨大的";把一个较好的东西说成是"高等的"或"上等的";把可靠的东西说成是"坚实的",而把清晰的东西说成是"一触即知的"。

在常识方面,这样的思维和语言的习惯并不是偶然的,而在科学方面,也不是应予申责的。因为人类心灵的基本功能就是去鉴别和联系物体。这个功能就实用的重要性的秩序而言乃是首要的。人类的心灵,跟心和肺一样,也是一个器官,用来帮助一个物体去适应于一个其他物体的环境。这个涉及其他物体的功能不仅仅是心灵的原有功能,而且在人之一生乃是它最不可缺少的功能。柏格森说:"当我们的智慧离开了自然的掌握时,其主要的对象便是未曾组织起来的实体。当我们回顾一下智慧的功能时,我们就看到智慧从未处于一种宁静的状态,从未十分安闲过,除非当它在作用于死物质,特别是作用于实物的时候……在这里我们的行动找到了它的立足点而我们的勤勉有了它的工具。"①智慧首先就是对物体的注意鉴别,对物体的远近、动静或特性变化的反应性。而且当生活较少从事于维持它本身的生存而更多地从事于建设性的事业时,它就去控制它的安全和权力所主要依赖的物体环境。科学使得这种智慧形式发扬光大和精密完善。通过科学,它成为具有一定方式的和正确的了。语言和纪录的运用使它成为整个社会所支持和利用的制度;它的专门化以及它扩展到当前迫切需要以外的领域中去的情况使它成为一种富源和创导的手段。

因此,常识和科学乃是在同一个限度以内活动着的(一个是无意识地进行着的;另一个则是逐渐变得更为有意识地进行着的)。它们共享着同样的非反省的经验分类,运用着同样的参照轴(axes of reference),对于个别事物具有同样的概念。这是思维所具有的原罪(original sin);它是思维的惯性和最少抗拒线。由于它而产生了常识和科学之间的同感;也是由于它而产生了这两者和哲学

---

① 《创化论》,米息尔英译本,第153—154页。

之间的几乎是紧张的关系,而哲学的任务一贯就是要提醒它们,它们心爱的假设乃是武断的和未经批判的。

§4．物体的特性　对于事物的那种常识的概念,现在我们必须试图作一种较为审慎的说明,因为它是科学所研究的课题,也是科学名词的外延所指的东西。我还仅仅粗略地用"物体"和"物理的事素"这些名词来指明它。我们并不希望常识或科学应该去分析这个概念。它们把一个物体分析成为小一些的物体,从看得见的物体分析成为看不见的物体;它们区分物体而把它们归类;但是它们并不试图列举一般的物体特性。这是我们自己所必须担负起来的一项哲学工作。

在叙述科学名词确切的外延时,我曾把姿态和操作当作是识别的手段。一个物体总是能够被指点出来的,或者说,人们能够"抓得到的"。把涉及人类的偶然情况除掉之后,这就是说,一个物体是有方位的,或有空间地位的。它是在某一个地方。但是当我们说,"它是在某一个地方"的时候,我们就指出了这个物体不仅仅只有地位。是某一个事物在这个地位上,它同这个地位具有"占有这个地方"①的关系。而且物体还具有历史,因此,它既占有空间,也占有时间,这一点对物体来说也是本质的。它们是在某一时间内在某一个地方的。占有空间和时间的那个东西对于它的空间和时间地位的关系不外乎属于以下的两种情况。空间地位保持一样,而时间的地位变动了,在这种情况之下,我们说一个物体是在

---

①　关于空间、时间、物体和运动的关系,罗素的著作曾给我们最好的说明。见"时间和空间的地位是绝对的,还是相对的?",《心灵杂志》,第 10 卷,1901 年;又《数学原理》第 51、53、54 章。

静止的状态中；或者当时间在连续地变动时空间地位也在连续地变动，在这种情况之下，我们所说的就是运动。[①] 最后，除了关于物质点的假设情况以外，物体总是同时占有几个地位，因而具有空间的广延性和图形。

我们用"物体"这个名词来指属于"物质"这个类的分别的个体而言，这样来在"物体"和"物质"之间加以区别，是有一定的便利之处的。一个物体通常被认为是作为一个单元而运动着的东西；当某一部分物质的某些部分的地位和其他部分的地位在发生变化的同时，在这些部分之间，彼此的地位却是可以保持不变的。一个广延的单元具有从它的周围联系中脱离开来的能力，平常我们就根据这种能力来说明这个单元的界线。只要内在关系独立于外在关系的这种情况继续下去时，我们就认为这个单元的本身没有改变。然而，是否有必要用运动的可能性来界说一个单个的物体，这一点是不明显的。一个空间地域应以某种在时间上不变化的突出特征来作为标志，只有这一点才是严格必要的。在另一方面，物质或物理的实有乃是指任何包括着占有空间和时间的某种东西的复杂体。占有空间和时间的那种东西是没有什么特点的，它的物质的或物理的特征就是它的空时占有性。[②] 通常我们也较为狭义地但并非不相容地来运用物质一词，把严格的空间和时间特性也从物质中排斥出来了。在这种意义之下，所谓物质仅仅是指那种占有空间和时间的东西，而不是指整个的杂复体。

---

① 关于"连续"的意义，见罗素同上书第 23 章。

② 我想一般可以同意，坚固性，乃至不可渗透性都不为现代科学认为是物质的一种本质特性。见洛奇：《生命和物质》，第 24—34 页。

　　总之,我们可以概括起来说,"物理的"(物体的或物质的)包含有两套特性:一方面是空间的和时间的特性;而在另一方面,是充实着空时的特性(space-time-filling properties)。[①]　前者有宽度、长度、形状、日期和运动等;后者有颜色、温度和声音等。前者可以说是根本的物理特性,因为后者的物理特征是从它们跟前者的关系中派生出来的。因而,物理的事素——物理科学的直接对象随之也就属于两大类型。第一类是空间时间的特性的变化;第二类是充实空时的特性的变化;总之,即地位的变化和状态的变化。科学的任务就是去解释这些事素。

　　§5. 科学中的解释和描述　　科学是在什么意义下从事于解释工作的呢?　所谓"解释"被认为是对"为什么?"这个问题所作的一个答复。但是这个疑问代名词却又提示出几个问题,而这些问题在科学发展的进程中证明是跟科学的专门兴趣没有关系的。在很多人看来,而且在一个相当长的时期内,甚至在从事于科学的人看来,为了满足解释的要求,曾经把一个事素和一种力量(a power)联系起来,认为它就足以产生这个事素。因此,在伽利略时期以前,天体的运动被解释成为它们具有"重力"和"浮力"。而且同样,刻卜勒把地球的运动解释成为属于天空精灵[②]的属性。似乎必要有这样一个媒介,它具有和这个效果同样大或者更大些的活动能力;而且它是直接出现在这个效果之前的,正如灵魂是出现在它所推动的身体之前的一样。但是伽利略和刻卜勒对科学的

---

　　①　在这里我就没有提到更为一般的、逻辑的、算术的和代数的特性,如"秩序""数目"等等,因为这一些并不显然是物理的。见本书第116—118页,第336—337页。

　　②　惠卫尔:《归纳科学史》,第3版,第1卷,第315页。

进步曾有贡献,仅是因为除了这样的解释以外,关于天体和地球运动的过程或形式还给予了一个确切的说明。物体恰恰是怎样堕落的而星球恰恰是怎样运动的? 为了科学的目的,正是这样的问题是我们所必须回答的;而且也只有这样的一些回答才构成了不断增长的科学知识的内容。至于是谁或什么东西,无论是一种媒介或能力,从科学的目的上看来,乃是一个可以不理睬的问题;在科学发展的进程中回答这种问题的种种尝试未曾遭到否证,却是不被重视的。

至于"为什么?"这个疑问代名词的另一个意义,也有同样的情况。它常常是指,"为了什么目的?""有什么好处?"因此,有人说我们只是去理解自然所给予我们恩惠而没有看见灾害、疾病和罪恶的理由。或者,即使我们去找寻一个理由的话,我们也是去发现这些东西可以具有一些间接益处的理由,虽然它们看来并不如此。这是一种目的论的或属于道德类型的解释。这种情况出现于古代寻求"完善的"数目和形式,出现于柏拉图的善之原理,也出现于基督教的天祐的概念。但是这种解释也曾遭到否证,而不断地为科学所轻视。现在公认的科学目的就是陈述所发生的事实,而不管它有什么好处或坏处;至于它在利害关系上有任何影响,这都被认为是在科学范围以外的事情而不加以说明。[1]

换言之,在科学的程序中普通在解释和描述之间所作的那种区别似乎并不很严格。从科学方面来看,解释就是描述——只有

---

[1] 关于科学中这种纯理论的动机,见本书第 29—36 页。

一个条件,即这种描述要满足一定的条件。[①]

§6. 科学描述的条件 如果描述要具有充足的科学意义,它必须符合两个特殊的条件。第一,科学的描述必须揭示它的课题的一般的和恒常的特点。思想具有统一的倾向,这是周知之事。赤裸裸的现象,它们的特殊个性提供了求得其背后实质的途径。或者说,既然自然科学原来就是研究变化的,单纯的新奇变化乃是为了求得背后的一种永恒状态铺平道路。换言之,科学思想乃是注意于相同的东西而不顾及其差异,或者注意于持续的东西而不顾及其变化。[②] 再进一步,科学乃是关心于把差异同同一性关联起来,把变化跟持久性关联起来;尽可能地指出,前者乃是后者的一种决定的变异。

而这就使我们想到科学描述所必须符合的第二个条件。在其最后的形式上它必须是分析的或确切的。这并不是说在自然上武断地强加上这样一个形式。据我们所已知的,物体原来就是空间的和时间的,而空时两者都有所谓广延的量值,如"数目""长度""阔度""容量""间距"等。再者,充实空时的物体特性也有一种所谓强度量值的形式,如"光线的强度""温度"等。量值的变化,无论是在广延方面的或在强度方面的,都只能以数学的名词作确切的描述。而且在物体的这些严格数量的特征背后还有一些较为抽象

---

① 见马赫:"物理探究之经济性质"一文,见其《通俗科学讲演集》,麦可马英译本,第 186 页。

② 我们不久就会看见,这并不是说,科学把同一性和持久性强加在另一个混沌或流变的状态之上,而只是说,科学所注意的乃是把原已存在的同一性和持久性揭露出来。

的特征,如"关系""秩序""连续性",对于这些特征的确切描述也同样要导致一种数学的或逻辑的陈述。在我们业已获得这样的描述的地方,例如在物理学方面,我们就说是有了"确切的科学"。而这种科学便成为一般科学程序的典型。

于是科学的描述是受两种动机所制约的:一方面是统一、经济、简单,把许许多多的变异尽可能地归结成为很少的几个名词,而另一方面则是确切的陈述。当符合于这些条件的科学描述为实验所证实时,它就被称为是一个规律了。从科学解释的目的而言显然只是要求发现规律而已。至于这是科学衰退的一个标志或是它在逻辑上的精练,这将是我们不久就要进行探讨的任务。[①] 但是如果我们现在简单地考察一下关于科学程序的几个事例,这将会为我们提出这个问题作好准备,而且我们也将对于以前所已经进行过的工作有一个较好的理解。对科学的哲学解释并不是要讨论专门的科学规律,而只是要涉及为一切科学规律共同所具有的一般特征。而这种特征在某些力学规律的事例中最为明显,这些力学的规律既是比较简单而且同时也是比较根本的。所以我将试图简明地指出:"加速度"、"质量"、"引力"和"能"在和它们所要描述的经验事实联系起来看的时候,它们是什么意思。

§7. 关于科学方法的事例说明。伽利略对于加速度的概念

曾经有人说现代科学是"沿着伽利略的斜面从天上降落到地面

---

① 见本书第 100—107 页。

来的"[1]。伽利略的重要性不仅在于他对力学的特殊科学贡献,而且在于他的方法的范例——对于运动的分析的描述。为了便于理解伽利略用来描述一个物体堕落地面情况的这个加速度的概念,我们不妨从一些它所意味着的较为简单的概念开始。如我们所知,运动就是指在一段(连续的)时期内地位的连续改变而言。换言之,当某一种常定不变的充实空时的特性和一个从起始点算起的连续变动着的距离(d),一个从起始时算起的连续变动着的时期(t)相关联着的时候,我们就说一个物体是在移动。这位科学家还在这种常定性开始尚未显现出来的时候就寻求它而把这种常定性跟可变异性联系起来,因而导致在这些变数之中具有一个恒常不变的比例的这个概念。例如可以有这样一种情况:在 d 和 t 变化的地方,d/t 的分数则是始终保持相同的。换言之,当距离和时间在分别变动的时候,其比率,速度(v)可以是一致的。在自由堕落的物体的情况之下没有这种情形发生。实验表明,即使 v 也有变动。但是同一程序使得伽利略能以界说一个更为复杂的比率,v/t 或速度增加的比例;而这个比率称为"加速度",伽利略的实验表明乃是一个常数。换言之,v/t=g,而 g 就是所谓"引力",即在地面上一定地点上的加速度的常数。

在一致加速度这个简单动力的概念中出现了确切的科学中的一切最基本的原理。它是关于运动的一个描述,因为它只是把堕落物体的行行记录下来,而并没有进一步去说明它或解释它。它

---

[1] 柏格森:《创化论》,第335页。关于伽利略对于科学贡献的最好的叙述是在马赫的《机械科学》一书中,也可以参考奥斯瓦尔德的《自然哲学》和皮尔逊的《科学典范》,其中对于科学概念有较详细的阐述。

是一个分析的描述,因为它把运动表述成为几项东西如 d、t 等之
间的关系,它是可以被分析成为这些项目的。它是一个确切的描
述,因为这些项目和关系都是以数学的方式陈述出来的。而且它
是现象的简单化和统一化,因为它在单纯的差异背后发现了一种
常定性或同一性。我认为,当我们进而探讨一些较为复杂的概念
时我们不会发现和这些同样根本的任何新的方法原则了。

§8. 质量的概念　　伽利略的加速度的常数是描述堕落到地
面某一定地方的物体的,地球在这里被认为是一个独特的个体,而
地面和星际的运动之间的差别则搁置未谈。但是把地球当作是属
于一个更为一般的概念中的一个特殊的事例,这是可能的吗? 伽
利略把加速度当作是"力"的证明。物体向地面堕落时保持着一定
固定数量的加速度,这个事实也能够表述说,地球对其他的物体发
射出一种固定的力量。但是其他的物体为什么就不能在不同的但
确定的程度上也发射出力量来,这就是说,在它们邻近的地方也发
生加速度? 换言之,为什么力量就不应被当作是物体所具有的一
个一般的特性,而 g 或有关于地球的加速度只是这个特性的一个
特殊的价值而已? 于是我们就可以进一步说,堕落中的物体就会
对地球发射力量或在地球上引起加速度,而地球和其他的星体也
会保持同样的关系。于是便有一个为每一物体所占有的数量,即
它在其他物体上所引起的加速度和其他物体在它上面所引起的加
速度之间的比率。因此,Q^1 和 Q^2 两物体彼此引起加速度,便得
出这样一个比率:

$$\frac{Q^2 \text{ 对 } Q^1 \text{ 的加速度}}{Q^1 \text{ 对 } Q^2 \text{ 的加速度}}$$

　　这便是 Q^1 相对于作为一个标准的 Q^2 的质量（Mass），而且相对于作为一个单元的 Q^1 的运动而言，它是一个常数。

　　换言之，质量就是一个物体相对于每一其他物体或相对于某一标准物体所具有的加速度的固定比率。在牛顿力学中，最后他又把伽利略概念的这个一般性的概括扩展到用任何两个物体的质量（m,m^1），它们间的距离（r）和一个所谓引力常数的固定数目（c）来决定这两个物质的实际的加速度。这个引力公式是这样表达的：

$$f = c\,\frac{mm^1}{r^2}$$

示力平行四边形的原理（the principle of parallelogram of forces）使我们可能把星球现行的轨道分析成为组成的直线运动，通过上述的公式，借助于这个示力平行四边形的原理，就把地球的运动和星球间的运动纳入一个体系，在这个体系中每一物体或每一物体的组合都具有一个运动量，而这个运动量是可以按照这个体系的平衡状态而确切计算出来的。而这个体系就是对物体运动的一个最简单和正确的描述，而这种描述是为观察的事实所证实的。

　　§9. 能量的守恒　　但是我们还只是谈到那些描述物体运动的概念和公式。关于充实空时的特性如热、光，等等的变化怎样呢？有没有任何背后的同一性或持续性，把这些变化和运动或把这些变化彼此之间联系起来呢？在能量守恒的概念中找到了科学的答案。①

――――――――――

　　①　关于这个概念，参考马赫："论能量守恒原理"，见《通俗科学讲演集》，第 137 页。

这个原理在历史上是从牛顿的 $ps=\frac{1}{2}mv^2$ 这个公式中演变出来的；ps 即力（p）和距离（s）之积数，而 $\frac{1}{2}mv^2$ 乃质量（m）和速度（v）之涵数，这是代表活势（vis viva），即物体质量和速度相乘之积的符号，后来又成为代表"动能"（Kinetic energy）的符号。悬挂在离地面一定距离的一个物体，如果让它堕落，就需要有一定的动能$\left(\frac{1}{2}mv^2\right)$，这个动能是和这个距离和地球所发出的力量（ps）成正比例的。我们说，这个堕落的物体只要是被容许堕落，它便获得了这个动能，这意思是说，这个物体在它出发的地位上就具有"位能"（P-potential energy）。当物体下堕时，这个位能便减少而成比例地为动能所代替。假设这个物体是被一个绳子所悬系着而从地平线的地位摇摆着。于是，当它曾下堕到这根绳子所允许的地方时，它又会上升到地面上的同样高度。换言之，这个物体首先是按照其直线下堕的程度而失去位能并代之而获得动能，而现在则把这个过程颠倒过来，而是在它获得位能的同时，失去了动能。换言之，$\frac{1}{2}mv^2+p=c$；那就是说，其动能与位能之和是恒常不变的，或者说，它的能量是守恒的。

但是现在假设把这根绳割断而让这个物体下堕。当它碰到地面时在正常条件下它具有足够数量的动能来恢复它原有的位能。不过，在这种情况之下，并未产生反运动：假使这些物体是没有弹性的，运动只是显然消逝，随之而增加了热。在这里，关于能量的这个原理的真实效果在于有了可能把热的这种增加比拟为重新又获得了它原有的位能。① 如果这种类比是可以的,这就意味着说,在这个新的体系中,动能和热的和数会是一个常数;或者说,代替所消逝的动能的热量会回过来产生同样数量的动能。实验已经证明这是确实的。同样,又曾经发现,动能能够反复地和守恒地转变成为光、电,等等。

在如此表述时,能量,和质量一样,也是一个比率。它意味着说:不管现象上运动让位于热,或热让位于光等等脱节的情况,但在关系上却有一定的常定性。在某一种特殊的情况下,运动、热、光等的数量是一样的;那就是指这样的一种情况,即当一方面转变成为另一方面时,两者之和是保持一样的;第二方面的数量是这样的,它可以转变成为同样的第一方面的数量。这还可以用另一种方式来表达说,当发生这样一个质的变化时,外面看见已经失掉的东西在某种意义之下又被保持了下来;这就是说,它们潜在于这个新质之中。因此,能,和加速度、质量以及其他一样,乃是在一些变化的项目之间的一个恒常的关系或比例。而且正如在其他概念的事例中一样,这些项目乃是空间和时间的涵数,或占有空时的特性的涵数;而这个关系或比例是正确的和数理的。

§10. 对科学概念的分析性的解释 这就是一些典型的科学概念或描述性的公式的意义,我们是尽可能从直接对它们所要描述的题材所作的考察中搜集起来的。我可以肯定说,许多读者都将提出一个问题,而且提出这个问题是正当的和必要的;这个问题

---

① 不必要假定热、电,等等从严格意义上讲是有动力的,即为内在运动所组成的。马赫说:"这个表述只包含这样一个事实,即在动力现象和其他类现象之间有一个不变的数量联系而已。"见其《力学原理》,第 499 页。

就是:"物体的质量或能量实在是什么呢?"关于这个问题的恰当性,在朴素的和批判的自然主义之间是有争论的,关于这一点,我们将在下一章讨论。这个问题显然意味着有这样一个观念,即质量和能量不能仅仅是比率或公式——从某种比较高贵的意义上讲来,它必须是一些事物。但是即使这是真的,这在科学的确切记录中是见不到的。也许有一种先在的想象或一种冥索的后想,其中把质量当作是一个简单的实质,把能量当作是一种简单的活动。但是在确切地陈述和实验地证实的情况之下,质量与能量乃是数理的关系。而且如果在这些比较简单的概念的事例中对于科学概念有这种分析性的解释就足够了,那么在比较复杂的概念的事例中也就没有理由说它是不够的。

当描述运动时,它就变成某一个联合占有空间和时间的东西对于空间和时间所具有的一种明确的关系。对于运动的这样一种说明并不是由于任何在主观上对于一种关系上的技术有所偏爱而硬加在运动上的。一个运动着的物体在经验上就有这样一个特点,它一会儿在这里,一会儿又在那里,而在一个中间的瞬间都占有一个中间的点。关于运动的微积分只是心灵所能给予运动的一个最忠实的叙述。至于速度这个更复杂的事情,也是如此。它是在一个运动着的物体的情况之下在距离因素和时间因素之间的比率。当我们从速度转向加速度、质量、引力乃至能的时候,我们也只是观察和记载一个运动着或有着其他变化的物体的一些更为复杂的方面而已。对于这些概念的这种分析性的解释乃是符合于由观察所获得的那种特别的复杂状态的。认为在这个分析性的复杂状态以外必然另有一个真实的质量或能量,这个假定只是不自觉地表露出由于字句所产生的影响。[①] 因为"质量"是一个字,像一个"蓝"字一样,因而感觉到它必然像蓝色一样是一个不可分割的事物。但是也可以同样有理由说,因为"运动"这个字是单一的,所以运动就是一个不可分割的事物;但是显然运动却包括有空间和时间两方面,所以它是复杂的。所以我要结论说,所有这些概念实质上乃是一些简单的经验事项,如空间、时间、颜色、声音等的比率或关系的复杂体;而每一个这种比率或关系的复杂体都是表达在自然中所发现的一种特殊的复杂状态或组合状态。而且我断定说,这些概念说明了科学的动机;它只是按照着物体的统一性和常定性,物体的实际变化加以描述和记录而已。

---

① 这个假定一部分也是由于把一种用力的感觉投射到作为有效因而动作的物体上面去的原因。见本书第74—75页。

第四章　朴素的和批判的自然主义

§1. **自然主义的两个派别**　如我们所已知,自然主义并不是科学,而是关于科学的一种主张。说得较为明确些,它主张科学知识是最后的,排除了一切超科学的或哲学的知识。自然主义有两种形式。一方面,有一个自然主义的派别采纳了哲学的传统问题,而且在很大的程度上采取了哲学的传统方法。这就是说,它继续着哲学上对于一个宇宙实质和原始因的追求,而且宣称已经在"物质"或"力"等这些科学概念中发现了这样一个宇宙实质和原始因。自然主义的第二个派别不仅仅拒绝了传统哲学的结论,而且也拒绝了传统哲学的问题和方法。它申斥说,追求宇宙实质和原始因是徒劳无益的事。它最后的定论就是一种认识论,主张科学就是最后的,因为它是唯一的正确知识。换句话说,自然主义的第二个派别很少采纳一种科学中的概念,而是采纳了一切的科学。科学并不是我们所曾梦想到的唯一的知识,但它是唯一可能的知识。自然主义的第一派是形而上学的,而第二派则宣称具有"反形而上学"的特征。或者说,第一派可以称为"唯物主义"而第二派称为"实证主义"。

我认为在这两种自然主义的形式之间的关键性的区别在于它们对于科学概念的了解。第一派把物质、质量、能和其他解释成为简单的实质或力量。由于这个派别不去分析这些概念,由于它不

加批判地假定凡是有一个单独名称的东西就必然是一个不可分割
的事物，我建议把这个派别称为"朴素的自然主义"。在另一方面，
第二个派别接受了如我们在上章所提出的对于科学概念的分析性
的解释，因此，可以称为"批判的自然主义"。

　　朴素的自然主义，形而上学的自然主义，或唯物主义，它的形
式是从哲学演变而来的——同样也带来了它的缺点。的确它提供
了我们所能得到的最好的例子来说明哲学所特有的缺陷，来说明
哲学由于控制它的动机所经常和特别容易犯的那些错误。所以如
果我们清晰地把某一些这类的错误记在心里，无论在我们阐述和
批判朴素的自然主义时我们都将有所助益。

　　§2. 三种独特的哲学错误。"冥思的武断"　　首先，有一种错
误，我建议称之为"冥思的武断"(speculative dogma)。[①] 这就是指
对思想上的理想所作的一种武断的肯定。当那种理想用文字陈述
出来时它是怎么一回事，这可以从我们对科学工作的程序的回顾
中推论得出来。思想特别偏爱同一性和持久性，而科学的概念满
足了思想的这种特殊的偏爱。思想尽可能地试图把特殊的东西解
释成为一般的东西的一些式样，把显然独特的东西解释成为某种
有共同性的东西所具有的一个特别的事例。它也试图尽可能多地
用这一类的一般概念去说明任何个别的现象。简言之，它所追求
的概念对于那些包含在这些概念之下的事物而言是既是具有一般
性的，而又是足够的或恰当的。哲学跟极终的东西和最后的东西
有着特别的关系。因而思想所具有的这个一般性的倾向在哲学上

_____

　　① 关于这个错误的一个比较彻底的检验，见本书第八章有关各处。

的形式便产生了一个关于概念的理想,那就是希望它具有无限的概括性和充足性。加速度和质量的概念使得物体的运动特性有系统化的可能。借助于这些概念,每一个物体都被视为一切其他物体的一个涵数,因此就可以说这些概念具有一种很高程度的概括性。但是因为它们没有说明那些充实空时的特性,它们便缺乏充足性;那就是说,它们并没有计算出一个个别物体的具体特性。它们说明了一切物体的某些方面,但没有说明任何一个物体的一切方面。在另一方面,"能"这个概念使得一个物体的运动特性在它的热、光、声等方面成为有等量的东西;因而使得科学公式更为充足,即更能尽举一个个别物体的各种各样的特性。所以它似乎可能达到这两方向的极限:一个概念既不缺乏概括性,又不缺乏充足性——它包括每一个东西以及每一个东西的一切方面。

这样一个概念乃是冥思的理想。如果把它陈述出来并予以证实,它便标志着思想的最高峰。而哲学的特征就是要获得这样一个概念,而对于这个概念的界说或证明则并不采取严格批判的态度。以很多的哲学家而论,也许是以大多数的哲学家而论,问题只在于替这样一个概念寻找内容或寻找一个完备的陈述,至于作为一个抽象的理想的这个概念的有效性则视为理所当然的。于是哲学仅是一个发现 X 价值的尝试,至于这个 X,每一个东西都是属于它所有的一个事例,而每一个东西的每一方面和每一种变异都可以借助于它而表达出来。而且冥思业已产生了不间断的一系列的解答尝试,从泰利士的"一切事物都是水所造成的"一直到今天的力和能的"一元论"。它是不加批判地假定这个冥思的理想是有效的——假定这样一个概念是必要的,只是它的明确性质则尚有待于决定——这就是我所谓之"冥思的武断"。

§3. "假象的简单性"和"不确定的潜能性"　第二个传统的哲学错误,为了便利起见,可以称之为"假象简单性的错误"(error of pseudo-simplicity)①。这个错误在于它没有认识到在分析以前的简单性和为分析所揭示出的简单性之间的区别;在一个未经分析过的复杂体在表面上看起来的简单性和分析的事项所具有的真实简单性之间的区别;或者说,在一种由于人知道得很少所看到的简单性和一种由于知道得很多所看到的简单性之间区别。

思想是从一个未经分化的,只是粗略地用一个字或姿势所指着"那个"(that)开始的。这个对象还只是单纯地被区分出来。它是一个未加区分的统一体,因为,为了便于讨论和研究起见,我们曾用某一单个的特征,例如它在空间或时间上的地位或者它对某一比较熟悉的东西的关系去识别它。但是当我们进行考察时我们发现了各种各样的特征;而且如果这种考察进行得相当深透的话,我们就达到了某些不能再加分析的终极的特征。于是这个对象便被揭示出来乃是一些简单特性在一定的安排或关系的统一之下的一个复杂体。这时原来在名义上,在姿态上,或者在直指的说法中的统一体就在心灵的背景中回忆式地飞翔着,如果不加以理解和撇开,它便会贬低分析的作用。它赋予对象一种未曾区分的统一性,而这是和分析的结果矛盾的。它把这个对象解释成为单纯的"那个",而分析则把它解释成为许多在关系中的事项。后来它便转化成为大家所熟知的"实质"或"精蕴"这个概念,而且它就这样

_____

① 关于这一错误与下一错误又见本书第283—287页,第304—308页。

扮演成为一种具有为分析所不能达到的最高的真实性。

　　只要当我们留心看出这个未分化的统一体乃是主观的而不是客观的,这个误谬就很明显了。简单的乃是对于这个事物的知识而不是这个事物本身。缺乏多样性的不是这个事物而是这个能知的人的心灵。而且如果不可能通过继续进行分析去达到这个简单性,我们总是可能通过颠倒这个过程而回复到原来的无知状态去得到它的。

　　密切和这个误谬联系着的是第三个错误,我们可以称之为"不确定的潜能性的错误"(error of indefinite potentiality)。如以上所解释的那样一个实质或精蕴被认为跟分析所产生的特征,即所谓它的属性,是有某种必然的关系。但是和它的属性相反的这个实质或精蕴,只是一个名称、一种姿态或者是为了识别的目的所任意挑选出来的它的某一种属性而已。而在这个精蕴或实质和它的属性群之间却又找不到必然联系的直接关系。因此,人们并不是有"金子"这样一个不可区分的精蕴的概念,然后看出它意味着"黄色""溶解性",有一定的比重,等等。这个关系是无所依据的。金子被认为是这些东西的潜能性,但是却没有根据来证明它只是这些东西的潜能性。它是一个不明确的和不确定的潜能性,只是一个"那个",至于它随后有些什么却是未加说明的。

　　至于金子怎样会简单地连续揭示它自己是"黄色的","可以溶化的",等等,这只有在参加了心理的事项在内时我们才真正地清楚明白。一个有机体,经验着这个真实的复杂体,也许是从一个名称、地位或某些联想物开始的,然后过渡到其余的东西,最后把全部细节重叠起来。在这种情况之下,这种细节并不是由原始的简单性本身所产生的；而是一开始便预先存在在事物之中，而是被逐渐揭露出来或带到意识中来的。而这是完全不同的一回事。因为这时候，在意识中是从简单性过渡到复杂性；但在这同时，这个事物本身却始终是复杂的。的确，主观的简单性之所以有其潜能性乃是由于这个客观上的复杂性。

这三个错误经常是互相交织着的，而且曾经在哲学思想中产生了一些几乎是积重难返的习惯。"绝对"或"终极"或"无限"已经成为一种人人皆知的东西了。它业已成为似乎有理可据的了，而且人们非常容易接受这个观念，因为普通假定每一个别的事物都有一个内在的不可区分的精蕴，与分析所揭示出来的多样性相反，只有它才是这个事物的"真实的"本性。从这样一个特殊的精蕴就很容易过渡到一个普遍的精蕴。一个完全普遍的、完全充足的实质，它是一切事物的全部特性，这样一个概念对于一个习惯于不确定的和无限的潜能性的概念的人是很容易接受的。这些便是一种不忠实于分析方法的"形而上学"所特有的一些思想方式。

§4. 朴素的自然主义。毕希纳的物质一元论　　朴素的自然主义认为"物质""力"或"能"就是这个普通的实质。这个观点是自然主义的，因为它认为物理科学的这些概念是具有最后性和普遍性的；它是朴素的，因为它给予这些概念一种实质的，而不是分析的解释。

在十九世纪后半叶，影响最大的唯物主义者是毕希纳，[①]他的《力量与物质》一书曾出过二十次德文版和八次法文版。这本书表

———————————

① 　毕希纳(1824—1899)：《力量与物质》，第 1 版出版于 1855 年。

达了由于自然科学的迅速发展所引起的对唯心主义形而上学的反
对。① 作者认为过去的错误哲学把物质和力量抽象地分开了。前
者从后者中抽绎出来——一种没有内在引力和拒力的物质,"一种
不具有特性的存在物"就不成为一个东西("ein Unding")。物质
的形式和运动构成了它的必要属性,而且它是非有不可的(Sine
qua non)。在另一方面,如果"没有我们从物质中所感知的变化和
动作",力量也是不存在的。一种不寓于物体的力量,这个矛盾可
笑的概念乃是那些把模糊的冥思区别于真正科学的精神论者和创
造论者的理论所由产生的主要根源。"没有物质,就没有力
量,——没有力量就没有物质!"化学家的平衡证明了物质是"不灭
的",因为迈叶尔和焦尔关于热的机械等式的确定建立了力的"不
灭性"。②

　　换言之,物质使其本身显现于力量之中,而力量本身又回过来
显现于各种确定的和可计算的变化,如运动和热之中。物质本身
就是如此显现它自己的那个东西。"这个'东西'就是我们所谓物
质的东西,关于这些东西的现象乃是它的活动,而这些活动的原因
便是这个实物中所包含的力量。"物质本身是什么,我们不可能知
道。所以我们不能仅仅根据我们对它所知道的东西去判断物质。
的确,因为它的精蕴是我们所不知道的,所以我们就不能够断定它
之中有任何东西是不可能出现的。科学经常发现它具有为我们所
意料不到的特性。既然一种潜能性是没有可以指定的限制的,说

---

　　① 毕希纳《力量与物质》,结论。
　　② 见同上书的维克多·达佛法文译本,第17版,第3页,第46页;见第2章,第3
章各处。

它赋有"物理的"力量,也同样有理由说它赋有"理智的"力量;而且没有人能预见它将来将显示什么其他的力量出来。[1]

在这里,这样的一种"物质的一元论"显然必须引用实质这个概念——一个不同于它的特性而且不为这些特性所界说的精蕴的概念。既然物质不等于特殊的特性,它就是一个不确定的潜能性;否则,就不能肯定它的普遍性或形而上学上的实在性。总之,任何东西都可以说是物质,正因为物质不等于任何特殊的东西。由于冥思武断的压力,即假定必需有某一具有无限普遍性和充足性的概念,才导使物质以其心爱的概念来充当这个角色;而物质一经充当这个角色之后,它就必然丧失在科学的有限操作中所给予它的那些特殊的和确定的特征。

§5. 斯宾塞的力的一元论 这时候,偏巧对于"物质",大家都熟知它是具有它自己所特有能力,因而难以适合地充任"普遍实有"的角色。对于这个名词,常识有比较清楚的印象。它总是暗示着空间上有分离和并列的状态,一个具有为坚实的表面所包围的体积单位的三次度的集合物。而且如果这就是物质,那么显然物质就不是一切的东西。具有这样特点的一种安排既暗示着有类似之处,也暗示着有矛盾之处;如果它提供给某些东西,如太阳系或气体的分子构造以必备条件,那么它就要忽视另外的一些东西,如颜色、思想或以太。所以,如"力"和"能"这类的概念便具有了优越性。因为这些概念不仅具有从力学公式中所获得的专门意义,而且它们也具有当它们用活动和努力等内在经验去解释时所具有的

---

① 毕希纳:《力量与物质》,第43、45、46页。

那种模糊的意义。常识拒绝了一种不是坚实的、个别的、有广延性的物质这个概念,但是关于力和能的任何东西,它却是愿意倾听的。

以这些概念代替物质的倾向还有第二个动机。物质的不可毁灭性是为这一事实所证明的:即物质改变其形式而不失去重量。换言之,从经验上讲来,保持恒常不变的乃是重量这个特性。但重量乃是力的显现;所以物质也可以被视为这类显现之一。正如哲学家莱布尼茨和贝克莱早就曾申辩过的,人们可以说,物质仅通过它的特性,它的"形式和运动",才被认知;而且如果这些形式和运动乃是力的变化,那么何必不必要地把实质和精蕴加上多少倍呢?如果把物质理解为显现在形式和运动中的东西,为什么不直截了当地承认力量,说它是具有最后性和普遍性的呢?

因而"力的一元论"代替了"物质的一元论"。斯宾塞说:"如以前所指出的,我们能够继续把派生出来的真理并入那些它们所由派生的较为广阔的真理之中,一直至少可以到达一个最广阔的真理,这个真理既不能再并入其他真理,也不能从其他真理中派生出来。而它一般地和科学的真理所发生的关系显示出来:这个超出证明范围以外的真理乃是'力的永恒性'……但当我们询问能是什么时,除了说它是从现象的结果中所推论出来的实质原因以外,别无其他回答。所以我们肯定说是永恒的力乃是绝对的力,我们不得不设定这个绝对的力来作为我们所意识到的力的必要的相关物。所谓力的永恒性,我们实在是指有一个超越于我们的知识和概念以外的'原因'的永恒性。在承认有这样一个'原因'时,我们是承认有一个无始无终的，'无所制约的实在'。"①

在这一段里有些名词打上引号乃是为了有利于使这些名词不具有那种不利于冥思目的的明确意义。力可以仅仅解释为力学公式中的 p 或 f；但是"力"除了具有这个意义之外还可以同时指任何其他便于利用的意义。前者是许多事物中间的一种事物；后者则可以等于任何事物和一切事物。我们"不得不设定它"，这是为了满足冥思武断的要求；而我们能以满足这个武断的要求，只有把一个确定的概念缩减成为一个名称，然后把它的这个空洞无物的状况解释成为意味着具有无限的潜能性。

如我们所曾说过的，力的一元论从关于活动或努力的经验中推演出一定的道理。重要的是由于这种经验的模糊状态使它在这个问题上成为有用的东西。如果它是一种特殊的经验，例如对于蓝色的经验，它就不会这样容易使它自己成为无限制的概括。事实上，关于活动的经验可以用两种方式中之一种来加以解释：可以就它原始的特征把它看作是一种模糊的经验，或者也可以对它加以分析。② 在第一种情况下，它具有简单性，但同样它也不是对任何事物的经验；它意味着不是事物的简单性，只是知识的简单性。简而言之，它是"假象的简单性"的一个事例。在第二种情况下，那就是说，当它被分析的时候，它就变成了一种复合的经验，包含着在一种特殊的组合之下的一些特殊的因素。现在，在第二个意义之下的活动过于特殊，过于稀有以致难以把它解释成为一个完全

---

① 斯宾塞(1820—1903)：《第一原理》，第 6 版，第 175—176 页。

② 见本书第 283—287 页，第 304—308 页。

普遍的和完全充足的原理。但是在第一个意义下的活动乃是不确定的;而且由于这种经验是很熟悉的,它的影响便散播到力这个同样不确切的概念方面,这个概念是无定形的和有伸缩性的,十分适合于冥思的目的。人们容易接受这个概念而把它当作是处于在物理学中被分析出来的确定的"力"和在一种严格的描述心理学中被分析出来的确定的"活动"两者背后而又把两者统一起来的原理。

§6. 黑克尔的实体一元论 　物质一元论和力的一元论又被黑克尔加以重述,使之成为最新式的学派而纳入了一个高级的"实体一元论"(monism of substance)。他的"宇宙之谜"一书在今天既是阅读范围最广和对唯物主义有着强有力的辩护作用的,而且也是那个学说的特有动机和易犯之罪的一个最完善的例子。

"在'实体之法则'的名义下",黑克尔"包括着两个来源不同和年岁不同的高级法则——比较年老的是'物质守恒'这个化学法则而比较年轻的是'能量守恒'这个物理的法则。""充实无限空间的物质的总和"和"在无限空间中活动着和产生一切现象的力量的总和"都同样是不变动的。而且正如一切的能量——热、声、光、电以及其他都只是一个普遍的能的一些特殊的变种,"一个单一的原始力量的一些动态",因此,物质的各种不同的形式——在化学上的差别,无论是有重量的和无重量的,也同样都只是"在一个不断的连续状态下充满了无限空间的简单原始的实体"的一些特殊的"凝结物"而已。但是一元论还不完备。"物质(充满空间的实体)和能量(运动着的力量)乃是"一个更为根本的实体所具有的"两个不可分割的属性"。而且在这个实体中,身心两元论的问题也得到了解决。因为能量和精神就是一体。精神既是实体的精蕴,也是它的活动;物理上的引力和拒力只是爱和憎的粗糙形式。"吸引爱德华去爱上可怜的奥悌里亚,或吸引帕里斯去爱海伦,乃至逾越了一切理性和道德约束的这种不可抗拒的情欲,和在动物和植物的卵子受精的过程中强使活的精子进入卵巢的那种'无意识的'强有力的吸引力是一样的——同一冲动的运动也使得两个氢原子和一个氧原子结合起来而形成了一个水分子。"因此,黑克尔到达了人类思想在两千五百年前所由出发的精灵论和物活论,到达了一个关于不确定的物质的概念,这个物质是没有形式而又为一种不确定的力量所推动的——换言之,到达了一个对欲念和自我运动的直接感觉的最广泛的概括。而且即使这个也不是最后的实体;因为它只是"事物之可知的一面",而且是和我们的感觉相关联的。"我们尚无能……深入这个真实世界——'物自体'的最核心的本质。"①

因此,实体的原理终于把黑克尔,正如它曾经把毕希纳和斯宾塞一样,导致不可知论。而他的程序在一切本质的方面都和他们是一样的。他一贯地假定,在每一个被分析出来的和联系起来的统一体的背后必然有一个符合于这个名称或开始状况的简单统一体。每一个在许多因素间的相互关系,都必然有一个占有它们的"那个东西"。而且这个假定已被应用到物理学上的中心概念上去。如我们所已知,重量、力和能,恰当地讲,乃是许多变化因素的恒常比率;乃是当事物被我们所直接观察到时它们所具有的空间的、时间的和质量上的特性。但是在黑克尔看来,每一个这类的关

---

① 黑克尔:《宇宙之谜》,第 211—213、216、218、224、292 页。对黑克尔最好的答复见洛奇的《生命与物质》一书。又见鲍尔森的《战斗哲学》,第 121 页。

系复杂体都是表达某一种简单的精蕴或独特的性质的。他说,因此牛顿的力学只是给予我们关于力的理论的一些"死的数学公式"、"数量上的证明";"它没有给予我们以任何对于现象之质的本性的洞察"。① 换言之,黑克尔不满意于一个牛顿公式可以分析出来的几个事项所代表的质的差别。一定还有一个较为深刻的和较为本质的性质与这个公式相适应。但是这个性质既不是观察所能得到的,又不是为分析所发现的。它是被假定的;而且一经被假定之后,便借助于努力的主观经验,或者借助于对它的正确的力学意义所作的一种模糊而含混的回忆,而给予它一个模糊的意义。

这个学说便依靠后一种手段而获得了它的唯物主义的或反唯灵论的结论。如果以心灵活动或情欲来解释力和能的这个质的精蕴,结果会是一种"泛灵论",②在这儿把机械主义归结为自由和把自由归结为机械主义是同样合理的;或者说,把物质归结为上帝和把上帝归结为物质是同样合理的。显然,像柏格森这些人从哲学和心理学方面研究这种原始的活动实体就得到了这个结论。③ 但是黑克尔的一元论"明确地排斥了形而上学上的这三个中心的武断——上帝、自由和不朽。"④而他之所以似乎有这样的结果,那是完全因为在黑克尔利用"力"和"能"这些名词时仍然还遗留有一些明确的物理学上的意义。这个背后的实体或原始的力不能和所观察到的和所描述出来的任何它显现出来的现象等同起来;然而却

---

① 黑克尔:《宇宙之谜》,第 217 页。
② 见本书第 341 页。
③ 见本书第 283—285 页。
④ 黑克尔:《宇宙之谜》,第 232 页。

是通过和超越这些现象而达到它的。正是这些显现的现象才如此
适合于消除了它们的特殊特征而又未曾破坏它们的名义所具有的
那种有暗示性的力量。正如在神秘的神学中，上帝的属性乃是超
越于从人类的意义来理解的智慧和善良的，然而却又保有着这些
名词的特殊的联想，因而使得上帝具有一种模糊的意义，同样在这
里，这种原始的力量，这种根本的实体也具有这些名词所含有的狭
义的物理学上的意义，而不管这样的一个事实，即那个意义如果严
格解释的话，是不容许去肯定它们的普遍性的。这便是用另一种
"文字上的暗示性"的错误粗俗不堪地去使假象简单性和不确定的
潜能性的错误得以避免它们的贫乏性。①

　　§7．批判的自然主义　　批判的自然主义由于它接受我们所
谓对科学概念的"分析性的解释"而不同于朴素的自然主义或唯物
主义。这也包括着根据经验的理由排斥对于实体的传统概念。
"实体"这个名词可以保留下来，但是如果被保留下来的话，它是在
一种新的意义之下用来说明一种量的而不是一种质的常数。因
此，例如，根据奥斯瓦尔德的看法，能量守恒律乃是表达："一个事
物虽然可以有最不相同的质的变化，它在数量上是守恒不变的。"
他继续说："由于对于这个事实的知识，我们便不由自主地把'同
一'事物经过所有这些变化这样一个概念和它仅仅改变其外表形
式而不改变其精蕴这样一个概念，两下结合起来了。"但是这些观
念"有其十分可疑的一面，因为它们并不适应于任何明确的概念。"
经验并未给我们任何具有这样一个质的精蕴的观念，而只给予我

――――――――――――――

　　①　见本书第 194—197 页。

们关于一个复杂比率的观念,在这个比率的因素变化的同时,这个比率却是保持不变的。[①]

　　换言之,对于科学的一种严格经验的解释已经把自然归结为一种在质上的多样和变化,而显示出在数量上的常定性。为了使对科学的这样一种解释产生一个自然主义的哲学,那就必须指出,这样理解的自然乃是可知的实在。可以用两种方法或者其中之一来得到这个结论。可以辩论说,经验在最后性质上的项目总得是物理的,或者无论如何只能根据物理学的理论来加以解释;或者也可以辩论说,物理学的理论是唯一可以证实的,因而是唯一有效的理论。换言之,必须先有物理科学,这一点可以从事实的本质上来加以论证,或者可以从方法的本质上来加以论证。在这两种动机中,前者的代表是"感觉论",而后者的代表是"实验主义"。感觉论和实验主义平常是联合在一起的;但是由于强调的特殊差别,皮尔逊可以用来说明前者,而彭加勒说明后者。

　　§8. 皮尔逊的感觉论　　皮尔逊的中心主张是:科学的真理乃是从感觉印象所形成的概念和推论。外在的对象"初视之下似乎是一个很简单的对象",它其实是一个为许多可感觉的特性所组成的"结构","一个当前的跟过去的或储藏的感觉印象的结合"。因而科学的领域乃是"心灵的内容"。感觉印象构成了思维的唯一题材,直接所与的唯一实在。心灵是关闭在感觉印象以内的,好像一个假想的接线员,他从未走出过中枢电话接线间,只是接触到从电线的里端所收到的消息。"把问题翻过来,不妨考虑超越感觉印

---

　　①　奥斯瓦尔德:《自然哲学》,英译本,第 130—131 页。

象,超越感觉神经的大脑末端,但我们不能这样做。""'实在',如形
而上学者愿意这样称呼它,在神经的另一端,是未知的和不可
知的。"①

科学的任务乃是把这些感觉印象加以"分类和分析、联系和组
合"。"自然法则"乃是心灵速写中的'摘要',为我们用来代替关于
我们感觉印象中间各种联系的冗长描述。""为这些法则的发现而
服务的对象乃是思维的经济。"它们"使得这种努力最合算地维系
种族而给予个人以愉快,用最少的时间和智力去寻求感觉印象。"
一个科学概念,例如"原子",或者是"真实的,即能以是一个直接的
感觉印象,否则就是理想的,即一个纯粹的心理概念,借助于这种
概念我们能以陈述自然法则。"肯定有一种存在物既是"超感觉的"
而又是"真实的",这种说法是没有根据的。

因此,皮尔逊显然是赞同把物理的实质和力量分析成为非物
理的事项的。然而他又发现这个看法为主张自然科学是具有普遍
的和唯一的有效性的以及按照形而上学不能把它和诗并列的这个
说法,提供了充足的根据。② 现在如果进一步考察一下,这个结论
又似乎是由于这样一个事实,即"感觉印象"终究并非分析的极终
事项,而它们本身,按照皮尔逊的讲法,就是物理的"结构"。当皮
尔逊把它们视为分析的极终事项时,他实际上在假定物理的秩序
是事先存在的。感觉印象乃是整个自然主义体系的一个演变物,
而且离开了这个体系它就没有任何意义。"我们所称为感觉印象

---

① 皮尔逊:《科学典范》,第 2 版,39、41、75、61、63、67 页。

② 同上书,第一章各处。

的东西"是为一个感觉神经所传递而"在大脑中形成的"。"物理的印象是我们所储藏的感觉印象的源泉。"外在世界的同一性是依赖于"一切正常人类的感觉器官和知觉官能中的类似性";而我们之所以意识到别人,这乃是从"我们在大脑和神经之下总结出来的,具有一定特征的生理机构中"所推论出来的。"感觉印象的顺序","我们的知觉的习惯"不仅是生理神经刺激的机能,而且也可以理解为在"生存的斗争"中作为有用的东西而演化出来的。① 总之,感觉印象,就其构造和所与的秩序而言,预先假定了整个物理系统的存在,这是十分明白的。真正的问题不是我们怎么能"超越大脑末端",而是我们从前怎么会被封闭在大脑之中的。而答复是:按照皮尔逊的哲学,我们假定一个生理的相对论以及这样一个相对论所借以说明的整个物理的世界秩序。

§9. 马赫的修正主张　马赫的修正主张指明了皮尔逊的自然主义的武断特征。按照这位作家的看法,物理的秩序实质上是一些更为原始的要素之间所保持着的一种关系。"只要我们考虑到一种颜色依靠于它的光源,依靠于其他的颜色,依靠于热,依靠于空间等等,这个颜色就成为一个物理的对象了。不过如果考虑到它是依靠于网膜(KLM 因素)的,它就成为一个心理的对象、一个感觉了。"单纯的颜色既不是物理的,也不是心理的。例如一颗子弹在钠灯前变成黄色,在锂灯前变成红色。这一类的关系可用符号 ABC……来代表。但是如果我们闭上眼睛或者把视神经割断,这个子弹就不见了。因此,这个子弹也是一种特别的复杂体,

① 皮尔逊:《科学典范》,第 42、63、57、86、99、103 等页。

即神经系的涵数,可用符号 KLM……来代表。"在这个范围内,而且也只在这个范围内,我们把 ABC……称为感觉,而认为 ABC是属于自我的范围的。"换言之,ABC……是心理的,只是当它是属于 ABC……KLM……这个特殊的系统的时候。同样,意愿、记忆、印象等等,以符号 αβγ……为代表,它们之所以有其独特的特征乃是由于把它们联合起来的那种安排情况。"ABC……,αβγ……的根本组成因素似乎是一样的(颜色、声音、空间、时间,运动感觉……),而只有它们结合起来的特征不同。"换言之,不仅"事物、物体、物质",而且"知觉、观念、意志和情绪,总之,整个内在的和外在的世界,都是为少数性质相同而在各种不同的变化或持久的关系中的要素所组成的。"[①]

在这里,说这些要素本身就是"感觉",这显然是不合适的,因为感觉只是它们所表现出来的复杂安排中的一种。马赫说:"平常这些要素被称为感觉。但是由于那个名词具有一种有片面性的理论的迹象,我们宁愿简单地称之为要素(elementen)。"他继续说,的确物体乃是"感觉的复合",或"感觉要素"的一定联系,因此,他对于皮尔逊的感觉论所根据的那种误解也要负一点责任。[②] 但是马赫的观点只能说是把物理的秩序和心理的秩序两者都归结成为一堆中性的要素;那就是说,这些要素既不是物理的,也不是心理的,这一点是明显的。也不能说,这些要素内在地倾向于组成物体或物理的事素的那些特殊的关系和安排。逻辑和数理的秩序、心

---

①　马赫:《感觉之分析》,威廉士英译本,第13—14、17—18、6、18 等页。

②　同上书,第 18,192 页。

理和行为的秩序,和机械的自然界是占有同等地位的。所以分析法不可避免地就要超越自然主义而导致一种"逻辑的实在主义",它是既独立于心理学之外,也独立于物理学之外的。[1]

§10.　彭加勒的实验主义　　因此,批判的自然主义,在它反对关于实质的形而上学的斗争中得到成功的同时,却没有把它本身建立起来。其批判的动机是在牺牲其自然主义的动机之下取得胜利的。不过还有另外一个理由可为推动这个主张的依据。即使通过分析可以表明原始的实在并不是物理的,但是人们还可以辩论说,物理学的假设乃是唯一可以证实的假设,而物理科学的真理乃是唯一有十足根据的真理。换言之,自然主义不根据事实去进行论证,但可以根据方法去从事论证。因此,例如,皮尔逊本人就曾说过,"一切科学的统一性仅仅在于它的方法,而不在于它的内容",而且假使任何领域超越于科学之外,它们"就必然是在所谓知识的任何可以理解的界说之外"[2]。

彭加勒是方法论上的自然主义或实验主义的最显著的当代代表。这位作者的观点最好从它和另一位当代法国的思想家里乐伊的激进观点的关系中去加以领会。后者采取了极端的"反理智主义"的主张,坚持科学无论在它的事实和它的法则上完全是人为的和约定的。科学是为了行动的目的的一种发明;所以不能认为是实在的显现。于是行动就势必先于自然;而且既然界说乃是改造

①　见本书第 336—337 页,第 341—345 页。
②　皮尔逊:《科学典范》,第 12、15 页。

和伪造,行动就只有通过本能或直觉才能被认知。① 显然,这样一个结论并不是自然主义的;而维护自然主义的彭加勒便恰当地担负起批评它的责任。如果要维持唯物主义,就不能认为事实是完全不确定的,因为这会意味着说,物理的自然是完全从主观的活动中派生出来的。那就会势必要说,意志先于身体,而目的先于机构。所以有必要保留说,事实是具有一定的确定性的,因而才可能以物理学的假设和方法去解释它们。而这就是彭加勒所采取的观点。"原始事实"只能去证实物理学的假设;它们只是适合于实验方法。因此,我们的作者结论说:"实验乃真理的唯一源泉,唯独它才能告诉我们一些新事物;唯独它能给我们一种确定性。"②

现在从反省思考中显示出:彭加勒的"原始事实",好像和皮尔逊的"感觉"一样绝不是简单的;而它预先决定物理学的假设或实验的方法,只是因为它本身已经带有了一种物理的特征。换言之,彭加勒的分析,和皮尔逊的一样,是不完全的。当他把外在的物体,好像以太一样,例如归结为持久的关系时,他相信确实是这样的情况。例如,他说:"可以说,以太和任何外在的物体一样,是同样真实的;说这个物体存在着,就是说在这个物体的颜色、它的滋味、它的气味之间有一个紧密的结合,坚固而持久;说以太存在着,就是说,在一切视觉现象之间有一种自然的联结,而这两个命题具

---

①　见里乐伊:"科学与哲学",载《形而上学与道德评论》,第 7 卷,1899 年,第 375 页以后。见彭加勒:《科学之价值》,第 112—114 页。关于反理智主义的讨论,见本书第 10 章。

②　彭加勒:《科学与假设》,第 101 页。

有同等的价值。"①但是他忽视了这样一个事实,即性质和空时的相互关系本身也是较为原始关系的一个特殊事例。这个已经是物理的特殊事例,他简单地假定是具有普遍性的。如果他把分析进行到底,他就会发现,他的所谓"原始事实"乃是具有某种比较简单的"组合"和"联结"的,而这些简单的"组合"和"联结"绝不是物理实验的题材,而只是逻辑和数理的题材。

实验的方法所特有的有效性依赖于它只注意于这个方法所能利用的这类的事实。实验主义,和感觉主义一样,包括有一个恶性循环。一定类型的方法由于它可以应用于一定类型的事实而获得信任,而这一类型的事实又回过来由于它能用于这一类型的方法而信以为实。因为实验或科学证明能被应用得上的事实仅局限于在一个地方,在一个时间可以观察得到的东西。假设是用"观察"去试验的;但观察是在一定指定的时间和空间去进行的,而只有在空时定向正确时这种观察才能用为测量的手段。例如,根据一个假设预测有一次日蚀;当一个观察者站在一个特殊的地方,在某一特殊的瞬间看见太阳黑暗的时候,这个假设便被证实了。如果这个黑暗的现象不用别的办法加以确定,它是不会有所证实的;在一位科学家看来,它也不会提示一个机械的假设。科学产生于对非机械的经验的陈述;但是人们必须在一个场野中具有这些经验,而在这个场野中已经预先承认有机械的参照轴心。

彭加勒的另一个例子提供了同样好的一个说明。"我借助于一个可以移动的镜子,它把一个发亮的影像或光点投射在一个划

---

① 《科学之价值》,第139—140页。

分的量表上,从而去观察一个电流计上的差数。原始事实是这样的:我看见这个光点在量表上移动地位,而科学的事实是这样的:一个电流通过了这个电路。"①对这个原始事实的一个完全的说明就会不仅指出这个点将在这个量表上显现出来,即指出它在一个确定的地方,而且也指出它在一个确定的瞬间;换言之,它一定不是太原始,以致对其他"原始事实"也没有了特殊的空间和时间的关系。因此,彭加勒的事实实际上已经是机械的了,因为它们仅仅证实那种包括空时变数和决定空时事素的假设。

§11. 批判的自然主义的失败。逻辑和数理的先在性 彭加勒的主张乃是一种不可能的调和。自然的事实或者是完全不确定的,如里乐伊所主张的;在这种情况之下,整个物理自然的体系都是因为行动的关系为人所临时作出的。或者,自然的事实是确定的;在这种情况之下,它们已经具有了一种复杂的物理特性,它预先要具备一定的较为简单的逻辑的和数理的特性。在后一种情况之下,逻辑、数学和物理学的范畴都同样是事实的和独立于科学的建设性的活动之外的。彭加勒说:"科学家在一件事实中所创造出来的只是他用以表达这件事实的语言。"②于是科学或者仅是关于语言之事,而在这种情况之下,如里乐伊所主张的,它可以从说话的实际需要中推演出来;否则,我们就势必把"语言"仅限于文字和符号的功能而已。但是在这儿逻辑和数学必须和说话加以区别而把它们自己当作是关于事实的科学。因为逻辑和数学的真实性乃

---

① 《科学之价值》,第 116—117 页。
② 同上书,第 121 页。

是独立于用以表达它们的那些约定之外的。于是我们就将势必结论说：描述物理事实的物理假设运用和预先承认了逻辑的和数理的假设，而这些逻辑和数理的假设又回过头来是逻辑的和数理的事实的描述。逻辑和数学描述"关系"、"秩序"、"次度"、"数目"和"空间"的性质；物理学则是研究这些东西的特殊事例的。物理学的概念乃是逻辑和数学之变数的特别价值；物理学的假设乃是逻辑和数理的较为抽象的原理所提供的各种可能的选择。因此，把物理学当作是基本的科学，这是没有意义的；而把物理学的假设所确定的事实当作是最后的事实，这也是没有任何意义的。而这个结论对自然主义是一个致命伤。根据最后的分析，它给予存在一个逻辑的，而却并非物理的特性；而且它把物理的实验方法贬为逻辑方法的一个特别事例。

　　因此，一个关于科学的批判哲学使人们超越于物理科学之外，而到达了一些较为简单的非物理的事项，并且提供了一些非物理的方法和非物理学的理论用来陈述这些事项。"颜色"、"声音"、"地位"、"秩序"、"值量"、"涵意"，这些和任何这类比较简单的经验事项，都不是物理的；而且关于这些东西的真实性较之单为物理实验所能确定的或为物理理论所能描述的真实性要更加丰富而多彩得多。凡证实了物理学中的真实的东西也证实了逻辑和数学中较为广大和基本的真实性。所以笛卡尔曾奇怪："这样坚强的基础会没有建立在它们上面的更为崇高的上层建筑。"

第五章　宗教和科学的限制

§1. 宗教哲学和科学的限制　自然主义，或者主张物理科学是无条件地和绝对地真实的说法，等于否认了乐观主义的宗教。如果一切的存在都是属于物体的，而一切因果关系都是机械的，那么相信这个宇宙一般为善所统治的看法是不能有任何理由的了。生命是虚空的而它所产生的愿望和希望是徒劳无益的。启蒙毁坏了心灵所喜欢建筑起来的东西。人类在从事于一个失败的战斗。他也许会"发展一个有价值的文明，能以维护和经常地改进它本身，"但是那只是在这样的时候，"即当我们地球的进化已经走到它的下坡路，在这里宇宙的过程恢复了它的统治的时候；而自然之国（The State of Nature）又重新克服了我们这个星球的表面。"[①]

在上一世纪的进程中当科学成为霸权乃至企图篡夺人类知识的王国时，宗教为了自卫乃被迫要求进行决斗。而一声动武之后，宗教又自然而然地要求把战争带到敌人的领域中去。结果，在科学派和宗教派之间形成了一种猜疑敌对的习惯。它们变成了世代的仇敌了[②]。一个新时代的黎明已经有了一些标志；也许狮子和羊羔同归于尽的时间不远了。但是现在一般地仍然认为宗教的成

[①]　赫胥黎:《进化和伦理》，第45页。

[②]　见本书第38—40页。

功是以科学的失败为条件的。大部分当代的宗教哲学都致力于否证科学。假使留有"信仰之余地"的话,那个地方一定是由于牺牲了科学而获得的。当一位科学家承认自己的失败,例如杜·波依斯-雷蒙德宣称他对于物质与意识之间的关系的"无知",这时候他便被科学派责为叛徒,而为宗教派所热烈地拥护和引用他的话。[①]

　　但是我们必须承认宗教对科学的这种本能的不信任是有一个理由作为根据的。如我们即将看到的,确实,没有比宗教对科学的这种敌视更为愚昧的事情了。因为两者都是人类的制度;无论一个人是一位科学家或是一位神学家,他对这两者都是需要的。不过,如果无保留地承认对事物的科学解释,那么乐观主义的宗教,即相信文明统治着和后来终于占有宇宙过程的信仰,就不能存在。只有给予科学一定的限制,才能证明信仰是合理的。而且宗教最好避免任何使它依赖于科学惠赐的那种调和。

　　目前有一种倾向在科学的新奇中投入了宗教的资本。现在科学所运用的概念似乎已不像它的古典的原子论那样令人难以接近了。能,或有了电荷的以太或辐射作用可以变成上帝或人类不朽灵魂的精蕴吗?有两个理由使人们不相信这种意见。第一,这种意见所具有的宗教意义是从对科学的一种不严密的和拟人论的解释而不是从科学的严格陈述中获得的。为了使这些科学概念成为一种在自然中的精神的启示,就必须把它们解释为实质的东西,并

---

　　① 杜·波依斯-留蒙德:"论自然知识之限度",1872 年在莱比锡科学会议上的演讲;见第 9 版,第 51 页。后来的情况见黑克尔:《宇宙之谜》,第 180 页;鲍尔森:《哲学导论》,英译本,第 77 页;詹姆士:《人类的不朽》,第 21 页等。

且具有从那种模糊的努力感觉中所引申出来的特征。① 当宗教依赖于科学想象的幻觉时它就确实将会走向穷途末路。

第二，即使把这些科学概念转变成为精神的实质了，它们仍然对于宗教没有什么好处。物活论，乃至泛灵论，作为一种关于最后物质的学说，从宗教的目的上来讲，较之原子论并不更好一些，也不更坏一些。宗教对于实质的问题是漠然无关的。因为宗教产生于希望和恐惧；它是对于一定价值的一种热望。要为宗教辩解就要求，这个宇宙，无论它是由什么东西所造成的，将终究服从于欲望和理想——简言之，它将是美好的。而对于这个要求，新的科学和旧的科学一样是不能去满足的。因为科学并不涉及价值，而只涉及在自然过程中所显示出来的数量常数。它并不要求这些过程的发生有什么好处或坏处。② 用目的所进行的解释，把事物涉及到目的，这些都是科学所要避免的。一种宗教哲学它本身必须加上关于价值的判断。如果要证明信仰是合理的，就必须表明是善决定着事情，而不是事情表面上的一点磷光。③ 科学并不否认任何这样的结论；但也不导致任何这样的结论——因为它的题材和它的方法都不允许这样做。科学的有力发展已经，而且将总是把宗教的假设当作是不相干的东西而加以拒绝。根据它的"事实"和它的专门实验技术，这样的假设是未曾证实的而且是不可能证实的。

于是乐观主义的宗教在哲学上的辩解就包含有一种对科学的

---

① 见本书第 77—78 页。
② 见本书第 29—33 页。
③ 见本书第 368—370 页。

批判；不是拒绝科学，而是限制科学——证明在严格的解释之下科学不等于一切。因此，对科学的批判构成了宗教对科学的继续；我们将概括地评述一下这样一种批判目前所根据的几种主张。

§2. 自然主义和超自然主义　　在我们讨论当代哲学所特有的对于科学的批判之前，我们想简略地提一下一种批判的方法，这种方法在过去是很普通的，而现在则是被废弃了的。我所指的是关于奇迹的论证。一个奇迹就是对于科学法则的一种破坏；那就是说，一个科学法则在它自己的领域以内失败了。因此，如果一个运动不遵守运动法则，它就是一个奇迹；正如一个欧几里得的三角形不符合于欧几里得几何学的公理一样。但是在这个意义之下的奇迹的概念反映着关于自然法则的一个旧的概念。当我们把法则当作是脱离它们的内容的而且是把法则当作是从外面赋加在这个内容上去的时候，我们就可能想到无论事物是在遵从或违背这些法则，而它们仍然继续"存在"着。① 但是现在我们认为科学法则乃是对于它们的题材所进行的描述。在这种意义之下，就不可能有破坏法则的事情。因为如果事物不是按照法则所要求的那样运动着，这个法则就势必是不正确的。如果一个欧几里得式的三角形的内角被发现不等于180°，那就需要废弃相应的那个公理；如果经验证明一句话就把水变成了酒，那就有必要修改化学的法则来适应这种情况。因为一件事情是属于这个法则的项目之下的，它就构成了这个法则所要描述的张本之一，而且如果这个法则要成其为一个法则的话，它就必然对这一事情进行描述的。

① 皮尔逊：《科学典范》，第 3 章有关各处。

科学与宗教在刚过去的年代里的争端大部分是在这个问题上。宗教连续地败北，是因为它的辩护者把它放错了地位。把宗教的有效性建筑在科学在它自己的领域内的失败的基础上。而且十分自然，在那个领域内，宗教的辩护者是比不过他们的科学对手的。哥白尼对于地球运动的假设，它起源于太阳系的假设，以及它的年代和历史在地质学上的假设都是由于把地球当作是和其他自然物体一样的一个自然物体而得到的。宗教，在关于救世主的历史戏剧中是从地面上的一个独特的地方出发的，那就势必也要承认地球在其他方面的独特性。结果便产生了这样一个模糊而站不住脚的主张，即承认地球具有物体特性而同时对于那些以高度的技巧和知识致力于物体研究而又没有终极动机的人们所得到的结论又拒不应用。

在关于人的事例中也发生了同样的事情。他的身体机能是属于静力学、流体动力学、气体动力学和化学的范围以内的；同时因为他是一个动物有机体，他又是属于生物学和生理心理学的题材。而同样，圣经，作为历史文献，必然要从属于历史学、考古学和文字学的研究方法。宗教的护教派由于对这几种科学的发现进行争辩，因而铸成了错误，他们和这些在他们本门领域以内的专家进行了一个不平等的竞赛。这就得到一个不可避免的结果。科学，因为它不受最后动机的限制，而且具有优越的技术，而得到流传；而宗教，被认为是对于前进中的启蒙运动所进行的一种无效的对抗，而失去了它的势力。[①]

---

① 　见怀特：《在基督教界中科学与神学的战争史》。

§3. **当代对科学的批评的一般特征**　　当代对科学的批判具有这样一个特点,即把科学全盘接受下来。宗教哲学不再试图就科学本身的根据来对付科学,而且不再试图就科学的领域以内的具体问题进行争论。它承认,相对于科学的方法和题材而言,科学的判断是最后的和无可指摘的。科学必须作为在其本身条件之下是完备的一个体系来对待。科学和宗教之间的差别不再是在于事实的问题,而是在于一个关于观点或方法的基本问题。

宗教必须断然接受"现象的连续体"而废弃其"自相矛盾的宗教超自然主义",这种超自然主义"试图从历史的时间系列中割裂一段下来,而改变它的形态,从而求得自我满足"。宗教和真正的哲学并不居住在这里而是在一个"永存的"场所①。我们必须承认科学家所宣称的"因果联系"的普遍分枝;但是我们摆脱困难的希望在于它必须具备这样一个直接的条件:——"只就科学的范围而论"。因为科学家忘记了:"如果他和我们不事先承认我们能用以区别真伪、善恶、实虚的那些永恒价值的绝对标准,不事先假定这样一个唯心主义的信仰,那么这种因果解释将没有任何意义,他的陈述并不是真理,而他的宇宙也不是实在。"②另一位哲学家说:"我们可能想到的在科学与宗教之间最深刻和最彻底的调和乃是在原则上终止那种彼此争夺领土的无谓的纠纷和试欲限制它们的范围的无益的企图,"而允许"每一方面——按照它自己的方式——占有经验的全部。""科学可以适当地涉及一切的事物……

---

① 温莱:《现代思想和信仰中的危机》,第78、229、228页。

② 明斯特贝格:《科学与唯心主义》,第70页。

宗教也可以这样。"但是双方还有一个较深的根基,因为"这两者都是把'现象'的粗糙'材料'转变成为更好些,更真些,更美些和更实在些的形式的手段。"①

因此,可以说,宗教哲学对科学的批判总起来讲,已经废弃了旧的超自然主义的根据。换言之,它不再试图造成一些例外而在自然的特殊地盘以内对自然法则的统治进行争论。科学的完整性是加以承认的了,而对科学所提出的批评乃是作为一个整个体系来反对的。

§4. 科学总是会陷于错误的　　但是在科学与宗教之间旧有的战斗并未完全停止。还有一种断断续续的敌对精神仍然妨碍着它们彼此的同情和了解。在科学方面,这一点表现在如皮尔逊一类作家的所谓"反形而上学"的论战中和黑克尔一类作家的轻侮敌意之中。在宗教哲学方面,这一点表现在轻视科学,贬低它的成就和寻找它的失败与短处的倾向之中。

这种倾向渗透在华德的《自然主义和不可知论》一书之中,这本书也许是在近来英语作品中对科学的最厉害的批判了。虽然这本书的目的是要批驳自然主义而不是科学,但是这位作者却是反复地从科学的不完全的成功来进行辩论的。② 他指出了科学中的一些漏洞,例如在有机界和无机界之间的空隙。换言之,他提醒我们说,还有一些科学问题是科学家还没有解决的! 他指出了在科

---

① 　席勒:《斯芬克司》,第 3 版,第 463—464 页(着重点是我加的)。

② 　读者如有兴趣可参考克利顿和华德教授本人对于这个批评的答复。见《哲学心理学和科学方法杂志》第 1 卷(1904)第 10、12 期。本书作者的答辩见同一杂志,第 1 卷,第 13 期,本文的一部分是从那篇答复中引用来的。

学真理范围以内的矛盾;而且他详细地叙述了尚未完全证实的科学假设的不确定的地方。好像一切人类知识,在任何历史时期,都未曾有过它所遗留下来的无知,它的突出的困难,它的过渡状况以及它所常有的怀疑! 的确,科学坦率地承认这些限制——即这些对人类缺陷的惩罚和人类粗鲁的冒险——,而这种坦率取得了人们的信仰而不是不信任。

华德教授尤其在这样的事实中找到了科学的不可靠性的证据,即科学理论必须经常地进行修改。他引用鲍兹曼的话说:"在今天,意见之间的战斗狂风暴雨般地怒吼着。……结果将如何呢?……机械的模型在任何情况之下都将继续保存,还是新的、非机械的模型将会证明更合适一些而能的组成因素将绝对地控制着这个领域呢? ……可能会产生这样的信念——即一定的表象本身不为一些较为简单和完整的表象所代替,这些表象本身就是真的吗? 去想象一些东西,而对于这些东西,人们是绝对没有概念的,这也许就是对于未来最好的概念吗?"在结束他对鲁克尔的批评时,他注解说:"归根到底,于是他只是在为一个有用的假设进行辩护,而且这一个假设在上半世纪中业已大大地失去了它的势力。"①

这类论点的愚蠢之处在于:它们能够被用来同样有力地反对任何人类的主张。最后它归结到这样一个尽人皆知的事实:即人类的心灵总是有错误的。不管什么样的主张都可以证明是错误的,这就是华德教授的"批判",而他自己所采取的"精神的一元论"也是如此。人类总是会犯错误的,这个事实既然可以用来反对一

---

① 华德:《自然主义和不可知论》,第 2 版,第 1 卷,第 307、314 页。

切的知识,因而也就不能用来反对任何知识。它说明了思想家应该有一定的谦逊和虚心,但是它不能构成任何理由来拒绝任何特殊的理论。知识只有用更好的知识去加以否证。如果一个特殊的科学理论是可疑的,那很好;但是我们之所以能够正确地认为它是可疑的,这只是由于科学的理由,而关于这些科学的理由最好是让科学家本身去解决。没有必要再指出这样的事实,即如果有不同的意见要提出来反对任何部门的知识,宗教哲学家所能提出的意见则是最少的。因为在一切理性的事业中,宗教哲学家的工作在这一方面却是最需要别人援助的。

当人们用人类知识一般总是会犯错误的这个事实来反对某一个特别部门的知识时,它就导致一种过激的和盲目的偏见。有一位宗教正统的护教论者写过如下的一段的话:"科学家们从他们所占有的片断的知识所作出的推论也许是对的,也许是错的。一般地讲,他们总是错的,这一点可以十分清楚地用这个事实指明出来,即科学家们每一代的作品大部分都包括着对他们前辈的理论的推翻和修改。"所以"要树立人类理性的推论来反对关于上帝的语言的叙述,这是完全徒劳无益的。"①对于这种观念,华德教授实际上是予以支持的。但这是多么反动和多么愚昧啊!科学和宗教同样是服务于人类的制度。一位宗教信仰者,既然他是一个人,就需要科学;正如一位科学家需要宗教一样。所以一位宗教哲学家,如果他试图去否认科学,就损害了他自己。他鼓动了一次家庭的

---

① 茂禄:"文字中的生命",在为基督教辩护所出版的名为"Fundamentals"一系列小册子中刊载的,第5卷,第47页。

口角。科学的胜利没有不是对人类以及他的一切工作,包括宗教在内,有所提高的;也没有一种科学的失败不给人们带来共同的灾难。因为科学和宗教乃是征服无知和死亡的军队的两翼。

§5. 对描述法的轻视　　我即将请大家注意几种对于科学的批判,在主要的方面,它们既避免了那种干涉科学事务的陈腐政策,又消除了那种宗派争论的废颓的敌意。科学已被认为在它本身范围内活动时是无可指摘的;而且也被承认和哲学与宗教有着友谊的联盟。但是认为科学本身却不是自足的和最后的。它是有所假定的,而它所假定的东西则是较为根本的或更为"真实的"而且它给予了哲学和宗教以优先性。

首先我将讨论对科学的所谓在方法论上的批判。^① 按照这种批判来说,科学的概念"仅仅"是描述,因而科学法则是假设的或"权宜的"。虽然科学就其本身的事项而言是系统的和完整的,但由于它的方法的性质,它是不能发现实在的。它的发现,只是在有限的权宜之计的意义之下才是真的。它们不是必然的而只是权宜的。它们可以归之于约定,而和约定一样,并不是不可避免的,而是随意挑选的。

这种对于科学的批判是根据接受了我曾称之为对科学概念之分析性的解释而来的,这一点是很重要的。^② 它使得科学方法的精密和准确本身成为反对科学的东西。

---

① 　这个批判和实用主义对"理智主义"的批评是密切联系着的,将于第十章作进一步的讨论。但这绝不是实用主义所独有的;事实上它是为大多数对自然主义的当代的反对者所运用的。

② 　见本书第 65—67 页。

根据批判的自然主义的判断推崇科学而证明它是唯一配称为知识的那种东西，在这里却被认为是一个缺陷了。

华德又可作为一个说明的例子。这位作者以可敬佩的清晰性追溯了这一类概念，如"物质""质量""力"和"能"在科学史中所曾经历过的发展。他发现，这些名词包含着科学的正确演算和公式中的因素，而不再具有常识中的那种模糊的本体论上的属性。到此为止，这位作者的阐述是无可指摘的而且是有所助益的。但是似乎当科学变成愈确切的同时它却失去了它在实在上的依据。"把它们区别于我们可以适当地称为物理实在论者的那个旧的学派，我们可以把这个新的学派称为物理的符号论者。……一个学派相信它是逐渐接近于终极实在而把现象排弃在它的后面；另一个学派则相信，它只是用一个在理智上易于控制的概括的描述纲领，来代替具体事物的复杂体，而后者是完全在我们的领悟之外的。"对现代科学的这种符号论的解释，华德是同意的。皮尔逊把科学法则说成是"概念上的缩写"，对于这个说法他曾赞同地加以引用。或者如他自己所表达的，"机械论的概念使我们能够把一些将使我们迷惑不解的东西概括起来"，但是"这不可能销毁我们的独立性"。"这类的概念可以对于'在自然中发生的运动'提供一个可敬佩的描述领纲，但它们并没有解释什么东西。""总之，人们可以像物理学家们本身所承认的那样，认为描述性的假设代替了实在的理论。"[①]

---

　　①　华德：《自然主义和不可知论》，第 1 卷第 304—305、83 页，第 2 卷，第 251、88—89 页。

但是对描述的这种轻视可能产生什么意义呢？可以说，思想的动机较之描述的动机更为完全地为它的题材的性质所控制吗？描述即指按照事物被发现的那个样子把它们报告出来。在科学的程序中描述逐渐代替了"解释"，这只是说，科学已经成为更为严格属于经验以内的事情了。和描述对比起来，"解释"暗示着要涉及超经验的力量，和神秘的精蕴或一种根据人类的利益对事物所作的片面性的解释。① 科学已经废弃了在这种意义之下的解释，因为这样的企图分散了对它本身题材的注意而从事于不相干的冥想。如果我们相信有些科学批判者们的话，那么描述便是一种游戏而采取这个方法便是科学在其下降时期的一种衰老表现的游戏。然而事实上所发生的，科学的这个描述的时代乃是它的鼎盛时代。而科学在人类知识之一切部门中是最反对反复无常的不定状况的。因为科学是在规定的场所中进行的；它所涉及是最邻近的环境，它所发现的东西是立即予以证明或否证的；它的审判日总是近在眼前。科学除了谨严地忠实于事实以外，是不可能会有成功的。这就是描述法主要意义的所在。它清楚地废弃了不相干的东西而坚决地否认了最后的动机。

然而华德教授却要我们相信描述似乎是任意而为的，它不是事物本性的必然反映。他说："如果说，从抽象的体系中可以推论出来的严格的决定论（抽象的体系只是因为这个理由而被列为是它的根本前提），必须也要应用到它所设计要去描述的这个真实的世界，——用一个日常生活上的事情来说明，——这和我们说，一

---

① 见本书第 57—59 页。

个人必须适合他的衣服而不是他的衣服必须适合于这个人,是同样矛盾可笑的。"①好像一件衣服能够适合于一个人而无需乎一个人适合于这件衣服,或者说,一个体系可以"用来描述"这个真实的世界而又不"应用于"这个世界!

　　§6. 描述经济的理想　　但是有人可以反对说,关于描述法在形式方面的标准,例如简单性,我们将怎样去理解呢? 这不是终究是一个美感的或主观的标准,一个便利行事,而不是对于实在的揭示吗? 华德教授能够利用那些作为自然主义之拥护者的科学家们的话来支持这样一个见解。但是科学证明了这个见解是合理的吗?

　　首先,在科学体系本身以内必须区别文字的符号或标志和它们所涉及的概念、比率和法则之间的不同。在希腊文 π,或 √ 记号和这些记号所指的东西之间是显然有差别的。记号是随意选择和大家同意的约定的;而它们对于复杂状态的缩写乃是便利行事。但是这丝毫也不影响这些记号所指的事物的身份。不能因为在 2+2=4 这个等式中我所用的记号是阿拉伯文的、是小号铅字的、等等,我们就有理由结论说,所表达的数目上的相等和文字与字体的选择一样,同样也是任意选择的。然而,对于把描述性的分析当作是随意的和不真实的这个见解,上述的那样的结论却显然起了不小的作用。②

　　即使承认科学描述的公式表达一定的逻辑和数理关系,而其

---

①　华德:《自然主义和不可知论》,第 2 卷,第 67—68 页。
②　见本书第 240—241 页。

意义和真实性是不依赖于语言的迫切需要的,但人们仍然可以辩论说,把这些关系应用于自然乃是任意的。我只能答复说,正是这些关系为我们发现是潜存于自然之中的;如果它们不潜存于自然中,科学家就不会证实它们。如果有人反对说,自然从未确切地符合这些公式,那么我就可以要求提出特殊的事例来。而当人们指出了这个事例和公式的分歧时,又将同时显示出某些新的和类似的公式。①

但是有人也许会问:这些公式不总是遗漏掉了一些东西吗?为了实际的便利起见,它不总是过于把自然简化了吗? 当然,它是遗漏掉一些东西的。在经验的工作程序中,把不相干的东西删除掉和把有密切有关的东西包括在内是有同样的重要性的。而且如在前面所陈述的,②尤其真实的是科学特别地,如果不是专门地,注意去发现事物的同一性和常定性。而同一性和常定性是在科学的公式中表达出来的,而个别的差异则被排除了。但是这并不是说,这个程序中包括有过于简单化的情况。因为那会意味着下面两种情况之一:或者说,这些公式删除一些它们所要包括在内的东西,或者说,它们所包括的这些同一性和常定性实际上在自然界并不存在。但是在这两方面的谴责都是没有根据的。③ 科学是有所抽绎,但它是有意这样做的。而且抽绎并非发明或伪造——而只

---

① 见本书第 254—256 页。
② 见本书第 59—60 页。
③ 如果科学肯定说,自然仅仅就是在这些公式中所表达出来的东西,那就会犯詹姆士所谓"恶性理智主义"的毛病。事实上,科学从未这样肯定过。相反地,它特别利用"变数"提供了个别差异。见本书第 252—254 页。

是鉴别和选择。

总之,可以看出,"描述上的经济"这个理想并不是一个幻想的把戏,而是一个知识的规范。这个理想的发现并没有降低科学的质量,而是丰富了逻辑和方法论。由于采用了它,科学并没有离开实在,而是更紧密地和更确切地掌握了实在。

§7. 假设的自由选择　对描述法,还有一个责斥,这不仅包括物理科学,而且也包括逻辑和数学。据说,假设的选择是随意的。[1] 以物理科学而论,这种随意性显然是和考察的起初阶段有关,而与最后所采取的结论无关的。一个假设的尝试是随意的,但是它的成功或证实却是有所规定的。再者,假设的内在关系本身也是确定的。被选择来进行试验的假设必须在逻辑上和数学上是正确的。

但是有人也可以辩论说,逻辑上和数学上的正确性也是随意的。而且从数理哲学的最近发展看来,这个见解有着日益增加的重要性。时常有人说,逻辑的和数理的真实性依赖于随意选择设定。[2] 我相信,时间将会指明,这种说法是有片面性的,而且,如果不加说明,它们是会引起误解的。显然还有补充的意见。第一,没有一个逻辑学家和数学家,无论他是怎样现代的人,是为了要在设定上去建立体系而去发明设定的;如物理科学家,他要寻求那些决

---

[1] 例如见席勒:"公理即设定"一文,载《人格唯心主义》一书。在另一方面,见纳恩:《科学方法之目的》一书,第5章。

[2] 例如见韩庭顿:"逻辑代数中之独立设定",见《美国数学会会报》第1卷,1904。"这些设定只是随意赋加在基本概念上的简单的条件。"等(第290页)。又见彭加勒:《科学和假设》一书,第37—391页。

定一定事实的设定。正如一位晚近的作家所表达的,设定虽然不
是"从……来而必要的"(necessary from),却是"为了……而必要
的"(necessary for);这就是说,"为了解决问题",设定是必要的。①
因此,设定终究是被证实的而不仅仅是任意选择的。第二,还有一
些用以判断设定的规则或标准,如"纯洁性"、"一贯性"、"独立性"
等。② 最后,一切体系,无论是否选择设定,都是为一些条件、关
系、命题、涵意所构成的,而这些东西,无论对它们采取什么行动,
它们并不是由于我们的选择而存在的。总之,在这里,和在其他的
地方一样,思想是适应于事物的,而它的任意性也只限于从事物中
去进行选择。

　　§8."真实的"原因和"单纯的"描述　　在怀疑描述法是否有
效和恰当的人们的心理的背后将会发现有两个已为科学所逐渐废
弃的解释的概念:"力"的概念或"善"的概念,在两者之中或有其一
或两者俱备。③ 更普通一些,是这两个概念混合起来,成为"活动"
这个概念。这个概念被认为是"真实的"原因,人们用它来判断"单
纯的"描述,而发现它是缺少这个"真实的"原因的。④ 它变成了这
样一个问题,即科学方法的发展是否有助于说明"原因"的意义;或
者已经简单地把它废弃了。显然,这个答案要看"原因"这个超科
学的概念是否有效,而这个概念科学曾经一度运用过它,而现在又

---

　　①　斯密特:"认识之批判及其原理",见《哲学、心理学和科学方法杂志》,第 6 卷
(1909),第 281—282 页。

　　②　见斯密特:"认识之批判及其原理"。

　　③　见本书第 59—62 页。

　　④　例如见华德:前引书,第 1 卷,第 64 页;第 2 卷,第 79、237、247 页。

为科学的批评者辩护。

这个概念完全依赖于活动的内在经验。幸而这个争论不能进行很久。一个人必须看看他自己,如休谟所做的,而且要看看在他自己本性的深处是否有一种清晰的、简单的和自足的活动之力(a power to do)。凡是从事过这种试验而坚决不把日常的直接感触中的混杂和模糊当作深刻的洞察的人们,我相信,将会和休谟一样,得到同样的结论。他将发觉一些关于身体张力的感觉,一种期待之感等等,但是却不会发现什么"力"。[1] 换言之,他将会发现经验的分析到处所发现的东西,即在关系中的一堆事项(a manifold of terms in relation)。而当人们进一步对这堆事项有所解说时,他们就会,如科学所曾走过的道路一样,被导致发现一些描述性的法则。

换言之,我结论说,科学,由于采用了描述的方法,已经用一个精密而谨严的概念代替了一个关于原因的朴素而草率的概念。从这个名词的最可理解的意义上讲来,原因就是这个法则或其蕴涵。不一定是机械的法则;因为如我们所知,分析和描述绝非仅限于物理科学中所显示的这个类型。但是我相信,一个逻辑的原因、数学的原因、伦理的原因都将会变成一个法则或常数。[2] 而且如果这样,科学由于描述法而有它的功绩,而不是因此而成为一个缺点。

§9. 空间和时间的非实在性。康德的论证 刚才所考查的关于科学的批判可以称为一种"在方法论上"的批判,以区别于"在

---

① 见本书第 283—287 页。见休谟:《人类悟性论》,第 60—73 页。

② 关于应用到伦理学上的讨论,见本书第 126—127 页。

形而上学上"的批判,而现在我们就必须进而转向这一方面。根据这方面的批判,科学所研究的是"表现"或"现象"而不是"实在",这是由于它的基本概念,空间和时间的性质所决定的。辩论说,这些概念乃是自相矛盾的或者说,乃是不自足的;而且物理的自然,如在空间和时间的领域中,到最后必须假定要归结到另一些其他的东西。它们必须在某种较为高级的统一中加以改正或"克服",正如在上帝的恩赐中把恶转变为善一样。

我们在康德的学说中可以看到关于这个批判的经典的原型。① 按照那位作家的意见,空间和时间为一些"二律背反"(antinomies)所破坏。这就是说,如果假定空间和时间的实在性,于是就要有可能同样确切地证明几对矛盾的正题和反题;例如,空间是有边界的,又是没有边界的;时间是有开端的,又是没有开端的;空间和时间有不可分裂的因素的,又是没有不可分裂的因素的;等等。按照康德的看法,其寓意即我们必须拒绝原来的那个假定,否认空间和时间的实在性。如果我们把它们当作仅仅是综合的动作,它们就成为不确定的了;或者毋宁说,它们是从其他的东西中得到它们的确定性的,例如从被综合的题材中或从推动这种综合动作的动机中得到它们的确定性。这就好像是说,数目并不是独立的实在,而仅是计算的操作。于是,如果要问到底有多少数目,这个问题是没有意义的。有多少内容需要计算,或者一个人有

---

① 柏格森关于时间的批判乃是方法论的批判和形而上学的批判的一个混合物,在本书第 247—248,252—254,277—287 等页将加以讨论。关于康德的批判,见《纯粹理性批判》,第 2 版,第 328 页以后。(参见蓝公武中译本,商务印书馆 1960 年版,第 330 页。)——编者

多少机会去计算,那就会有多少数目。同样,空间和时间乃是从属于它们所应用的题材的,或从属于控制这种应用动作的动机的。而且只有借助于这些非空间和非时间的因素,借助于某种高于自然或超越自然以外的东西,这个世界才获得其最后的形状。

在较近的时代里,这些假定的空时矛盾曾被追溯到一个更为根本的矛盾,即包括在"事项"和"关系"中的矛盾情况。有人论证说,如果要把两个事项关联起来,它们每一事项都必须和关系发生关系,而且既然这些增加上的关系又必须关联起来,我们便开始从事于一个无限的回复(归)工作。因此,英国唯心主义者布拉德莱便得出这样一个结论:"关联性的思想方法——即任何为事项与关系的机制所推动的思想方法——都必然提供现象,而不是真理。"①或者如他的弟子,泰勒所说的,在某种"超关系的"经验式样中,在这里面,即使全体和部分的概念也被越过了,这样,"我们便最接近于如实地去经验实在。"②既然空时世界实质上是带有关系性的而且它为全体和部分的概念提供了最完善的例子,因此它便不为人所信任,而陷于为空时本身所附加的更多的困难。然而,既然对于关系的批判不仅仅是应用于科学,而且也同样应用于一切运用分析法的知识,我们就无需在这里来检讨它。只要提一下,布拉德莱的观点曾不断地为人所驳斥,不仅为"外界人"所驳斥,而且也为那些在一般的哲学立场上完全和他一致的唯心主义者们所

---

① 《现象与实在》,第 1 版,第 33 页,又见第 3 章以后。
② 《形而上学要素》,第 147、153 页;又见第 4 章。

拒绝。[①]

　　康德对空时非实在性的证明在当代突出的复活见于泰勒的《形而上学要素》一书,在上面我们已经从中有所引用。假定空间和时间的实在性使我们陷入下面的两难论式:"或者我们必须在超过了进行这个无限的回复工作有明显困难的这一点以外武断地拒绝再继续进行回复,如同当我们肯定说,空间和时间是有有限的界线的或有不可分裂的部分时我们所采取的办法那样;否则,我们就必须主张:绝对的经验实际上已经在一个没有止境的系列中达到了它的总和。"但是"如果承认空间和时间是现象的,……这个困难就没有了"。因为这时候我们可以说,"空间和时间是我们自己的创造物,它实实在在既不是有限的,也不是无限的系列,而只有按照我们利用我们的创造物的目的,它们才是有限的或无限的。"换言之,就空间和时间本身而言,我们既不能说它们是有界限的和不可分裂的部分的,也不能说它们没有。我们可以按照思维的需要把它们看作是这样的或那样的。在它们本身乃是模棱两可的。而我们在这方面避免了担负更多的责任,由于我们说,这种模棱两可的情况就证明了,在"绝对的经验中",我们必须把它们"提出来,重新加以安排,而超越它们"——虽然"明确地怎样做到这一点,从我们有限的立场看来,我们却不能设想怎样来说"。[②]

　　[①]　见本书第168—169页。对布拉德莱最好的驳斥见詹姆士的《多元的宇宙》,附录甲,"事物及其关系"。至于唯心主义者对布拉德莱的答复,见罗伊斯:《世界和个体》,第1卷,补充论文。

　　[②]　泰勒:前书,第260、263页。在《心灵》杂志,第16卷,(1908年),我曾比较详细地讨论过这位作者的主张。

§10. 无限性和连续性　　现在对于这个论点,我们将说些什么呢? 首先,在这个空时"矛盾"背后的关于无限性和连续性的问题,在今天正受到逻辑学家和数学家们的特别注意,而他们在形而上学方面是无所偏袒的,这一点是值得注意和有重要意义的。这些作者们并没有"绝对的经验"来避免他们的困难,因而便不得不自己想办法去克服它们。他们是从一个朴素的假定出发的:既然有无限性和连续性这些东西,不管以后在一般的宇宙里它们将占什么地位,那就应该有可能去检验和描述它们。为了我们目前的目的,我们可以很简单地把他们所达到的结论陈述出来。①

第一,他们认为,构成康德、泰勒等人的两难论式的两歧严格讲来并不是对等的。因为对于其中之一端的反对理由是在经验方面,而对另一端的反对理由是在论辩方面的。因此,例如,能为我们所观察到的和加以界说的空间广延性的最小单位显然是可以分裂为二的。这个事实是无可否认的。在另一方面,如果人们肯定这一点而且结论说,空间广延性总是可以分裂的,他们的反对者就不能指出这不是事实,而只能指出,它和某些先入之见,例如一个整体是为部分所构成的,这类概念是相矛盾的。于是,从经验上讲来,如果说,既然空间在事实的点上是可以无限地加以分裂的,必要时,我们就必须改正与它相矛盾的那些概念,这个结论似乎是恰

---

① 关于详细内容,读者可参考罗素的《数学原理》第52、53章;或韩庭顿的"连续体是秩序的一个类型"一文,见《数学年鉴》,第6、7卷(1905)。

当的。① 换言之,非形而上学的逻辑学家和数学家们同意空时是无限的,于是一方面专心致力于对于这个事实的描述,而另一方面又致力于设想去克服其中所包含的在论辩上的困难。

因此,有人辩论说,一个整体"为部分所构成"的这个概念乃是把两个概念混淆了,一个概念是说,一个整体是包括着它的部分,而另一个概念是说,一个整体乃是由于连续地计算和综合其部分所达到的。后一个概念是主观的和偶然的。例如,我们可以把一条线界说为点的无限的类。确实,一条线是不能用一个点加上一个点来构成的,但是既然我们能够把它界说成为一个整体,为什么我们一定要这样做? 一个无限的系列是不能用连续地计算其中各项的办法来尽举的;但是当我们能够界说系列的法则时,我们为什么一定要那样做呢? 换言之,只要我们避免了把认识意味着是将内容列成一个连续清单的这样一个概念,我们就在认识一个无限的整体中没有什么矛盾了。

　　或者来考虑一下古代关于运动的矛盾。② 据说,阿基里斯不能赶过乌龟,因为他只能无限地,即无止境地,缩短他和乌龟的距离。但是这只是说,赶上去的动作乃是一个连续的过程。假使有必要通过计算这个过程的每一最小位相去了解它,那么我们绝

---

　　① 与通常的用法相反,甚至还有必要结论说,从一定的意义讲来,部分也可以是与整体是相等的。例如见罗伊斯:《世界与个体》,第 1 卷,补充论文。这是否如此,我不确定,但这也许如此。换言之,关于整体和部分的概念是根据所可观察到的关于它的事例而加以矫正;而一个"无限的"和"连续的"整体就是这样一个事例。

　　② 在詹姆士:《几个哲学问题》一书中对于这个和类似的矛盾,曾借助现代数学作过一个有趣的通俗的讨论,见该书第 10、11 章。在本书下面所讨论的一部分是对这位作者的看法的一个批评。

不会得到结论而只好失望地说,阿基里斯永久不能赶过乌龟。但
是我们无需乎做这一类的事情,因为我们能够说明上述这个特殊
的系列并且能够用公式把它的一切事项提供出来。如果有人反对
说,至少当阿基里斯走过中间这段空间时,他必须连续地经过所有
这些最小的单位,我们可以答复说,他仍有一个同样可以无限地划
分的时间来经过这个空间。

对于这件事情的这个粗略的讨论,我相信,足以暗示有一种方
法可以用来避免关于空间和时间的这个似是而非的矛盾说法。这
样一个方法不仅可以用来说明空间和时间的性质,因而使得这个
已经负担过重的"绝对"没有必要为它们担负全部的责任;而且它
也证明了空间和时间,用它们自己的条件建立了空时的实在性。
简言之,如果科学是有缺陷的或有局限性的,那并不是因为它的根
本概念,即空间和时间,是不真实的。

§11. 意识的先在性　　还有一个对科学最重要的批判有待讨
论:这个批判是以意识的先在性的说法为根据的。既然这个说法
构成唯心主义的中心题目,因而我们将在下三章内作详细的讨论,
在这里只要简单的提一下就够了。

赫胥黎在他的论休谟的一本书中写道:"如果唯物主义者肯定
说,宇宙以及其一切现象都可以归结为物质和运动,贝克莱回答
说,不错,但是你所谓物质和运动的东西只有作为意识的形式才为
我们所认识;它们的存在就是被理解或被认识到;而一种意识状态
脱离了一个思维的心灵,在措辞上就是一个矛盾。我认为这个推
理是不可反驳的。所以,如果我不得不在绝对唯物主义和绝对唯

心主义之间作一选择，我就会被迫接受后一种学说。"①赫胥黎对于这个论点的接受是有重要意义的。因为在上一世纪的大争辩中，他曾是最著名的科学领袖之一。不管他的科学根源和心理习惯，他没有成为一位唯心主义者，只是因为他是一位怀疑论者。构成唯心主义的主要支柱的这个理由，他认为是不可反驳的——这是他当时和现在大多数哲学家的共同之点。

有人辩论说，科学把事物从它们的关系中抽绎出来而成为知识。具体地说，每一个东西都是一个主体的"客体"；乃是被感知、被思维、被意志到的东西。当人们反省或自我意识时，——即当人们认识到在自然情况下被忽视了的，或者在科学中有意删除了的"我"的中心地位时，在这个时候这一点就变得十分显明了。只有当事物在这个联系之中被考虑时，才掌握到它们的真实性质。从这一点上看来，科学世界是并非自足的。不错，就其本身而言，它是系统的和一贯的。但是现在我们要认识到，它实际上乃是有关于科学的这个世界；它的形成乃是适应于科学思想的目的的，而在最后的分析中表达出知识的能力和动机。所以人们必须在知识本身——在感觉、思维，或目的中去寻求实在的根源和枝干。

对唯心主义的批评性的讨论必须要保留到我们对其根据有了较为充分的熟悉之后。但是指出在唯心主义和宗教动机之间的基本一致点是重要的。我们业已看到，一方面科学设法减少个人在观察中常有的错误，从内心避免有利害关系的希望和恐惧，而在另

---

①　赫胥黎：《休谟》，第 279 页。

一方面,宗教却在利用它们而引出道德的东西。① 换言之,宗教,在实质上,乃是关于实在对生活之影响的一个判断。现在唯心主义肯定说,实在的根基是在生活之中,而最后则是受生活的利害关系所控制的。唯心主义不仅和宗教一样从事物对生活的作用来解释它们;而且肯定说,这样一种对事物的解释使我们对于事物的性质有了唯一真正的洞察。它不仅采用了宗教的方法,而且肯定了那个方法较之科学所采用的超脱和减除自我的方法尤为优越。因此,唯心主义便被人们把它和宗教制度等同起来了;而且被认为它是反对自然主义的拥护者。

但是这种把理智的力量并列起来的办法是混乱的和迷误的。首先,唯心主义乃是一个特殊的理论,但由于它和宗教有了联盟的关系而取得了不应得的特权——宗教乃是一个有普遍性的人类兴趣。这种兴趣所具有的效用和表达这种兴趣的制度却转移给这个理论了。因为宗教的方法有其不可争论的权力。实在对于生活确有其影响,而且应该这样去解释实在,这是必要的。但是这并不能说,这样一种解释,如唯心主义者所要我们相信的,是优越于一切其他的解释。也许有这样一种情况:在实在影响生活时,这仅仅是偶然如此的;从哲学上讲来,只运用宗教方法而忽视了这个可能性,会是一个纯粹的偏见。唯心主义特别容易陷入这个偏见。

其次,如我们所已经见到的,唯心主义和宗教的动机联系起来会促使人们相信哲学跟宗教就是一回事。唯心主义毫不犹豫地把一般的哲学立场和它自己特殊的以生命为中心的学说等同起来。

---

① 见本书第32—33页。

但是这在一开始就排斥了哲学,哲学是要冷静地探讨事物之总体的。① 生命在全部实在中到底占怎样的地位,这还是一个没有解决的问题,哲学应该以一种自由的和批判的探究精神来研讨这个问题,但唯心主义哲学却是建立在这个未曾解决的问题的基础之上的。

唯心主义的中心命题的大意是:意识,特别是在理智的形式中,乃是事物中有创造性的和有支持力的本原。这个中心命题因此又从关于科学、宗教和哲学之关系的流行观点中获得了一定的外来支持。它也从一定的辩证上的论点中得到支持,这一点我们将在下面加以检讨。至于那种检讨的结果如何,在这里尚不能公平地预料得到。但是我相信,我们将会发现辩护唯心主义的论点是失败的;如果是这样的话,那么根据意识的先在性对科学所作的批判也是无效的。

§12. 作为一个有限真理体系的科学　于是我们就是否结论说:科学是没有局限的,所以乐观主义宗教的主张就必须予以废弃呢? 还有另一个很简单的选择。如果对科学的真理,或对其方法的效用没有偏见;如果不轻视物理自然的实在性或不把它归结为依赖于意识的东西,那么我们还有另一个结论,即科学并不是一切的真理,而物理的自然也不是一切的存在。这样一种对科学的批判的特点就是按照科学和自然本来的面目来承认它们。它们并不是部分是真实的;它们只是真理和实在的一部分。而其他的部分,虽然并不破坏和改变这个事实,但也可以使整个局面具有一种完

---

① 　见本书第 33—34 页,第 43—45 页。

全新的面貌。它们否证了任何以科学为唯一真理的主张而提供了一种均衡之势，可以说明宗教也是合理的。

这样一种对科学的批判的根据前面已经有所陈述。[1] 据分析指出，物理科学预先承认了逻辑和数学；或者说，物理的实在是复杂的，可以分解为较为简单的事项和关系的。再者，物理科学一定要涉及物理实在的一定的特点的。它描述为物理的变化所显示出来的数量的常数。还有一些甚至是物体所显示出来的其他特点，例如在有生物的情况之下，物体受欲望和意志的控制等。因此，实在既不是在实质上是物理的，也不是在行为上完全是机械的。逻辑先于物理学，这意思是说，它须要涉及实在的较为基本的形式；而伦理学至少跟物理学是相互联系的，因为它所描述的东西和物理学所描述的东西一样，也真是在这个世界上所发现的。而逻辑和伦理学，以及和哲学的其他无可指摘的部门结合起来，不仅否证了自然主义的概括，而且为宗教信仰提供了根据。

自然主义的反对者所用的这些平常的策略与其说对自然主义有所损失，毋宁说是有所收获，我想这一点是不能否认的。它已被置于一个较为适宜的选择的地位。在自然主义和超自然主义之间现在没有一个人对他的选择会有什么犹疑的了。而且唯心主义和实用主义的争论同样已经抬高了它们所攻击的这个对象的信誉。对科学失败的谴斥，妄图从科学有犯错误的可能中寻找资本的尝试，曾对它自己的作者起了反应。对科学方法的攻去倾向于建立

---

[1]　见本书第 89—100 页。在最后一章我将再回到这个论点上来，而且将扩大它在宗教上的应用。

这样一个假定,即除了自然主义以外就只有不正确或无理性的一途了。肯定空间和时间不真实的说法不仅没有令人信服,而且曾经引起了不可知论和神秘主义的更为有效的反驳。而想以意识之普遍先在性的主张来否证自然主义的企图反而把许多从主观主义的矛盾中退缩出来的人们赶到了自然主义的阵营。自然主义成为对超自然主义、蒙昧主义、非理性主义、不可知论、神秘主义和主观主义的唯一选择的一途了,——自然主义已经获得一个学术上的显著地位,而事实上它还不配有这个地位。于是给予科学以严正公平的批判的机会就越大了;这样一种批判一方面将不致承认自然主义凭借科学所作的过高的估价,而另一方面也不致由于夸大了其反面的主张而产生一种更有利于它的反应。

第三部分　唯心主义

第六章　唯心主义的基本原理[①]

§1. 现代唯心主义的一般意义　"有这样一个经常的假设，即在我们的灵魂深处有一个精神的生命，一个统一的整体，在活动着。"欧锵[②]所写的这句话出色地表达了唯心主义对现代的音讯。唯心主义是唯灵论的一种形式，在这种形式里，把人，有限的个体，当作是上帝，绝对的个体的一个微观的肖像。人的精神本性乃是实在原理的一个显示，而他的理想乃是这个完善的和永恒的实在的启示。因此，人就会是上帝，只是有其局限性而已；如果把补偿这些局限性的精神生活的其余部分计算在内，他就是上帝。

但是像这样措辞概括地叙述唯心主义的特点，虽然有助于说明它在宗教的和伦理的动机中的地位，但难以表明它的专门的哲学意义。要懂得这一点就有必要检验它的方法和论证。然后我们发现了，唯心主义根本上是建立在一种关于知识的理论的基础上的。精神的优越性乃是从一个关于能知的意识超过它所要涉及的一切东西的先在性的理论中论证而来的。它辩论说，一切的事物基本上都是"对象"；而作为对象就必然意味着是"对"某一个东西而言的，在某种意义之下，就是一个"主体"的表现或创造物。所谓

---

① 这是从刊登在《心灵》杂志 1910 年第 19 卷中的一篇文章重印的，略有增加和修改。

② 《精神之生命》，坡格生英译本，第 100 页。

"外在世界"便在这种方式之下归结到知识中去了,而知识又被解释为精神的东西,于是精神的优越性便建立起来了。这是唯心主义对自然主义的答复;宗教信仰认为世界一般地讲来是在善的关系中被控制着的,而唯心主义替这个宗教信仰提供了理由。

于是对认识意识的先在性的肯定。对存在依赖于对它的认知的肯定,便可以恰当地被认为是唯心主义的基本原理了。只有借助于这个原理才能理解唯心主义的应用或它本身内在的辩证的动态。我将在本章试图通过检验这个原理的根源和陈述其根本的论证来鲜明地突出这个原理。

§2. 柏拉图的唯心主义或目的论的理性主义　根据这个原理所界说的,现代唯心主义可以明晰地跟古代的唯心主义或柏拉图主义区分开来。柏拉图主义基本上是体现一切苏格拉底以前的哲学家们中的一种趋势的最高峰:这个趋势的中心动机即肯定系统的或有根据的知识对单纯意见的优越性。因此,巴门尼德在"有说服力之真理的不可摇动的心灵"和"丝毫没有真实信仰的俗人的意见"之间加以区别。赫拉克利特声明说,真理不同于意见,它是唯一的和普遍的。"虽然智慧是共同的,然而许多人在生活中却似乎有他们自己的智慧";正如"醒着的人们有着同一个世界,而睡觉的人们却各人有他自己的世界"。①

同样,柏拉图认为,哲学基本上乃是逃避意见的相对性和冲突的一个手段。哲学家"有着壮阔的心灵,是对一切时代和一切存在的观察者";他"将不停留在多杂的个体,这只是现象,而将继续前

---

①　朋纳:《早期希腊哲学》,第 184,140 页。

进——锐利的刀口将不会受到挫折，他的欲念之力也不会降低，一直到他用灵魂中炽热的力量获得了关于每一实质的真实本性的知识"。真知识是为它所发现或寻求的这类对象所标志着的，这种对象是"绝对的，永恒的，和不变的"，或，即"事物的本身"，它好像数学中的绝对正方形和绝对的直径一样，"只有心灵之眼才能得见。"而且这种坚持真理的客观性和永恒性的态度和在冥思中注意真理的完整性结合起来。哲学家的知识不仅在确切方面是没有错误的，而且在充足和概括方面也是没有限制的。因此，柏拉图也代表着后来称为绝对主义的那种哲学趋势。①

以上对柏拉图的这个概述中还未曾触及道德的因素。柏拉图的"绝对"被界说为善，而在科学的秩序中，伦理学甚至是超越于数学之上的。"每一种结构，有生命的或无生命的，和人的每一种动作所具有优、美或真实，都是相对于自然或艺术家企望于它们所具有的用处而言的。"②换言之，柏拉图认为，目的论的范畴是根本的。而这个动机，无疑地，是跟他的唯理论矛盾的，而且在他和那些诡辩家，他最亲近的敌人之间产生了一定的亲缘。然而，这个事实仍然存在，即就方法而言，古代唯心主义并不是和物理的和数理的科学相对立的，而是和常识的不确切性相对立的，③柏拉图高度地尊重数学证明了这一点；他把数学当作是理性训练的一个手段，由于他对数学的尊重，这位哲学家便从个人偏见和直接经验的变

---

①　参见本书第八章，特别是第 163 页；第 165—169 页。

②　柏拉图：《共和国》，乔卫特译本，第 479、486、490、510、601 页。

③　这大部分是由于这个事实，即物理和数理科学本身尚未完全得免于目的论的影响，科学的机械论的理想尚未获得发展。见前面第 31 页。

幻的混乱中解脱出来,而得以领会到明确的概念和固定的原理。

§3. 斯宾诺莎的肃清了目的论的唯理论　　这个在古代思想家的建设性的哲学中占统治地位的唯理论的动机——批判性的、科学的、和冥思的——几百年之后在斯宾诺莎中得到了一个比较完备的表现。但是在斯宾诺莎中由于它和目的论没有任何关联,因而激起了一种完全不同的力量。在《伦理学》第一部分的著名的附录中,他辩论说,用最后因去解释自然必然是拟人论的。人实际上是企图用事物对他所具有的那种价值来说明事物的绝对来源。他把那些促使他去创造事物的理由当作就是事物存在的理由。当他找不出这样一个理由时,他就简单地归之于上帝的不可思议的智慧。斯宾诺莎说:"如果不是数学曾经提出了另一个真理的标准,仅仅考虑数字的实质和特性而不管它们的最后原因,那么这样一个主张就足以使人类永久得不到真理。"[①]我们将会看到,斯宾诺莎颂扬数学,不仅仅因为它的确切性,而且也因为它的冷静性,柏拉图就因为这个特点而把数学置于伦理学之下。斯宾诺莎这位哲学家不是对于代表整体利益而不代表任何部分利益的国家的保卫者,也不是绝对善的爱护者,而是不承认人类理想的,冷静无情的必然性的见证人。

因此,在斯宾诺莎的唯理论中,通过柏拉图和亚里士多德,从苏格拉底时代的人本主义中所胎化出来而又为《圣经》中的创造论和上帝对待人类的说法所强化的目的论原理便为机械论的原理所

---

① 　见艾尔卫斯英译本,第 2 卷,第 77 页。《伦理学》一书第一次出版于 1677 年。(参见中译本,商务印书馆 1960 年版第 36 页。——编者)

代替了。在人们的心目中,科学现在已经和数量的运动法则等同起来了。哥白尼的革命又曾进一步强调了机械论的意义,而且由于把地球从星球体系的中心中移置出来并且把人类的历史生活只当作是宇宙的一个边缘的和偶然的情况,因而突出了机械论原理实质上的反拟人论的特点。[①] 对于人类过去曾一度相信是他求得特别安慰和得救之所的那个世界,人类现在也无足轻重了。如果带有这样一个哲学背景而仍然保持宗教的态度,那似乎就只有两种可能性了。或者,如斯宾诺莎本人的那种情况,必须把宗教意识缩减为理性对真理的证明;或者像霍布斯那样[②],把整个宗教当作是一个人间的制度,用来镇压犯乱的人们,共同具有在机械论的哲学下给与一切人类事业的那种卑微的地位。但是前一类型的宗教必然和克己自制的精神与学理的神秘主义的职权是同样稀罕的,而后一类型的宗教则只是玩世不恭的明智对奴性的无知所作的一种协定而已。所以斯宾诺莎和霍布斯被指出和诅咒为非宗教大师,并不是没有理由的。

确实,斯宾诺莎和霍布斯并不适于代表十七和十八世纪的唯理论。总起来讲,这两世纪的特点是相信宗教,乃至基督教的正统是能够由严格的理性方法建立起来的。[③] 但是斯宾诺莎和霍布斯是代表这个时代在其最自由的和最纯洁的表达方式中的唯理论的精神,而且他们的哲学使其逻辑的倾向典型化。使一个人的眼光只注意到事物的本身,把一个人的心思只放在事实上和必然性上,

---

① 参见本书第 16—17 页。

② 见《利维坦》(1651),第 12 章。

③ 参见本书第 36—38 页。

归根结底，就似乎会导致对人的轻视和不承认他在精神上的要求。

§4. 唯心主义的革命 现在我们已经作好了准备来认识现代唯心主义对宗教信仰所作的贡献。真正的宗教是需要加以维护的，但并不是像苏格拉底和柏拉图时代那样，去反对不思考的人们的偏见和盲目性，而是去反对科学要把世界和人类隔绝的这种要求。信仰和启示要求世界应从属于精神，它们在这方面是没有得到支持的。为宗教所理解为上帝之手工作品的那个自然，或者是道德戏剧的舞台装置，或者至多只是在精神生活中的否定的原则，势必要把人和上帝都吞没了。一个新的哲学必须把自然从机械论中挽救出来而恢复它的精神中心。我们不要认为，这是唯心主义者及其先驱们有意识的目的，或者说，这种趋势大部分不是由于理论上的动机。但正是这一点说明了唯心主义对人类的伟大的重要意义，说明了它的刺激力量和广泛的影响。而且也正是从这个意义上说，唯心主义是革命的。例如，康德曾把他的认识论和天文学中哥白尼的革命相比较。他曾建议要假定："对象必须服从于我们的认识方式"而不是"我们的知识必须服从于对象"，正如哥白尼一样，"当他假定一切星球是围绕着观察者旋转时，他就不能对天体的运动进行解释，于是他便试试看，假定观察者在旋转而星球是静止的，看这样是否能有较好的成功。"①

但是康德并没有指出这个事实，或者对它的重要性也从未曾认识清楚，即这个唯心主义的革命实际上是一个反革命，通过这个革命，观察者又变成了这个体系的中心。而这个反革命既不是从

---

① 《纯粹理性批判》，缪勒英译本，第 2 版，第 693 页。

康德开始的,也不是由康德结束的。它是属于整个时代的一个运动,为各方面不同的思想家们所支持,而且从贝克莱时代一直到现在统治着哲学。它的中心动机就是要恢复精神的优越性。它作为一种宗教哲学的突出特点就是借助于把自然基本上归结为知识,而使自然从属于上帝。科学是允许在自然中自由活动的;而且当它已独占自然之后,它的所有权就转移给心灵了。那个曾经用来藐视人类的机械的宇宙现在又用来颂扬人类了,因为它被认为是智慧的成果。上帝,这个为科学所废弃的假设,又坐上了王位,成了最高的知者,科学本身只是它的一个不完善的工具而已。

因此,唯心主义的取责乃是对自然作一种宗教的解释,而它的基本原理却是一种认识论。为了专门哲学的目的,它包含着一个简单的命题,即知识乃是一个发生的或创造的过程。要能证实唯心主义的主张,必须假定这是真的:认识就是去产生被知的实在。必须证明,事物的存在和本性是受它们的被认识所制约的。在下面,我们企图在唯心主义历史中所存在的各种混杂的动机中,使得这个基本原理经常为我们所注视着并且试想检验它所依据的证据。首先,我们不妨讨论一下唯心主义的先驱们,笛卡尔和洛克,如何为其首创者贝克莱奠定了基础。

§5. 现代唯心主义的开端。对认识的二元论的解释　唯心主义的战略依赖于采取一定的出发观点。[①] 世界必须在认识的形式下去观察。显然这个事实的明确意义还不能弄清楚,但每一能为我们所提及的事物,如太阳、黄金或拿破仑第一,都能归类为知

---

① 　这个出发点在辩论上的重要性以后将会表现出来。参见本书第 135—137 页。

识的一个因素，或列为一个观念，这确是一个事实。确实，这个概括需要有一个说明，其重要性不久就会显现出来。知识因素或观念意味着有一个知者，它本身不是知识，但它却对它所占有的东西授与观念的特征。在这个补充之下，我们可以说，可能把一切可以述说的事物的世界，乃至包括哥白尼的多元世界以及其不变的机械必然性，都当作是在这个知者和他的观念之下所认识到的东西。

　　笛卡尔[①]只是临时地采用这个立场，但他在避免这个立场时所遇到的困难就已证明它在论辩上的各种可能性。当你把这个知者及其观念，或者把一切知者以及它们的观念都已记录下来时，还留下了什么要加以说明的呢？笛卡尔，当然，想到至少还有两个东西要加以说明，即上帝和自然。如果有人问它们是不是观念呢，他会答复说，不仅仅是观念——因为它们也是独立存在的。不过，从笛卡尔的立场看来，上帝和自然基本上是观念，这是对它们最为确定不移的事情。确有这些观念，这是无可置疑的；至少它们不仅仅是观念，这一点还需要在某种方式之下从它们当作观念被认知的情况中加以证明。上帝的存在必须从上帝的观念中加以推论，而自然的存在必须从自然的观念中加以推论。

　　在笛卡尔和洛克之间的突出差别在于这个事实，即前者想首先在上帝方面证明有存在（把存在当作是这个知者及其观念以外的东西），而后者则想首先在自然方面证明有存在。让我们来考虑一下笛卡尔的程序。他相信，由于上帝这个观念的特点，他逃出了知者及其观念的圈套。在这里他运用了传统的"宇宙论的"证明，

---

① 见他的《谈谈方法》一书(1637)和《冥想》一书(1640)。

依照这种证明,一个无限的和完善的存在的观念就意味着它的对象的存在;而且他进一步辩论说,上帝的观念具有这样高度的意义,因而它需要有一个具有同样程度的存在来说明它。在上帝的存在已经确定而那个圈子已经打破之后,笛卡尔便以为可以推论说,其他"清晰而明白的"观念,例如自然的观念,也是存在的代表。

现在让我们转到洛克方面来。在名义上,他是追随笛卡尔的,而在他证明自然之前他先证明了上帝。但是在逻辑上他刚好把这个秩序颠倒过来。虽然存在着一定的犹豫,他放弃了对上帝的这种宇宙论的证明,而倾向于那些比较着重于英国人和十八世纪自然神论者的证明。[①] 上帝的存在是从自然必需有一个永久的和理智的第一因而被证明的。于是关于自然的存在问题必须首先予以解决。而在这里洛克对理智主义的不信任使他确定了一个新的标准。他说,关于存在的最重要的观念,并不是那些清晰而明白的观念或最富有意义的观念,而是那些为一种外在原因直接印刻在心灵上的观念。存在不是从观念的重要性,而是从它们起源的条件中所推论出来的。问题不在于证明鲜明的观念的可靠性或有效代表性;而在于证明生动有力的观念在心灵以外的来源,而那是超越于心灵的控制以外的。感觉印象便是这种观念的特有的事例。[②]

由于在笛卡尔和洛克之间这种在程序上的差别,关于存在的自然和自然的观念之间的关系便流行着两种概念。根据笛卡尔的程序,存在的自然实质上乃是符合于自然的观念的那个东西。在

---

　① 　见洛克:《人类悟性论》(1690),第 4 册,第 10 章,第 7 节。
　② 　同上书,第 4 册,第 11 章,第 1 节。"没有一个特殊的人能够知道任何其他事物的存在,除非当它实际作用于他而使它自己为他所感知的时候。"

另一方面,根据洛克的经验的程序,存在的自然实质上乃是自然的观念的原因。在第一种情况下,存在的自然必须和观念相同,而真正的困难在于怎样把它从自然的观念中区分出来。在第二种情况之下,存在的自然不需要类似自然的观念,而真正的困难在于如何使它具有任何真实的特征或意义。现在我们便已作好了准备来理解唯心主义首先在贝克莱的著作中所表现的形式。

§6. 贝克莱对二元论的驳斥　　贝克莱,同笛卡尔和洛克一样,开始时假定有一个知者和他的观念,而且感觉到树立任何其他事物之存在的困难。但是他跟他的先驱们和一般常识分道扬镳,他结论说,这个困难是不可克服的,而且任何克服这个困难的企图都是徒劳无益的。简言之,他肯定说,一切的存在都可以在这个知者及其观念之下适当地得到认识;而在这种说法中现代的唯心主义第一次看见了光明。[①]

照贝克莱,和照洛克看来一样,原来问题是涉及自然的。在自然的观念之外和超过自然的观念以上,还有一个存在的自然吗?可以用一个两难论式来陈述这个答案。如果,如笛卡尔所主张的,存在的自然和自然的观念是一致的,那么差别在哪儿呢?但是如果,如洛克所建议的,存在的自然和自然的观念是不一致的,那么存在的自然是什么呢?怎样能够去证明它呢?再者,为什么一个东西为了要存在就必须不同于观念呢?贝克莱说,以自然而论,存在即被知觉(esse est percipi)。

---

　　① 贝克莱:《人类知识原理》,出版于 1710。(参见商务印书馆中译本——编者)对于这个主张的原始贡献应归功于麦尔布朗契、诺瑞斯和柯里尔,但贝克莱使它突出显著而予以古典的形式。

贝克莱的论点是大家所熟知的,无需乎详细重述,但是去发现它证明了什么,这却是十分重要的。贝克莱相信他已经建立了唯心主义,这一点是没有问题的;他的全部宗教哲学依赖于把自然归结于精神。但是,在贝克莱的论点可以用来驳斥笛卡尔和洛克的二元论的同时,它却并没有建立唯心主义,这一点就他的许多论点看来也确实是如此。除了那个理论以外,还有一个落脚的地方,在这里争论点改变了,产生了新的选择而且有很多的分歧。为了和我们突出唯心主义的基本原理而把用来支持它的证据分隔开来的目的一致,我们必须把唯心主义者的贝克莱和仅仅是二元论的征服者的另一个贝克莱区分开来。

在贝克莱著名的对话中,海拉斯(Hylas),这位魔鬼的辩护者,曾这样概述略二元论的主张:"说实话,斐洛诺斯(Philonous),我想有两类的对象:——一类是直接所感知的,这同样被称为观念;另一类是实在的事物或外在的对象,通过观念的媒介而被感知的,而观念乃是它们的印象和表象。我所具有的观念没有心灵是不存在的,但后一类的对象却可以这样。"[①]在攻击这个主张时,贝克莱首先指出,任何对于一个自然对象的名称的答复,例如"郁金香",乃是直接被知觉的东西,所以是观念。它的颜色是被看见的,它的形状和大小是既被看见,也被触到的,它的气味是被嗅到的,而且它所具有的每一个性质或因素都是如此。那么,"在心灵以外"这个"真实的"或"外在的"郁金香到底是什么呢? 肯定它的根

---

① 《海拉斯和斐洛诺斯的对话集》(1713),弗拉塞尔版,第 1 卷,第 414 页。(参见《贝克莱哲学对话三篇》,商务印书馆 1957 年版,第 40 页。——编者)

据是什么呢？贝克莱认为只有两种可以理解的选择途径，而这两个途径都是靠不住的。

第一，人们可以按照笛卡尔的方式辩论说，如果一个观念是清晰而明确的，那么它就是存在"于心灵之外"的某一事物的一个可靠的肖像。但是一个在本质上或实质上非心灵的东西怎能酷似一个在实质上是心灵的东西呢？的确，一个必然失去了所描摹的事物之实质的摹本根本就不是一个摹本。说有绝对看不见的颜色或听不见的声音，这有什么意思呢？一般的讲来，说有一个对象，它在一切特殊的性质和属性方面都和观念相像，但又具有一个根本和基本不同的性质，这有什么意思呢？通过这些以及类似的讨论，贝克莱指出，说有一个非心灵的世界，它既与这个心灵世界相适应而又不与它相吻合，这是既武断而无意义的。而且这不也是徒劳无益的吗？这便产生了提到洛克面前的这个问题的那种形式。

第二，可以辩论说，某些观念，如感觉，有一个心灵以外的原因。它们是强加在心灵之上而不是心灵自身的创造物。在这一点上，贝克莱是跟洛克一致的经验论者。但这个原因是什么？如果把它理解为物质，它就把它本身归结为一个未知实体了，因为任何被知为物质的东西，如我们所已见到的，都是包含在观念以内的。而且为什么为任何物质特性所不具有的一个原因却应被当作是物质的呢？既然在这里，并不需要把这个心灵以外的实在看作是和观念相似的，而只需说它是观念的原因，那么为什么不应该按照类比的办法把我们所直接熟悉的东西，即意志或精神当作是观念的唯一原因呢？在这样情况之下，物质或物理的自然只会是和上帝所产生的知觉相吻合而已。这就不会有所有现象背后的物质，不会由于假定有物质的肖像或原模而说有一个被知的物质的复制品，也不会因为有一个未知的和不可知的实质而贬低了知识的可靠性。

§7. 认识论的一元论　　无疑地，贝克莱这时的意思是说，无论观念的内容是什么，例如上面的所谓物质，都必然地和在本质上是属于观念的；其存在即是被知觉。但是这并不是上述论点的必然结果。因为这种情况完全是可能的，即真实的郁金香，如贝克莱所论证的，和郁金香的观念应是一个元素对一个元素那样等同的，然而又无需由于被知觉才会存在。只需要把观念当作是一个职能，或关系，而不当作是一种实质就行了。①　于是，便可能假定说，一个东西可以占有那个职位或关系，因此具有了观念的身份，而没有和它等同起来。

这里所包含的这个原理是一个很普通的原理，把它应用到比较熟悉的情况中的时候是从未有过争论的。因此，当一位合众国的公民做了总统的时候，这个公民和总统是等同的。并没有一个代替这个公民的"总统"实体——没有一个符合物或代表。简单的事实就是：一个公民，可以取得总统的身份，而不丧失其公民资格，但是并没有人想到要去争论说，所以做总统乃是公民资格的一个条件，或者说，公民们在本质上乃是总统，或者说，不能够有一位不是总统的公民。同样，郁金香可以被认知，而在它被认知时就被称为"郁金香的观念"。正如贝克莱所公正地辩论的，在这里没有代替或代表、没有复制或神秘。这朵郁金香只是具有了某一种身份，而这种身份是可以用被知觉这个特别的关系来说明的，这里面并

---

①　这是实用主义所采取的观点。参见本书第214—217页。

没有包含使它丧失了它的本性或本身的情况。但是这绝不意味着说，任何具有了观念身份的东西，都必须是观念才有它的存在，或者说，没有不是观念的事物。这种混淆的情况无疑是起源于这样一个传统的想法，即心灵和自然乃是不同的"实质"或不同的领域，完全是彼此不相包容的，所以它们的内容也是彼此排斥的。① 从这样一个假定就会结论说，任何属于心灵或属于自然的东西乃是绝对地和不可改变地属于它的。但是如果这个假定被废弃了，那就没有任何东西去阻碍一个事物既属于自然，也属于心灵的了；在这样的情况之下，就不可能辩论说，因为一个事物是属于心灵的，所以它是由于这个事实，才有它的存在的。

由于拒绝观念和存在的二元论所产生的，而又挡住了唯心主义的这个学说应该受到单独的承认，并且应有一个区别它的名称。因为这个学说为当代各个对立的学说的思想家们所接受，所以它能够不在最近的争论之列。"认识论上的一元论"一词能有这样一个功能，它提示着：有关的这个学说在本质上是一个关于认识的学说，而不是一个关于实有或存在的学说，而且它也提示着：这个学说从历史上讲来，是作为对二元论的一个反驳而产生的。② 认识论上的一元论就是说：当事物被认识的时候，它们是和观念或认识的内容，一个元素对一个元素那样等同的。根据这种观点，这个世界根本上并不是划分成为观念和事物二元，而只有事物的类；观念乃是偶然被知的那些事物的属类。根据这个观点，通常所谓认识

---

①   在现代哲学中使这个概念显著出来，主要要由笛卡尔负责，但是它大概主要是起源于内省的基督教义对"内在生命"的强调。

②   这个主张在本书第334等页讨论得比较详细一些。

的对象那个东西和观念就合而为一了，或者说，它是一个整体的东西，而观念乃是这个整体中的一个部分。因此，当一个人感知着郁金香的时候，郁金香的观念和真实的郁金香乃是元素对元素，完全吻合一致的；在颜色、形状、大小、距离等等方面，它们就是一回事。或者，如果有人愿意的话，他可以保留"真实的郁金香"这个名字，把它当作是郁金香的全部，以区别于实际上它包含在这个观念中的那一部分。但是在这个学说中除了有关于这个特殊的问题以外，对于郁金香并没有作任何的肯定或推论。至于郁金香之被知觉，因而成为一个观念，这对于郁金香来说，到底是本质的或是偶然的——是否一切的郁金香都是观念——这是完全不同的一个问题，这必须在不同的根据上来加以解决。对于这个第二个问题的答复便构成了唯心主义的基本原理。现在我们可以转到那个原理在贝克莱哲学中所陈述和所辩护的情况。

§8. 贝克莱对唯心主义的证明。"根据原始的断定进行界说"　贝克莱只是偶尔单独地谈他的严格的唯心主义的论点，但他所谈到的关于这一方面的话却是具有最巨大的历史重要性的。在前面我们业已提到的那个对话中，我们读到如下的一段话：——"这些颜色是真实存在于我所看见的郁金香里面的，这一点是明显的；这朵郁金香独立存在于你的或我的心灵以外，这一点也是不能否认的；但是，要说任何感觉的直接对象——即任何观念或观念之结合——应存在于一个不思考的实质之中或应存在于一切心灵之外，这话本身就是一个明显的矛盾。"①

------

①　贝克莱：《海拉斯与斐洛诺斯的对话集》，第 1 卷，第 406 页。（着重点是我加的）。（参见《贝克莱哲学对话三篇》，商务印书馆 1957 年版，第 30 页。——编者）

如果我们能够领会这个"明显的矛盾",我们就会懂得贝克莱的意思了。"我所看见的这朵郁金香"是观念;而观念的本质特性就是它们应该是在心灵之中;所以,说"我所看见的郁金香"是在心灵之外的,这是矛盾的。如果把一切多余的东西和模糊的东西都去掉了,这就是说,一朵郁金香,当它被看见的时候,或当它被界说为被看见的时候,就不是一朵未被看见的郁金香。但是贝克莱所想要树立的实际上却是这样一个命题:即我所看见的这朵郁金香永久不能是不被看见的;而这个结果是得不到的。因为,说我今天所看见的这朵郁金香是昨天所未被看见的,或者说,有许多的郁金香永远是"生来就是含羞怕被人看见的",这并不是矛盾的。贝克莱的错误在于他推论说,因为这朵郁金香现在被看见了,所以它的被看见就是它的本质的和唯一的身份。

贝克莱在这一点上的说理标志着一般的唯心主义的说理,以致值得我们花一些时间对它来进行概括。显然,他没有考虑,一个自然物体,如一朵郁金香,既能属于观念的秩序,也能属于另一个独立的秩序。换言之,他认为同一个元素只能属于一个复杂体。但是事实上,情况却并非如此。例如,字母 a 是"man"字的第二个字母,也是"mortal"这个字的第五个字母;而且它也是无数其他字里面的一个字母。换言之,它具有一种多数的而不是一种独一无二的特点。与此相反的这个错误的假定产生了一个特别的论点。因为在心灵的联系中发现有一个实体,如郁金香,名为"观念",而且假定它只能属于一种联系,于是贝克莱便把这个实体界说为观念并且结论说它只是一个观念。但这似乎是当我们发现在 man 这个字中有一个 a 字母时,于是我们就建议把 a 界说为 man 这个字的第二个字母,因而否认它会发生在任何其他的字里面。

这个似是而非的论点包含有"排外的特殊性"的假定,为便利之计,我们可以把它描述为根据原始的断定进行界说(definition by initial predication)①。它包含有这样一种情况,即把一个东西的某些先前的、熟悉的,否则就是偶然的特征当作是能够作为界说的东西。例如,我可以由于偶然的寓所关系,知道这条哥伦布河是由于哥伦布而得名的,从这个事实而首先知道有哥伦布其人;但是这不能结论说,"哥伦布河所由得名的这个人"可以代替历史科学中的"哥伦布",因为这个明显而充分的理由,即这个特点是不适当的。同样,哥伦布是"我现在所正在想到的这个人",——这个事实是无可怀疑的;但是如果在一切后来的谈话中总是把他当作是"我现在正在想到的这个人",那就要假定它的被我所想到乃是他所有的最明显的特点;而这当然是和事实相反的。但唯心主义者却习惯于把事物解释为"被想到的东西",因而把它们称为"思想的对象"或"观念"。但是如我们所已知道的,虽然,说被想到的是事物本身而不是它的复制品和表象,这是恰当的;但是不能结论说,被思想到,或被认识到,这对事物来说就是必要的或重要的。而这正是唯心主义所必须证明的,如果它要说明它本身是有道理的话。它必须证明,把事物归类为观念,为认识的对象,或为经验,这是对它们所能作出的最根本的特性。在一开始时就这样把它们加以归类,然后根据这个归类而推论到许多其他可能的归类,这只是假定着在讨论中的这个主题的本身。

---

① 参见本书第 141—143 页,第 169—173 页。

§9. 根据"自我中心困境"进行论证 贝克莱的论点在下面从《人类知识原理》中所引用的一段话中采取了另一种方式：

"但是，你说，例如我想象在公园里的树木或在壁橱里存在着的书籍，而在旁边没有人知觉它们，这样做是再容易也没有的了。我答复说，你可以这样，这是没有困难的。但是我请问你，所有这一切不只是在你的心里构成一定的观念，你能把它们称之为'书'和'树'，而同时它们不是也能构成其他也可以知觉它们的任何人的观念吗？但是你自己也不是在任何时候总在知觉到它们吗？所以就我们的目的而论，这是没有关系的；这只是指明，你在你的心里有想象或形成观念的能力；但是这并未指明，你能够认为你的思想的对象可能在心灵之外存在。"①

换言之，一个人不能想到事物离开意识而存在，因为一想到它，事实上就把它置于意识之内了。贝克莱最后一着就是诉之于这个论点，而它的程序在这里又是这样具有代表性，因而值得把它和"根据原始的断定进行界说"并列而成为唯心主义根本论点之一。

这个论点使人们注意到一个毫无疑问存在的情境而且那是哲学最重要的原始发现之一。没有一位思想家能以在人们这样的请求之下提到一个不是观念的东西，其明显而简单的理由就是：当一提及它时，他就把它变成一个观念了。没有一个人不亲自接触着事物而能够说出它们的本质的。这就势必说，无论他所说出的任何事物，事实上，是作为他的观念、认识或经验的对象，而跟他发生

---

① 弗拉塞尔版，第 1 卷，第 269 页。(参见《人类知识原理》，第 28 页。——编者)

着关系的。为了避免进行推论时缺乏思想准备，需要对这种情境实事求是地给予一个名称。为了方便计，我们不妨称之为"自我中心的困境"(The ego-centric predicament)①。

这种困境产生于企图发现对进入认识关系的事物而言，这种认识关系是不是不可缺少的。为了要想发现（如果可能的话）一个事物恰恰是怎样为这种认识关系所改变的，我就要发现一些关于在这种关系以外的事物的例子，以便于我可以把它们和在这种关系以内的事物的例子加以比较。但是我不能发现这样的事例，因为"发现"也是我试欲避免的这种关系的一种。所以我不能进行比较，也不能用这个方法来回答我原来的问题。但是我不能结论说，没有这样的事例；的确，我现在知道，假使有的话，我是不会发现它们的。

再者，为了要证明认识关系对事物所产生的变化，让我来考察一下，同一个事物在它和除开我以外的某个知者进入这样的关系之前和之后的情况。但是在从事这样的比较时，我也和我自己建立了这种关系，因而也不能使得这个事物完全得免于这种关系。

再者，在我自己的意识领域以内，我可以设法限制和减除这个认识关系，以便单独去涉及剩余的东西。但是在减除了认识关系之后，我仍然必须"涉及"这个剩余的部分，而"涉及"又正是我试图废弃的这种关系之一种。

最后，实际上如果我确实减除了一切的认识关系，我也不能够

---

① 在《哲学、心理学和科学方法杂志》第 7 卷，1910 年第 1 期上我曾发表一篇文章，名曰"论自我中心困境"，在这篇文章中我曾比较详细地陈述和批评过这个论点。这里的一部分是从那篇文章中重印的。又见本书第 141—143 页，第 169 页。

观察其结果。因此，如果我闭上眼睛，我就不能看见这个事物发生了什么事情；如果我停止了思维，我就不能思考它发生了什么事情；而对一切认识的式样都是如此。如果这样免除了所有的知识，我并没有在实验上减除了被知的事物，而仅仅减除了知道那个事物是否被减除的可能性。

这就是"自我中心的困境"。但是它证明了什么而且它怎样为唯心主义的目的服务呢？应该很清楚，它丝毫也没有证明什么。它只是一个在方法论上的特殊困难。不错，它包括有这样一个命题：每一论及的事物就是一个观念。但实际上这是一个重复的命题，意思是说，每一被论及的事物是被论及的——意思是说，每一观念，每一认识或经验的对象，就是一个观念，一个认识或经验的对象。而一个重复的命题是不成其为一个命题的。肯定说，一个观念就是一个观念，这并未传递任何知识，甚至关于观念的知识也无所传递。但是唯心主义者所要求的正是这样一个命题：即每一事物就是一个观念，或者说，只有观念才存在。而要想直接从刚才所陈述的这种重复情况引申出这个命题来，这无非是利用重复赘语所常引起的思想混乱而已。

然而，还可以这样辩论说：自我中心的困境等于对"一切事物都是观念"这个命题的一个归纳的证明。一个事物的任何一种被观察到的情况都是一个被观察到的事物的情况。这种重复本身就足以否定这个陈述了；但即使把这种重复置之不顾，我们还要指出：这种归纳完全是按照穆勒的"类同法"进行的，而这个方法，如果没有"差异法"，即对反面事例的观察来补充，是无效的。但这种自我中心的困境本身就不容许对反面事例进行观察。即使有未被观察到的事物,人们也不可能观察到一个未被观察到的事物。换言之,与观察的诸条件联系着的,即只有类同的事物才被观察到。但在这种情况之下,类同法是没有价值的;利用这个方法是一个谬误。因此,我不能仅仅因为凡我所熟悉的人都是说英语的,而结论说英语乃是唯一听得懂的语言形式。反之,我的特殊情境,如一个人只熟悉一种语言,就足以推翻我的结论。如果我发现我是戴着一副蓝色眼镜的,我就立即会说明为什么我所看见的东西看起来都是蓝色的了。同样,有这样一种一般的情况,即我要想发现某一个因素是否真正普遍存在或是否必要,但同时我又不得不在观察中提供这个因素。假使我想要求得到一个真实的结论的话,这样一种情况本身就必须予以斟酌或纠正。由于唯心主义的结论就是依赖于那种情况本身的,所以它是错误的。

§10. 这个基本原理与当代唯心主义中贝克莱派的证明　对唯心主义后来的发展作一研究将揭露这样一个事实,即它主要地,如果不是完全地,是依赖于贝克莱式的证明的——“根据原始断定进行界说”和“根据自我中心的困境进行论证”。虽然今天的唯心主义宁愿把它的来源追溯到康德,但有些唯心主义者却归功于贝克莱本人以及他所建立的这个基本原理。一位作者说:“贝克莱证明了,或导致这样一个证明:即物质(所谓物理的实体)乃是许多性质的混合物,而每一性质又是意识的一个因素形式或一种意识的方式,在这时,事实上他已给予一切唯物主义形式最后一击。”[1]

但是比较常见的是对贝克莱的证明加以重述,而带着这位作

---

[1]　卡尔金:《哲学之永恒问题》,第 400 页;又见第 125—132 等页。

者所代表的那种特殊的唯心主义的色彩。因为这个基本原理可以
适合于各种不同的解释。这个原理在其一般的形式下肯定认识意
识的先在性,所以对于认识有多少不同的理解,它就有多少不同的
陈述形式。有人主张认识主要包含在知觉之中,有人主张主要在
理性之中或意志之中,因此,也就随之而有知觉唯心主义者,理性
唯心主义者或意志唯心主义者。而贝克莱的证明便可以相应地叙
述出来。关于这些不同的派别,我们将在下一章进行研究。① 目
前,如果我们对每一派别提出一个当代的例子,这将会使得贝克莱
证明的涵意更加明显一些,并能说明其较为广泛的重要意义。

　　例如,有些唯心主义者通常习惯采取所谓经验的立场,这里面
就显现出了对"根据原始断定进行界说"的利用。只要采取了这个
立足点,陈述了经验的意义,唯心主义便不再需要什么证明了。因
此,柏利教授写道:"换言之,我们必须从整个经验本身出发……当
我们论及主观心灵,而仅有经验存在其中时,我们便把经验当作是
一个整体,把它当作是一个中心,而一切经验形式都归结于它并聚
集在它周围。……经验总是蕴涵着存在于两个分明的因素之间的
一种关系:一个因素是事物是因它而呈现出来的,而另一个因素就
是这个被呈现出来的东西。这就是所谓主体和客体。"②但是这位
作者却没有指出我们为什么应该从这样解释的经验出发,或者当
我们从此出发时为什么要把事物的那个特殊的方面当作是基本的
和最后的。

---

　　① 　特别参见本书第 169—173 页。
　　② 　柏利:《唯心主义的经验结构》,第 105,第 108 页。

　　当唯心主义者提出这些最后的问题时,他们又照例是运用从"自我中心断定"进行辩论。如果我们要有任何东西在我们面前的话,我们不能避免这个经验的立足点;或者说,如果我们要思考的话,就要把这个关系缩减为一个思维意识。布拉德莱先生说:"找出任何一点经验,拿出任何人可能称之为事实的……然后判断它是否包含于感性经验之内……当我严格做这个实验时,我除了被经验的东西以外是不能认识到任何其他的东西的。任何不被感觉或知识的东西,对我来说是毫无意义的。而且当我试图思考到它而不能不明白:我或者是不在思考,或者不管我是否愿意,我总是把它当作一种被经验的东西而加以思考的时候,我就势必得出这样一个结论:即在我看来,经验就是和实在是一样的。……你不能发现事实,除非和认识联系在一起。"① 但是所有这一切无非是证明发现就是发现;无论多少重复或文字上的变化都不能使它证明唯心主义者所想要它去证明的东西——即不能证明:存在即发现,要存在或成为它这个样子,事物就必须被发现。

　　无疑,这是真实的,即自从贝克莱以来,唯心主义曾有一个长久和多事的历史;而且有许多人会主张唯心主义是在贝克莱以后才开始的。但是在任何反对容许混淆这个争论的人看来,贝克莱在 1710 年震惊世界的这个理论和十九世纪费希特和黑格尔所发展了的形式在本质上是一样的。所谓在本质上是一样的,就是说,一致之处比较分歧之点远为重要。这两个学说一致主张:认识意识乃是存在的普遍条件,或者说,存在就是认知者或被知者;他们

————————

　　① 布拉德莱:《现象和实在》,第 145,146 页。

的分歧在于他们对于意识的根本特性和真理的性质理解不同。但是正是从他们是一致的这个原理上，引申出来了这两个学说的宗教哲学；也由于这个原理，两者都发生了广泛的影响。而这个原理在贝克莱的著作中也已经有了最简单的陈述和它的原始论点。

第七章　客观的或先验的唯心主义

§1. 后康德派唯心主义的一般意义　当代思想中有战斗性和深刻影响的唯心主义溯源于康德，而且如果要溯源于贝克莱的话，也只是间接的。"客观的唯心主义"一语按照现在在使用英语的国家中流行的意义讲来，就是想用康德主义把贝克莱的唯心主义从一种恶性的"主观主义"中拯救出来。贝克莱的唯心主义，染上了这种"主观主义"，如不予以诊治，它就必然会处于死地。因为，如贝克莱所为，把外在的实在归结为一些人心的感知，实际上就是把它归结为单纯的意见所具有的那种流动性、相对性和私有性，而这却正是知识所必须永远试图避免的。

按照客观唯心主义的看法，贝克莱的错误不在于他把外在的实在归结为心灵，而在于他未曾认识到这里所谓心灵并不是心理学中的人类心灵，而乃是一个普遍的心灵，或者说是具有逻辑原理的一般的认识主体。换言之，客观唯心主义的中心概念就是一个超个人的，或非个人的，逻辑意识的概念。这个意识制约着存在；而它的活动乃是和单个的思想者联系着的，它是他的"客观的"实在。① 因此，客观唯心主义并不想拒绝贝克莱唯心主义的基本原

---

① 如所周知，贝克莱本人在他的关于神圣的心灵的概念中便已预示这个学说了。但是那只是贝克莱的一个事后的思想，并未跟他的第一原理圆满地调和起来，而这在客观的唯心主义中却成了中心的动机。

理,而毋宁说只是予以修正和改进而已。只有从这个意义上去看它时,才能懂得它的内在的辩证法。在下面的叙述中,最后我将不仅试图发现客观唯心主义实际上是否成功地避免了"主观主义"的陷阱,而且也要发现它到底是以加强贝克莱原来的证明也是以增加它自己的新证明去支持这样的唯心主义?

康德对于客观唯心主义的贡献在于他发现了一定的"范畴"或思维形式,而他把它们当作是知识的普遍先决条件。他曾使用"超验的"(Transcendental)一词来指明这些范畴的特殊身份,因此他的后继者的形而上学就得到"超验的唯心主义"或"超验主义"[①]这个名字。作为唯理论的一种复兴,这个观点是和从洛克所创始而曾统治着十八世纪思想的整个经验论的运动背道而驰的。但是它更是特别和表现在休谟所处的无望的困境中的那些经验论的不幸后果相反。这位作者自始至终乃是对一切脱离了康德正道的人们的严肃的警告。所以在我们开始评述康德主义以前先简单地叙说一下这位由于缺乏福音而死去的无所信仰者。

§2. 在休谟中怀疑论的危机　　休谟的怀疑论的困境乃是他对贝克莱批评的结果。他曾指出,贝克莱虽已成功地避免了旧的在观念和物质之间的二元论,但同时又重新强调了另外一个二元论,即在观念和精神的实体之间的二元论。"在无数的各种各样的那些观念以外,还有一个相同的某物,它认识或感知它们;而且它还对它们从事着种种活动,如意愿、想象、记忆等。"贝克莱说:"这

[①]　当然,我的意思并非意味着说,康德本人乃是一位形而上学者,或者说,他所有的后继者都是形而上学者。一个人可能是一位康德主义者,但不是本章所指的这种唯心主义者。参见本书第154—159页。

个能知觉的自动的东西就是我所谓心灵、精神、灵魂，或我自己。"
但是精神严格地讲来并不是认识的对象。"它本身是不能被知觉
的，而只能从它所产生的效果中来知觉，这就是精神或能动者的本
质。"①而赋与精神的这种身份几乎正是贝克莱本身所否定的传统
观点中的物质所具有的身份；因此，同样的两难论式可以用来反对
它。精神，跟物质一样，必然或是在认识范围以内，或是在它以外。
如果它是在认识范围以内，它就和某些观念或一群观念完全一样
了；如果它是在认识之外，仅仅是观念的"生产者"，它便是武断的
和毫无意义的。休谟对于观念采取了前一种看法，正如贝克莱对
物质采取了前一种看法一样。结果，精神和物质都归结为一堆观
念而已。

现在就产生了这样一个问题，即"观念"一词是否适宜于用来
指精神和物质两者所归结到的这些共同的原素。如果把精神界说
为一堆观念，那么显然观念本身就不能用精神来予以界说。它们
仅仅变成了原素或性质。休谟受到这种考虑的影响而使他得到这
样一个暂时的假定：即知觉能够离开心灵而存在。如果他果真采
取和加强了这个看法的话，他就会已经变成了一种新实在论的创
立者，而不致成为唯心主义发展中的一环。然而，他概括地和毫不
含糊地拒绝了这个看法。他把他拒绝它的原因归之于"那些实验，
它们使我们信服地认为我们的知觉并不具有任何独立的存在"例
如，用压在眼球上的办法可以转移视野。这些现象以及相类似的

---

① 贝克莱：《人类知识原理》，第 1 卷，第 258、272 页。（参见中译本《人类知识原
理》，第 18、30 页。——编者）

现象,如色盲等都被用来证明"我们一切的知觉依赖于我们的感觉器官,以及我们的神经和动物性精神的状态。"①但是既然休谟已导致我们假定:我们的身体本身,和物理自然的其他部分一样,只是知觉而已,那么他就不能恰当地辩论说:知觉一般地是依赖于身体的。如果要用相对性来为唯心主义作辩护,那么一定不是观念相对于身体,而是身体相对于观念。如果要把这种相对性加以证明的话,那么就必须用贝克莱的方法去证明它。

我认为,休谟特别是受到"排外的特殊性"的错误的影响。他在这一点上是跟贝克莱一致的:即认为物理自然的要素和心理状态的要素是一样的;而且他还超出了贝克莱,乃至对精神的本性也得到同样的结论。简而言之,他觉得,传统的实体,即物质的和精神的实体,都是由同样的一堆的要素所造成的。但是他不承认这些要素具有互相交换的特性,他追随贝克莱之后,对这些要素按照它们所显现出来的某一种角色来加以命名。当他发觉它们是和个人的心理状态的连续情况一致时,于是他就认为它们有同一秩序,而且认为它们在本质上完全是属于这个秩序之内的。结果便成为休谟的极端的现象主义或心理主义。存在即是一种特殊的心理状态;而一种特殊的心理状态,除了它刹那间的呈现以外,就没有任何存在了。被知觉或被思考着,在意识中呈现出来,就变成了存在物;而从意识中消逝,即停止了存在。不能有持久性和同一性,因为每一个存在的单元整个地而且仅仅是属于它在意识中所发生的

---

① 休谟:《人性论》(1739),色尔贝-毕格斯版,第 207、210—211 页。参见本书第 332—333 页。

那一刹那。总之,这个世界无非包括着同时存在和连续发生的许多忽生忽逝的独特个体而已。

休谟把这个结果跟怀疑论等同起来,这并不是不恰当的。他认为这是在严格的理论基础上所能一贯地达到的唯一结论。然而通常的人,乃至哲学家在其通常心境下是不可能相信这一点的。为了生存,就必需把环境认为是具有同一性和持久性的;必须承认一个人可以在不同的时候对同一个对象发生关系,而且他所作用的这些对象即使在他不在的时候也是持续的。关于外在世界的这些假设为行为提供了必要的定向。但是根据休谟的意见,这些假设是不能在理论上予以证明的。"只有轻率和忽视才能给我们任何补救。"①

§3. 康德的援救。"范畴"和综合的统一性　康德同意休谟的看法,认为刚才所描述的这种情境实际上是不可调和的,但是他进一步认为这在理论上也同样是不可调和的。而且它不仅和全部现有的科学是矛盾的,而且也是自相矛盾的。因为流动就意味着有一个秩序——至少有一种时间上的连续性——而这是不能包括在任何仅仅是暂时刹那的状态之中。再者,休谟的整个程序意味着说,事物的这种一般的流动性是能够为不同的认识者在不同的时间所认识的;因此,这至少就必须具有同一性和持久性。换言之,没有秩序、同一性和持久性,任何知识都是不可能的——即使足以证明怀疑论的知识也是不可能的。

康德证明秩序、同一性和持久性原理的必要性,在这方面,他

---

① 　休谟:《人性论》,第 218 页。

无疑给与了一切后来的思想家们一种贡献。不管什么对象或世界都必须在某种程度上具有结构和确定性而这是只有那些"范畴"才能具有的。但是康德所赋与它们的地位却是另一回事，而且是更为可疑的事。

让我们首先来考虑一下他所忽视了的另一个可能性。为了避免休谟的错误，他可以拒绝把经验的要素和经验的许多复本完全等同起来。如果他采取了这个途径，那么他的这些范畴的推演就会进而证明经验的要素除存在于它们的连续的和流变现象的秩序以外，还存在于另外一些秩序之中；还有若干秩序的原素，如空间时间、实体和因果性等，不能和任何预先假定的那些特殊的流变现象等同起来。在这种情况下，无论物理的自然或这些范畴都不至于在任何意义上被解释为心理的东西。

但康德却并不选择这条途径。跟休谟和贝克莱一样，他也把经验的事项当作本质上是"现象"或"表象"。"它们形成一个对象，而这个对象仅存在于我们以内，因为我们的可感受性的单纯变化绝不能存在于我们之外。"于是，既然承认休谟的单纯的心理的秩序事先要假定有一个更为根本的物理的秩序，他便认为这个秩序也是一种现象的或表象的秩序，而它的原理乃是一些意识形式。"所有这一切的现象，从而，所有我们所要涉及的一切对象全部都是在我们之内的，或者都是我自己的同一自我的决定因素，这个观念本身就蕴涵着在同一统觉中必然有一种持久的统一性。"换言之，这个秩序从它的事项之下借来了一种心理的特点。现象的统一性将是"统觉"的统一性。的确，这个新的秩序并不是按照心理学的意义的那种所谓心理的东西。但这并没有导致人们完全否认其心理的特性，而导致一种非心理学的或逻辑的心灵的新概念。

康德对这些范畴解释的第二个理由即他主张先在的或必然的知识只有承认知识支配其对象时才是可能的。[①]"如果我们的知识所要涉及的对象乃是事物的本身，我们就不可能有关于它们的先在的概念。"说我们能在眼前经验以外从事于认识，能普遍地从事于认识，这就蕴涵着说，知识将能创造一切经验所将满足的条件。例如，逻辑能适用于任何一切的经验，但有一个条件，即把它解释成为它是决定一切能被经验的东西的。因此，范畴就显得是"在一种可能的经验中一堆杂呈的直觉的综合统一性的必要条件。"

但是尽管有这些考虑，康德的范畴的这种半心理的地位却能从他所采取的认识论的观点上得到说明。他答应"要决定一切先天认识的可能性、原理和范围。"然后，在他完成这个任务中当他发现了这些范畴时，他便按照它们在认识中所起的作用来称谓它们，他说："我把一切知识称为先验的，它所涉及的不是对象，而是我们认识对象的方式，这意味着说它先验地就是可能的。"对这些范畴所进行的"先验的演绎"致使它们成为先验知识所不可缺少的条件。它们乃是一种先验的综合或"统觉统一性"的各种形式，而这是最高的理智的功能。[②]　整个康德的逻辑，用来适应于知识的需要之后，结果便获得了一种认识上的或心理上的地位，而这个地位即使在其最严格的"逻辑的"拥护者之中也从未消逝过。[③]

---

① 对这一观点的批评，见本书第 171 页。

② 康德:《纯粹理性批判》，马克斯·马勒尔英译本，第 2 版，第 105—106，129，2(注)，9(注)，100 页。

③ 见本书第 156 页。

　　这一点要归功于康德,他证明了,如果任何知识是可能的,那么物理的,数理的和逻辑的知识都必定是可能的。[1] 关于一种状态之暂时刹那的呈现的知识,休谟曾试图把一切知识都归结为这样的知识,这是不自足的。它要事先假定有另一种知识;而且一切知识终究又事先要假定逻辑。但是康德不仅仅证明了逻辑的有效性和先在性。他把逻辑和认识意识两者等同起来了。结果,他对逻辑先在性的证明肯定了贝克莱的意识之先在性的主张。

　　§4. 康德与唯心主义的关系　　简单地考虑一下康德本人对他和唯心主义的关系的看法,这将是值得的。他把他自己的主张描述为"经验的实在论"和"先验的唯心主义"以与"经验的唯心主义"和"先验的实在论"相对立。把经验归结为心理的杂呈的"经验的唯心主义",这是康德所拒绝的;因为这一系列内在的状态只有在和物理自然更为根本的秩序的关系中才可以说明它本身。它的时间要为物理的事素所衡量,而其主观的结果和伴随物又只有和物理法则的标准安排相对比时才可以区别开来。换言之,"内在经验,只是间接地,和通过外在的经验,才是可能的。"这是"经验的实在论"。然而,它却给我们留下了一个新的经验秩序,所谓外在的经验。但因为是先于心理的复本的,这仍然是"经验"。"先验的唯心主义"乃是这种经验的实在论的结果,按照这种看法,"物质只是一种表象(直觉),它们之所以被称为外在的,不是由于它们涉及外在于它们的对象(先验的实在论),而是因为它们涉及对空间的知觉,在这里,每一事物都是在另一事物之外的,但空间本身却在我

----

[1]　见摩尔:"判断之性质",《心灵杂志》,第8卷,1899,第190页等。

们之内。"

因此，康德的经验的实在论和他所主张的"一切现象都是表象，而非物自身"的说法丝毫也没有矛盾。它只是一种"先验的唯心主义"的副句，主张心理的和物理的秩序同样都依赖于一般意识的法则或必要的条件。对这个普遍的意识而言，这两者同样都是现象的，正如经验的或主观的唯心主义所主张的，对心理的意识而言，物理的秩序是现象的。①

虽然康德是一种新唯心主义的创造者，但从形而上学的意义上讲来，他本人却并不是一个唯心主义者。他把范畴解说为由于对事物的认识所赋加在事物上的条件；但他主张实在并不必然要服从于这些条件，除非是它在被认识的情况之下。他明白地否认了一件事物必被认知才得以存在。但是他的观点如此迅速轻易地转变为一种形而上学的唯心主义，这就证明他所遗留下来的这种情况是不稳定的。既然已经建立了知识在本质上的形式性和构成性，那么就没有任何东西是独立于知识之外的，除非是那种超越于认识可能以外的东西。认识意识的形式构成一切被经验的或能被经验的一切东西的基础。因此，康德的"物自身"，正如贝克莱所曾有效处理的物质实体一样，仅仅是一个无意义的符号而已。

"物自身"被减除以后，认识意识便无可置辩地占有了这个领域。而且为了要与这个形而上学的地位相称，就必须较之康德更

---

①　康德：《纯粹理性批判》，第300—301页，第780页。如果我要发掘康德中的主观主义趋向，我还能详细阐述其关于空间和时间的主观性的学说。但我宁愿强调其哲学的那些特点中的主观因素，如"综合性的统一体"和"范畴"，这曾为其后继者所最为重视。

为丰富地赋与认识意识以更多的内容。赋与它以物理科学的范畴，这是不够的，因为它们并不形成一个自足的世界。新唯心主义给与了"无所约束的理想"（Ideal of the Unconditioned）以"构成性的"有效性，而康德却仅给它以一种"调节性的"有效性。认识意识，一经这样丰富之后，便具有了实在所具有的资格和身份了。

因此，新唯心主义在一种新形式之下重述了这个基本原理。认识被宣称为存在的基础；但认识却得到了一个新的界说。它不再是一个个别知觉者的可感受性，而是一个普遍的思维的系统化的活动。这种新唯心主义要求称为"客观的"，因它已把对象从个人的心理状态的流变之中拯救了出来，而给以持久性、同一性、和有秩序的关系。但是对象这样从心理的主体中得救出来，只是为了便于为其挽救者，即超验的主体，所占有。因此，它仍是在某种伪装的形式下依赖于主观性的，而为贝克莱所遗留下的这种情境的本质特点则完全保持未变。

§5. 各种不同的趋势。批判的唯心主义　康德的唯心主义的历史是为其创造者所代表的几种不同的动机间的冲突所决定的。[①] 在康德本人，唯心主义具有一种"批判的"形式，这和为费希特和黑格尔所迅即转变为形而上学的形式的唯心主义是相反的。费希特又发展成为一种伦理的或唯意志论的唯心主义，而这又和黑格尔的逻辑的或理智主义的唯心主义是相反的。一切后来的唯心主义曾为这些分歧所分别开来。新康德派拥护"批判主义"以反

---

　　① 　关于德国当代唯心主义各个流派的一个出色的阐述，见斯坦因：《当代哲学流派》，特别是第 1、4、9 各章。

对形而上学；而新费希特派和新黑格尔派则在意志和理智之相对的先在性上进行着争辩。不可能有严格的归类，因为这些差别还容许有各种不同的调和和联合。但是却值得我们简单地检验一下这两个主要的流派。

"批判的"唯心主义目的在于给予康德一种严格的逻辑的解释。和康德一样，它建议要考察知识的必要条件；也和康德的结论一样，它结论说，正确科学所运用的范畴乃是富于思维本质本身的综合性的一定根本形式的各种变形。因此，正确的科学不是后天的经验材料的一种单纯的描述，而是按照一定先天的原理对这些经验材料所作的一种规定。

批判的唯心主义者在他们的兴趣方面按照着我们下面所将讨论的理智主义和唯意志论之间的那种区别而有所区别。所谓"马堡学派"的成员们便曾强调数学和物理学的逻辑假设。[①] 例如纳托尔普便主张说：数理的和物理的真理只有用指出其特殊原理，如"数目""无限""空间""力能"等乃是和纯逻辑的原理如"数量""质量""关系"和"情态"（"逻辑之基本功能"）相关联的办法才能懂得，而那些纯逻辑的原理反过来不是从作为知识之原始作用的综合的统一性的原理中所发展出来的。或者说，这几种科学所据以思考其特殊对象的原理可以追溯到任何事物所据以具有思维对象的形

----

① 这个学派的创始者是柯亨；见其《纯悟性逻辑》（1902）。读者将在纳托尔普：《正确科学之逻辑基础》和卡西尔：《实质与机能》两书中见到对这个学派的学说有较为清晰的叙述。这个学派的作者也绝不是完全致力于数理的和物理的科学；见柯亨：《纯意志的伦理学》。

式(Gegenstand)的那些一般的原理。① 正确科学的形式于是便与一般思维的形式联系起来了，这是毫无争论余地的，因为任何对它争论的尝试都必须事先要承认它。

批判唯心主义的第二个学派便强调道德科学的基础。② 批判的价值哲学便是要把伦理学、美学、历史和宗教从单纯的经验描述中挽救出来，而把它们建立在一种规范的或理想的逻辑上面。也见到在这个学派和马堡学派之间是有一种实际冲突的，由于这个学派把逻辑本身当作是一个价值科学，而把真理当作是一个理想，而另一个学派则把价值归根结底当作是理智的综合之一个形式而已。结果，"是"和"该"(the "Sein" and the "Sollen")到底哪一个是先在的问题，便把批判的和形而上学的唯心主义者同样都区分为相反的理智主义和唯意志论的流派。③

批判的唯心主义最有趣的方面即其批判主义和唯心主义，这两种动机的交相作用。批判主义的批判动机最一贯地表现在它对"心理主义"，即休谟把经验归结为个人的特殊心理状态的这个观点的辩驳。"批判主义"产生于康德对心理学要预先假定物理学而两者要预先假定逻辑的这个证明。自从康德时代以后，休谟每一次的复活便曾继之为其对立面的复活。十九世纪后半叶在德国的

---

① 纳托尔普：《正确科学之逻辑基础》，第10—11页，第44—52页。

② 佛来堡学派或"西南德意志学派"的代表是文德尔班的《反省》、里克特的《认识之对象》和明斯特贝格的《世界哲学》和《永恒之价值》。这个学派的作者们也论及数理的和物理的科学(见里克特的《自然科学概念之限度》)。较之马堡学派，他们有更多的形而上学的倾向而转化为唯意主义的或伦理的唯心主义。见本书第161—163页。

③ 见纳托尔普：《正确科学之逻辑基础》，第51页；柯亨：《纯意志的伦理学》，第79页；和里克特：《自然科学概念之限度》，第165—167页。

自然主义运动激起了"回到康德"[1]的反运动。而且同样,目前"心理主义"在实用主义者和实证主义者之中复活已为抗辩提供了一个新的时机。而我们又记得,逻辑不能融入人类生活之流而不自相矛盾,因为对于生活的每一个定义又要预先假定逻辑。当批判主义在这样的情态之下时,它似乎远远地同形而上学的唯心主义离开了。它只是肯定逻辑绝对的先在性,既不关心于物质,也不关心于心灵。卡西尔说:"逻辑的原理掌握着每一个印象的内容,除此之外,在它(批判的唯心主义)看来,既没一种'对象-意识',也没有一种'自我-意识'。……关于'我'这个思想并不比关于对象这个思想更原始些和在逻辑上更简单些。"[2]

然而事实上,仍然在批判的唯心主义者和某些其他也主张逻辑的先在性而不和康德有何渊源的当代作者们之间存在着一种显著的差别。[3] 其差别在于这个事实:即康德派把逻辑视为思维或知识("Denken"或"Erkenntnis")的科学,而这些作者们却把它视为关于"关系"、"类"、"多"、"命题","命题函数",或其他特别的实体的一种科学,既与数学家的数目或化学家的原素无关,也和思维无关。这些实体的特点在于它们是如此高度地抽象,因而包含在一切其他的实体之中或为一切其他的实体所意味着。它们之所以为思维所必需,只是因为它们是无所不在的,思维若不涉及它们,

---

  [1] 见朗格、李卜曼和策勒等人的著作。现代新康德主义通过柯亨和这个早期运动联系着。

  [2] 前引书,第 392 页。

  [3] 我是指那些"局外的"逻辑学者们,从舒乐德和布耳开始,在今天最卓越地为皮亚诺、库蒂拉和罗素等人所代表。读者将在罗素的《数学原理》和《数学原论》中找到关于这个运动的最好的根源。

就不能涉及任何事物。

至于在新康德派之中把逻辑的原理称为综合性的统一"活动"或思维的"功能"或"知识的先在条件"或"客观性的条件"是否只是一种偶然的强调和传统的口头用法，我不想去解决这个问题。[①]但是有几个结论，我们是可以有理由确定的。首先，如果逻辑的原理乃是在实质上内涵于思想或知识之中而我们不得不承认逻辑对一切其他科学的先在性，那么唯心主义的形而上学便是唯一可能的结论了，假使有任何形而上学的话。具有实在所具有的逻辑结构的心灵也必然完全具有实在。有关的思维或知识并非有限的个人所具有的心理过程，这一点丝毫也不影响这个一般的结论。它只是提出了一个关于心灵的新概念而已。唯心主义的中心主题，即实在依赖于某种心灵，只是在一种新的意义之下重新被肯定而已。如果在另一方面，逻辑的原理从任何意义上讲来都不是心灵的，那么把它们视为思维或知识的原理就是混乱而错误的了。而在这两种情况之下，批判的唯心主义都是处于一种不稳定的平衡状态之中，如果强调它的逻辑上的动机，它就会变成一种像数学一样的特别的科学。如果强调它的唯心主义的动机，它就会像在康德直接的继承者费希特、黑格尔以及浪漫主义者们的体系中一样，具有了一种形而上学和宗教哲学的形式。

英国学派的唯心主义者们，从柯立芝开始，包括其晚近的拥护者们格林、凯尔德布拉德雷和罗伊斯等人，一开始就提出了一种以意识之先在性为根据的宗教哲学。而后来德国的流派以新康德派

---

① 　关于这个问题从唯心主义方面所进行的最好的讨论，见卡西尔，前引书，第 7 章。

一直到新费希特派、新黑格尔派或新浪漫主义派,其中对"心理主义"的批判只是在一种精神主义世界观的建立之中的一个附带的动机而已。

§6. 形而上学的唯心主义。理智主义　在形而上学形式之下的客观唯心主义曾摇摆于理智主义和唯意志论两极之间。其中心主题,如我们所已知道的,就是存在依赖于一个能知的心灵,而这个心灵乃是超越和包括着物质的和心理的秩序两方面的。但是这个主体可以被认为是或者包括在一种为逻辑的动机所控制的思维过程之中;或者包括在一种表现在思维中,但原来为伦理的动机所控制的原始活动之中的。在理智主义的唯心主义的古典的代表者黑格尔看来,心灵或精神("Geist")乃是一种原始的辩证法或观念之流;一个"绝对观念",把它自己在自然中"外在化",而且通过文化的历史发展①再达到自我意识。曾有两种内在的力量影响着唯心主义这个看法的发展。

首先,范畴本身,即若干具有着它们自己的逻辑必然性关系的观念,倾向于代替心灵统一性的概念,而使之成为不必要的。绝对观念倾向于具有一种自足的体系形式,一如逻辑或数学。如一位当代的唯心主义者所抱怨的,"绝对观念,在其自我演化之中成了一切事物中最空虚的东西,因为它表现为一个没有一个活生生的思维者的思维,即所谓'思维的生命不依赖于人的'。"②因此,理智主义的唯心主义倾向于发展为一种赤裸裸的理性主义或必然主

---

① 见黑格尔:《哲学全书》(1816—1818),第236—244节;第381—382节;华莱士翻译的《黑格尔之逻辑》和《黑格尔的心灵哲学》。

② 林赛:《欧洲哲学研究》,第223—224页。

义,那在通常道德的和宗教的意义下实在更接近于机械论而不接近于唯灵论。因而所谓黑格尔学派的"左翼"就很容易和很自然地转向它的反面。[1]

其次,黑格尔对于心灵过程的说明,他对范畴的列举和安排不久就显得是不恰当的了。科学在其独立的发展中却拒不服从。关于自然,乃至关于历史的特殊范畴是从事于这些部门的几个科学所不得不接受的。结果,理智主义的唯心主义便显得有这样一个特点,即把严格精神的范畴——纯思维的先验原理——逐步地归结为一种最空泛和最形式的名词了。的确,如果说,它现在承认只有一个这样的范畴,即统一性的范畴,这也是接近真实的。这有几种不同的提法,例如凯尔德的"自我一致的和有理智的整体";格林的"不可变更的关系秩序";布拉德莱的"个体"或"完全的体系";乔基姆的"有系统的融贯性"或"完全个体的,自足的重要整体。"[2]至于这些公式所企图说明的一种最优势的或理想的统一体的这方面,我将在下一章讨论它们。[3]在这里只要指出这些名词是如此的抽象和中立,因而它对于唯灵论、和唯物主义之间的争端是不发生什么真正影响的,而在这个争端中唯心主义却是主要的对手之一。

无论走下列两条道路的哪一条道路,这都是真实的。在一方

---

[1] 这个运动的代表者是费尔巴哈、斯特劳斯、马克思以及其他。

[2] 凯尔德:"唯心主义和认识论",自《英国科学院学报》第8卷第8页重印;格林:《伦理学导言》,第29页,第30页;布拉德莱:《现象与实在》,第542页;乔基姆:《真理之本质》,第76页,第113页。

[3] 特别见本书第197—202页。

面,可以采用科学的范畴而在它们上面再加上这个统一性的哲学范畴。于是这个世界便成为这几种科学所继续揭示出来那样一种系统的统一体了,而唯心主义只是对这些科学的一种在形式上的签署而已。或者,在另一方面,可以走不可知论者的这条道路,而肯定说,超过我们的知识范围以外,有一些范畴把这个世界之谜变成了一个"经验的完整的统一体",而它本身是不能加以证实的。[①]但是这样一个绝对体,除了说它是某一种东西,是自我一致的和无所不包的以外便一无所知,这就不能确切地说它是精神的;的确,当它意味着某种特别的心理方面的和道德方面的属性时,精神的属性就必须被视为那些为这个绝对体所超越的"片面的方面"的一个方面。

§7. 唯意志论的或伦理学的唯心主义　　只是为了适合于一种理智上的要求来界说一个世界具有这种含糊的精神性,这便构成了一种强有力的动机迫使唯心主义把它的基础从理智主义移向唯意志论。如唯意志论所肯定的,理智仅是意识的一种特别的活动。意识的一般的或根本的活动不是理智方面的,而是道德方面的。意识具有这些范畴而且把它们用来为其最终的实用目的服务。因此,我们便从黑格尔主义导致费希特主义。在费希特看来,心灵乃是纯粹的自我,它具有自由和活动,而且按照道德上的需要,"安置着"一个"有限的自我",与一个"有限的非我"相对立;换言之,把它自己分裂为精神和自然两个平衡的方面。[②]

---

①　布拉德莱:前引书,第 530 页。

②　费希特:《知识的科学》(1794)克罗格尔英译本,第 79 页;和《伦理的科学》(1798)克罗格尔英译本,第 67 页。

但黑格尔的逻辑的形而上学所遭遇到的命运,也同样为费希特的伦理的形而上学所遭遇到。黑格尔把自然理性化并未得到成功,而费希特把自然道德化也同时没有获得成功。机械的科学坚定地和无可抗拒地遵循它自己独立的道路前进着;而唯意志论,和理智主义一样曾被迫而不得不承认它的征服者。结果,唯意志论或者是迫不得已把它的范畴的范围限制在道德科学的领域以内,或者是为了要维持其无限制的范围而否认这些范畴具有那种较为狭隘和严格的意义。

当唯意志论的唯心主义仅仅是对那些使价值科学机械化的企图所作的一个抗议时,便选择前者的道路。当唯意志论的唯心主义超越了它本身有限的领域以内所坚持的道德科学的权利之外时,它就需要把逻辑也解释为一种规范的科学。判断变成了一种意志的动作,而真理变成了它的规范。为平常的唯心主义的论证所归结为知识的实体,因而又变成了一种意志的表现。① 但是当意志这样和求知的意志等同时,它又只是对事物自身重加肯定而已。认识上的或逻辑上的意志乃是一个冷酷的圣者的意志,他没有任何一种特别的偏爱,而且受过锻炼,不致承认任何客观的和必然的东西。作为一个能知者,我意愿有一个世界;而且一经有了这样一个意愿,我就必须按照我所发现的来接受它,而且要服从于它的要求。② 我并没有解释这个世界,使之和意志协调一致,而是把意志削弱成为仅仅是对世界本身的一种赞许而已。

---

① 见本书第 172—173 页。至于起源于非唯心主义动机的唯意志论,如新唯生主义,例如柏格森,将在本书第 283—287 页讨论。

② 见明斯特贝格,见本书第 192 页。

　　因此,一种严格的唯意志论所遭遇到的命运和一种严格的理智主义所遭遇到的命运是相类似的。从思维或从道德生活方面所引伸出来的特殊范畴一经用来解释自然时便告失败了;后来,当对这些范畴加以修改以适应于自然时,它们便又失去了它们的那种特殊的精神特征。在这样一种哲学中是没有超度的恩赐的;它并不为唯心主义的心灵建成一个可能的安息之所。[①]

　　§8.　新浪漫主义　　显然只剩了浪漫主义这一条选择的道路,成为唯心主义不可避免的命运了。一般地认为当代的德意志思想是在重复康德运动原来所经过的那些阶段。[②]至于新康德主义、新费希特主义、新黑格尔主义和新浪漫主义是否重复它们的原型的年代秩序,这是有疑问的。但各种动机的交互作用显然和上世纪初的德意志思想是相近似的,而且相似的地方不是别的而是在于浪漫主义的产生。

　　浪漫主义可以采取不可知论的形式,而把精神的各种不同的具体体现归纳为某些不可言状的生命,它把这些具体体现容纳起来而否定了它们。这就是叔本华的方法,而且如在哈特曼的"无意识论"和尼采的早期思想中所复现出来的,它在现代思想中不是占有一个无关重要的地位。但是还有另一种浪漫主义的形式,它在语气上是较为容易接受和积极的。如果不可能用思维或用道德生

---

　　① 只要是在形而上学的动机强烈的地方,伦理的唯心主义便倾向于浪漫主义。因此,明斯特贝格(前书),当他依次达不到李普士的先进地位时,便较之文德尔班和里克特更为接近于浪漫主义。在意志主义和浪漫主义中所共有的形而上学的动机曾被这个新的唯心主义的杂志,*Logos* 含意深远地表达出来;见第 1 卷,1910,第 1 页。

　　② 即所谓"重复的道路"(Repititionskursus)。见艾瓦尔德:"德国哲学之现状",《哲学评论》第 16 卷,1907,第 238 页。

活来解释这个世界,那么还有一个概念,它是十分完全,足以包括这些和其他一切可能的价值的——即一个普遍的精神生活("Geistiges Leben"),它是包罗万象和无限丰富的。因此,便产生了这个混合的和发展的浪漫主义,成为德意志思想中当时流行的动向。

埃瓦耳德写道:"我曾指出,在最有分歧的思想家们之中愈来愈有这样一个趋势,把这个世界当作是一个完整体,只是在人类精神中表现出矛盾和对立。这样便废弃了片面的逻辑主义。逻辑、道德、艺术和宗教在它们自己的领域以内享有完全的主权而不能通过心理的或经验的尝试把它们归结为仅仅是相对的或暂时的任何东西。不过,这个领域并不是全部整体,而只是无穷无尽的实在的一部分而已。"或者如狄尔泰所表述的,他把哲学看作是对全部历史流派中的各种对生命的伟大解释所作的一种研究("关于世界观的学说"):"成为贯穿着所有一切世界观的精神的最后定论的,不是每一世界观的相对性,而毋宁说是与每一或任何世界观相对立的这个精神的统摄力;同时也就是那个积极的意识,即意识到这个世界的唯一实在,是在这个精神的不同的形态中给与了我们的,因为各个不变的世界观的类型不过是这个世界的多方面的表现而已。"欧铿也是这种哲学的一个雄辩的和有影响的拥护者,他宣称,精神生命——即"形成事物之精华的那个宇宙生命,"乃是自足的,而且是在一种精神的直接接触中所领悟到的。①

---

① 艾瓦耳德:"德国哲学之现状",《哲学评论》,第 17 卷,1908,第 426 页;狄尔泰:《哲学之实质》,第 62 页。欧铿:《精神生命》,坡格生英译本,第 327 页。

浪漫主义之所以不至于遭遇严厉的批评,因为它是一种信仰,而不是一种哲学。在浪漫主义中,"精神生命的事业是为反抗敌对的或者至少是令人不满的世俗的虚伪性的灵魂所维护的"。没有人曾经企图消除"精神生命"这个概念的不确定和混淆的意义;也没有人曾经试图以有条理的论证去辩护它的先在性。对于虚妄的精神这样一种情态既不适于分析,也不适于证明。精神生命乃是所从事的一种动作,"所自由享受"的一种权利,而不是所要界说和建立的观念。其真实的动机力量"在于求得精神永存的这种冲动"。它起源于获得一种从内心和整体观点看实在的和致力于使整个人类生命提升到较高水平的哲学的这种愿望。"[1]

换言之,它终于变成了一个关于哲学职能的问题了。如果哲学乃是企图以优越而高尚的情操启发人们,浪漫主义就总是正确的。但是如果哲学乃是企图清晰地和有力地思考这个世界而且是揭露其现实性和必然性的——无论是变好变坏——那么,浪漫主义便是不适当的。它不是一种错误的哲学;从严格的理论的意义上讲,它简直就不是哲学。[2]

§9. 新唯心主义及其基本原理　在结束之前,我们最好来探讨一下,这个伟大的运动以及它所曾表现的一切在心灵上的高明和通达,是否已经获得了证明。客观的或先验的唯心主义,即康德和那些受到他的启发的人们的唯心主义已经建立或加强了唯心主义的那个总的论点吗?

---

① 欧铿:《精神生命》,第 332 页,第 403 页;和《生命之意义和价值》,吉布生英译本,第 98 页,第 126 页。

② 见本书第 33—34 页,第 43—45 页。

首先,唯心主义的基本原理仍然和贝克莱过去所主张的一样,这一点是清楚的。它认为在某种形式之下的意识,特别是在其认识的形式之下的意识,乃是存在的唯一必需的和普遍的条件。当代唯心主义者如果要掩饰意识主体在其实在的体系中的根本地位,例如归结于像"经验"这样一个似乎中立的或无色彩的概念,那是徒劳无益的和引人误解的。这个概念是为某些非唯心主义者的作者们[①]用来指单纯的一堆既是尚未成为心灵,又是尚未成为物体形式的实体而言。但是在唯心主义者看来,经验系指他们的所谓意识的内容而言。因此,当乔基姆先生论及那种"理想的经验",用以界说真理时,他不是指事物之系统的总体,而是指所印证和所领会的这样一个总体。这就说明了为什么他不满意于"有意义的完整体"这句话。因为"如果'经验'是要想把能经验的活动和被经验的东西分开,'有意义的完整体'就是要想把被经验的东西和能经验的活动分开。"他说:"我们想要找一个名词来表达这两者的具体的统一体,而我未能找到。"乔基姆先生以为经验这个名词在他所论及的这个方面是有缺陷的,而我认为在这一点上乔基姆先生是错误的。毋宁说其危险之处在于,如唯心主义者所运用的那样,它将隐讳着这个事实:即它们是指意识的内容而言,而不仅仅是指事物。的确,我有力地怀疑,它之所以成为时髦,那是由于它的模棱两可;否则,我就不能说明为什么要废弃这一些坦率的名词,如"状态"、"知感"、"观点"。确实这些名词完全符合于这个要求:即事物是根据它们呈现于意识而予以说明的,而意识是由于内

---

① 例如詹姆士所采取的;见本书第 287—288 页。

容所构成的。无论如何，这是很明白的，那就是说，这位作者所论及的"具体的统一体"乃是一个意识的统一体。①

客观唯心主义的另一种陈述的方式见于凯尔德的著作之中。他这样写道："现代哲学，特别现代唯心主义的主要结果就是用一个具体的统一体去代替一个抽象的统一体，或者换言之，就是证明自我与非我的本质相关。"②这里不仅仅是说，自我和非我在某种意义上必然是相关的；而且它并不是关于这个世界之系统的统一体的任何一般证明的结果。它是说，每一个事物在本质上是和一个自我具有一个特别的关系的；它是说，最可能简单的实体乃是具有其内容的一个自我，或一个为一个有意识的心灵所制约的客体。这位唯心主义者所论及的统一体并不是在意识同某种其他的东西之间的统一体，而是属于意识所有的统一体。

§10. 从综合的统一性对唯心主义进行新的证明　　假定我们承认，客观的或先验的唯心主义和贝克莱的唯心主义一样，是建立在肯定意识的原始性之上的；我们还可以追问，这种对唯心主义的解释是否提出了支持这个说法的新的论证。唯心主义者都未曾把这个问题分别提出来，按照其重要性来加以研究，人们对于这一点不能不表示惊奇。但是新唯心主义至少却提出了一个新的论证——即从意识之"综合的统一性"的功能进行论证。它主张，意

---

① 乔基姆：前引书，第83—84页，注释。这个注释同样可以用来说明里克特和其他人用"内在性"这个概念来说明存在之最普遍的形式。"内在性"除了与一个主体相关以外是没有意义的，而普遍内在性的理论和比较明显的普遍意识的理论除了不清楚之外是没有真实的差别的。见里克特：《认识之对象》，第24—25页。

② 凯尔德，前引书，第6页。

识提供了唯一真正的统一性，而且既然这个世界需要统一性，它就必需从意识中胎化出来。

例如，格林肯定说，必须把实在当作是"关系的一个不可变更的秩序"。"但是事物的多样性它们本身不能统一在一个关系之中，而一个单独的事物本身也不能把它本身带进多种多样的关系之中。"它们需要这个"结合的媒介"——智慧。"或者我们必定要全部否认关系的真实性而把它们视为我们的结合智慧的一些幻想，否则，我们就一定要坚持，它们既是我们的结合智慧的产物，它们'在经验上就是真实的'，因为我们的智慧乃是经验之实在中的一个因素。"①

同样，麦塔格先生肯定说，"这个统一体既是一个完整体，而个体是它的部分，同时它也完全呈现在每一个个体之中。"而"这个在个体和整体之间的关系……就是那样一种特殊的关系，对于这种关系我们仅仅知道一个例子，那就是意识。"②

对于这种推论唯一可能的理由就是假定：项目在某种方式下必然是渗透在它们的关系之中的，而关系也必然是渗透在它们的项目之中的，因而便需要某种特殊的媒介来防止它们既不相混合，而又不至于分离。这便是所谓关系的"内在论"。它不仅和科学与常识的用法相反，而且甚至于是不能明确表述出来的。布拉德莱先生不得不以失望的情绪结论说："一种关系总是自相矛盾的"，而想要寻求一个解决，我们就势必"完全超过关系的观点"。从意识

---

① 格林，前引书，第 29—32 页。

② 麦塔格：《黑格尔宇宙论之研究》，第 14 页，第 19 页。又见卡尔金：《哲学之永恒问题》，第 378—379 页。

的特征方面,他也得不到关于这个问题的启发。因为这只是"在一个比以前较高的水平上"重复"这个旧的关于关系和性质的错觉游戏"而已。但是为了某种不可思议的理由,格林和麦塔格先生发觉了关系的理智活动或关于一在多中的意识较之单纯的关系本身更为可以理解一些。我只能把这个理由归之于一般的现代思想家特别是唯心主义者们当意识发生问题时便要废弃思想的分析和严密性的这一种愿望,来说明他们的这种行动。[①] 如果意识中有任何特别的功效足以解除"多中之一"的困难,那是一种神秘的功效;其秘密,如果已经发现的话,也确实从未成功地传达出来过。

§11. 贝克莱的论证的复活 但大多数唯心主义者甚至未像格林和麦塔格一样,企图去发现唯心主义的新证明,他们停止在旧的贝克莱的基础上而感到满意了。对于认识作用无论是贝克莱从经验论上去解释它,或康德的后继者从唯理论上去解释它,这种"从自我中心的困境进行论证"的谬误显然是一样的。因此,范畴不能不被思及而被认知;从这儿便错误地推论说它们不能不被思及而存在。

这个谬误也许还不如另一贝克莱的"根据原始断定进行界说"的谬误那样标志出新唯心主义的特点。在这里,人们从发现范畴为认识之条件开始。但是范畴一经以这个角色出现于舞台之上以后,就直接跟认识等同起来了。它们被界说为一个人为了认知而

---

① 布拉德莱:前书,第112、445页。罗伊斯先生和布拉德莱先生一样,承认在意识这方面,关系的困难不是解除了而是加重了;但是他相信这个困难可以用现代数学上的无限论来加以解决。见《世界与个体》,第1集,附录。关于关系的"内在说"和"外在说"见本书第204—206页,第245—247页,和第109—110页。

需要的东西。它们变成了一个纯粹为认识动机所控制的假设活动的工具。这种活动变成了一种求知的意志，它企图通过一定的程序寻找它自己，并且把它的条件赋加在每一件它所涉及的事物上。知识必要性，被解释为它的要求，而科学的世界则被解释为它的征服和统治。但是事物原先出现时的外装并未被认为就是它们的本来的装束。它们在某种程度上也许是偶然的和外在的。范畴仅仅偶然地可以成为知识的条件；只要一个人反省一下，无论任何实体都可以分配去做那个角色，这就是显明的了。红的颜色可以用来作为一种危险的信号；一个空间的距离，如一米或一尺可以用来作为一个度量的单位；水的重量可以用来作为一个决定原子重的单位。但是人们并不因而结论说，这些东西在实质上就是认知的条件。

在这些事例和传统的形式范畴的事例之间并没有差别，只是后者可以用在比较广泛的概括方面。而对于这一点的解释，至少可以合理地被发现于事物的性质中，跟在认知的性质中一样。如果知识必须服从于它的对象，那么事物中每一必然性乃是关于那些事物的真实思想的一种必然性。因此，如果一个人要知道直角三角形，他就必须判断：在斜边上的正方形等于另两边的正方形。而且，在空间上的涵意是几何思想所必需的；同样，如果在一切事物的本质中寓有任何普遍的涵意，即属于逻辑领域中的涵意，那么它们就是一切思维所必需的。但是这种必然性最后乃是寓于事物的本质之中的，而只有当思维和事物联系着的时候这种必然性才跟思维联系着。如果一切事物都是蓝的，那么蓝色将是认知任何事物的一个不可避免的条件；但是它不会因而比它现在这样和认知的主体具有更为接近的关系。让我们假定，一切的事物都是关联着的。因而就不可能不知道它是在关系之中而对任何事物有所认知。不过，这不是因为认知就意味着有关系；而是因为存在意味着有关系，而认知就必须抓住其对象的本质。

事实上，客观的唯心主义便是从对象中推演出范畴来的，而不是从主体中推演出来的。要从主体推演出范畴，那就必须对主体加以界说——而这一点却是唯心主义者一直所没有做的。主体一直是一个旁观者，它熟悉地呈现出来，逐渐显得成为不可缺少的必然性了。的确，有些唯心主义者这样主张：只有当知识本身对必然性发生影响的时候才有可能认识它们。康德说，知识必须控制它的对象，如果它要有把握地对这些对象有所肯定的话。但是要注意，思维的必然性，不是从作为个人心灵之道德心理的过程的思维中，而是从标准化了的思维中，即只有在思维是真实的时候，为客观唯心主义者所推演出来的。试图把范畴从具体的，存在的主体推演出来的是实用主义者，而不是唯心主义者；而唯心主义者却是第一个指责他是主观主义和相对主义的。只有当主体服从于事物之客观本质时，唯心主义者才是把范畴从主体中推演出来的，因此，分析到最后，乃是从事物的那种客观的本质中推演出来的。于是实际的主体并未把必然性强加于自然之上，而是服从于必然性的，而这些必然性乃是某种超越于这个主体本身的东西对它指挥着。

在现代有一种固定的倾向把感觉当作是有感受性的，而思维是有创造性的，因为这一点，又不确切地支持了对于范畴的这种唯心主义的解释。在我们"接受"印象的同时，我们又被认为在"形成"观念。但这纯粹是偏见或咬文嚼字。要认识一个对象,就必须先要知觉它,而认识一个涵意,就必须先要思考它;但在这两种情况之下都没有理由或意义来肯定说认识是存在的必需条件。所知的事物依赖于或独立于对它们的认识,这个一般的问题跟感觉在先,或思维在先这个较为狭隘的问题真正是毫无关系的。这个比较一般的问题不能合理地加以讨论而不对这个能知的主体加以分析,而在这种分析中这个主体从它在背景中所处的功能上的地位,好像任何其他的实体一样,被移置到研究的前景中来了。于是就有可能发现它的特殊性质;以及它同作为它的对象的那些其他事物所保持的那种特有的关系;最后就有可能发现那个关系对这些对象而言是不是基本的。

唯意志论的唯心主义在建立意志、目的或带有理想和标准的判断活动的先在性的过程中所经过的程序提供了关于贝克莱式论证的一个特别清晰的事例。里克特这样的写道:"我们对于一个如是存在的东西是一无所知的,除非它被判断是存在的,而且没有一个人对它知道什么,……因为他怎能不曾有所判断而有所认知,而且他怎能不因而认识到有一个'应该'而有所判断?"无疑的,存在确是判断的一个宾词;无疑的,判断,像一切活动一样,是服从于它自己所具有的一种有决定性的职责的。当我开始去认知时,"实在"就是我的目的地,而且规定着我的行动的路线。或者,如罗伊斯所表达的,"思维所不停止地追求着的另一方""不是别的,而只是这个观念本身在某种确定的表现中的意志。"①但是为什么要把

---

① 里克特:前引书,第 156—157 页;罗伊斯:前引书,第 588 页,第 333 页。

事物跟认识活动等同起来呢？如果我用这种关系来界说作为我的标准或目的，我的目标或目的物的东西，这正和我用运动做官的行动来界说官职或用朝向一个地点旅行的旅行家来界说一个地点一样。

当欧洲的思想界已经形成了这种按照唯心主义者对待实在的看法来对待实在的习惯时，唯心主义推理的普及效果也为之大增。这种习惯是如此地强烈，以致有许多唯心主义的书籍根本就不企图作什么证明。我们被邀请把这个世界看成是"经验""义务""情境""真理""鹄的"，或换上另一种说法，是"意识的对象"；因而无疑地，世界的这个方面，仅仅因为它在那儿而且可以被选择出来，而被认为是确定的了。但是除非能以证明：事物对生命的关系（当它们确有这样一种关系时），是既赋予事物以它们的本质，又赋予以它们的存在的关系，否则，在这种唯心主义和一种单纯的浪漫主义的或唯灵论的偏见之间便没有什么区别了。

§12．作为逃避主观主义的一种办法的客观唯心主义　在结束本章之前，我们还必须探讨一下，客观唯心主义是否业已完成了它挽救唯心主义，使之不致陷于恶性主观主义的这样一个局限于内部的任务。

在这里只有一个带关键性的问题。唯心主义是已经在运用着这样一种主观主义呢，还是它能够避免这样一种主观主义呢？因为不能不承认：没有一种哲学既运用而又拒绝同一种说法，而不因而陷入自相矛盾的。

这个答案看来是十分清楚的。唯心主义的证明是建筑在人类意识之上的，它是在观察之下的唯一例证。于是唯心主义就必须首先把人类意识视为其对象的构成者。如果严格地坚持这个学说，那就不仅个人的意识如此，甚至于一刹那的意识也是如此。但是唯心主义者本人也看出了这里包含着矛盾。它无法使真实的或有效的知识同单纯的意见区别开来。一切的意识状态对它们的对象而言都具有同等的权威。而且，如经常所发生的，同一对象在不同的认识状态之下有不同的和不一致的认识，这就没有办法来避免这个矛盾了。于是客观唯心主义便认为只有某一标准的或普遍的意识才具有构成作用的效力，它为对象提供了真实的和永久的根据。

但是这需要改正原来对个人的或暂时的意识的解释。现在我们必须假定：意识的这些事例并不构成它们的对象；而是符合于它们，否则，就是错误地表现它们。换言之，在这里，对象乃是独立于意识的那些首先在观察之下的具体事例之外的。然而这对于唯心主义的证明将会发生什么后果呢？在唯心主义者以实在论观点解释了他自己和别人的意识之后，他又到什么地方找类似他所假设的普遍意识的东西呢？而且现在，一个普遍意识在这里又有一个什么偶因呢？如果唯心主义者一开始就是以一种实在论观点来解释人类意识的，那么主观主义的错误就根本不会产生，而他的这个普遍意识就会是一个既无必要，也无意义的杜撰了。

因此，唯心主义如此慎重其事地改正的这个错误却证明了它对它自己的内在发展而言乃是不可避免的了。如果有任何要求对它进行补救性的干预，这个错误就必然会得到培植。主观主义不能废弃；如被坦率承认的，它必然被当作是在达到一种完全的唯心

主义的途中的一个"关口"而保持下来。① 但是必须认为客观唯心
主义或者是拒绝主观主义，在这种情况之下，它必须根本把主观主
义从它的议会席上加以罢黜，而重新给予人类意识一种完全从主
观主义中解放出来的解释；否则，就必须承认它是接受主观主义
的，而在这种情况之下，由于它自己承认这一点而受到了谴责。

　　唯心主义的基本论证和主观主义的基本论证是一样的。从
"自我中心的困境"所进行的论证和"根据原始断定进行界说"的论
证，如果有所证明的话，它证明了主观主义——乃至相对主义和唯
我主义的极端。如果它们并没有证明什么，那么唯心主义，无论是
主观的或客观的，都没有得到证明。在这两种情况之下，唯心主义
体系所由建立的根据都没有提供出可靠的支持。这个体系是否要
被评价为对生命有所启示，这还不能断定。因为还有另一个原始
的动机，即绝对主义的动机，而唯心主义的基本原理曾同它加入了
同盟。如果不根据绝对主义所具有的独特的论据来对它加以检
验，那就不可能最后把唯心主义估计为一种宗教哲学。

---

　　① 见里克特：前引书，第 56 页。

第八章　绝对的唯心主义和宗教

§1. 绝对主义的一般意义　一个唯心主义者的宗教并不是一种无望的希望，或垂死的反抗，而是一种对一切有关统治权的感情上的享受。唯心主义致力于充实信仰的极端要求——精神创造物质、每一个人所具有的不可毁灭的意义以及善的无限优越性。属于一种虔诚的神秘主义的这些名词——精神、完善、永恒、无限——都出现于它的研究的文字之中。这种福音的希望也并不是未曾予以注意的。唯心主义曾经获得了特权和一种权威地位。如果它有一点跟常人直接接触的机会，照例它总是为这些中层的文化人、牧师、文人、讲师和教员们所向往。因此，有不少诚实的人曾把他们的一切希望都寄托在这样一种冒险的事业之上。而这正是所以要对它进行一次清算的理由；它是否能够清偿，这对于人类具有不小的重要性。

唯心主义的宗教信念可以说包括两个主要的项目。其中之一就是曾经检验过的这个基本原理——肯定认识活动中意识的先在性。第二个项目就是绝对主义，而在本章内我们主要地就是来讨论这个问题。

我所提出的"绝对主义"一语的意义要跟流行运用它的另外两个意义区别开来。不错，这个名词的另外两个用法主要地也是出现在唯心主义的著作中；但是可以把它们视为是完全不同的另一回事。首先，"绝对"时常当作是"相对"的对立面；而且是用来说明独立于虚妄心灵的幻想之外的那种事实、存在或真理的特征。但是也十分可能按照这个意义来接受绝对主义而不接受绝对唯心主义的任何独特的前提，而自然主义和实在论确实是这样接受了它的。[①]　其次，可以把"绝对"当作是"确定"的意义，而与"盖然的"或"假设的"相反。按照这个意义讲来，绝对主义意味着这样一种学说，即有些真理是无可置疑的；可以从辩证方面建立起来，而不为经验所改正的。但是这个学说关系到方法论或逻辑的一个特别的问题，而这是可以放在我们现在所讨论的这些范围较为广泛的争论点外单独去讨论的。

按照我所将运用这个名词的意义，绝对主义乃是肯定有一种具有形而上学实效性的极端的或最高的理想。这个理想被各式各样地解释为"善"、"无限实质"、"实有"、"普遍意志"等等，乃是唯一的绝对体；或者用宗教的语言来说就是"神"。按照这个意义讲来，绝对主义可以，而且通常确实包含有第一个意义和第二个意义的绝对主义；因为人们可以主张唯有这样一个理想才具有客观的实效性和确定性，而不陷于相对性和偶然性。但是从这以后我将按照这个第三种和最一般的意义来运用这个名词。

将会注意到，绝对主义跟我们所曾遇到，作为自然主义中的一个动机的"冥思的武断"是密切关联着的。[②]　这个武断包含着假定有一个最一般的、自足的第一原理；而且从这个倾向出发，期待着

---

①　参见本书第 362—368 页。
②　见本书第 69—71 页。

有那样一个完善的统一体,知识将不断地向着它进展。绝对主义就是这个动机在其纯粹的状态中的表现。它是对于从分析知识的过程和趋向所要达到的知识的目标的陈述;而且肯定那个目标是必需的。因此,在绝对主义在接受这个冥思的理想中跟朴素的自然主义结为同盟的同时,它在方法上又是跟它相区别的。它把这个冥思的理想当作是一个理想,而且如是地公开陈述它。因此,绝对主义不仅是一元论的,如朴素的自然主义一样;而且也是规范性的,其宇宙的统一体乃是思维活动的极限或标准。①

绝对主义的动机显然跟唯心主义的基本原理是完全不同的。的确,绝对主义,在唯心主义出现之前,已经有了一个它自己的长期而重要的历史发展。所以,为了懂得"绝对的唯心主义",这两者的统一,我们最好把绝对主义分隔开来,而且根据它本身来进行考察。而且为了这个目的,把我们的注意局限于这个主张的两个伟大的拥护者,柏拉图和斯宾诺莎——一个是古代的,另一个是现代的。这些伟大的思想家是不为唯心主义所支持的一种绝对主义的卓越代表。困扰他们哲学的那些特殊的困难也正是绝对主义本身所具有的特殊困难,在明白了这些困难之后,我们就能够判断绝对唯心主义在克服它们时的成就。这些特殊的困难,我认为有三:形式主义、用语含糊和武断主义。

§2. 从绝对主义的逻辑基础上所产生的形式主义 绝对主义的第一个和唯一无可争辩的成功便是对于逻辑的发现。当人们

---

① 换言之,绝对主义乃是通常意义中的"唯心主义的"。我曾把这个名词仅限于用来指意识先在性的这个学说。不幸,同样这个字应该指这个意义,而也要指另一完全不同的概念,"理想"。

注意到,实用的常识的"事物",运动、操作和社会交往中的粗疏的对象,是能加以分析的,而当这种分析揭露了某种高度概括而且也许是普遍的语词,如"有"、"否"、"一"、"多"、"空间"、"数目"等等的时候,这门科学便开始了。① 虽然这些"范畴"或"逻辑的常数"的名单绝对不是列举无遗的,但有这些实体是无可怀疑的。换言之,有些名词可以满足无限概括性这个条件。而仅仅这一事实就足以使绝对主义受到适当的考虑。

但是绝对主义要求比这更多一些。这些一般的范畴必须统一起来而证明是自足的。它们必须形成一个系统的整体,或者从某些高级范畴中引申出来;而这个高一级的统一体又必须解释这些存在的事实。柏拉图把这个系统的统一体或最高范畴界说为"善"。"当一个人开始仅仅借助于理性而发现了这个绝对体的时候,而且不用任何感觉的帮助,如果他以纯理智坚持下去,他就最后达到了善的观念而发现他自己走到了理智世界的尽头。"柏拉图所谓善的意义,如果分析到最后,就势必陷于我将在下一个题目之下分别讨论的那些一语多义的谬误。但目前我仅限于柏拉图概念的侧重于逻辑的方面的特点,我们可以说,他所谓善就是指重要的,可理解的东西——即具有意义的东西。这些范畴,在它们自己内在的"辩证的"关系之中,给予事物以意义,因而它们不仅是"在一切所知的事物中的知识的作者,而且也是它们的存在和本质的作者。"②

---

① 柏拉图也许是这个意义的逻辑的首创者。例如见巴门尼德。
② 《理想国》,约维第英译本,532A,508E,509B。见本书第35页,第122—124页。

现在即使承认,由于逻辑的理由,一切事物都必须被看做是有意义的,或是具有含义的,但也同样明显,像这样一个最后的原理,一切都被归结为一般,它应用于一切事物,因而显然对任何事物也不合适。得之于广度,失之于深度。具体事物的丰富性质完全被遗漏无余,而且对于这个第一原理就没有丝毫必然的关系了。为什么这个特殊的世界会是它现在这个样子,我们至少并不能从这个空泛的含义或意义的概念中知其所以然。为了一般性而牺牲了自足性;没有看到,纯逻辑的范畴是不充分的,这便是我所谓形式主义的错误。

我们不妨联系到斯宾诺莎的绝对主义来考虑同样的这个困难。这位哲学家使自己将免于他所谓在柏拉图中所存在的在逻辑和目的论之间的混淆,而企图把他自己的体系建筑在演绎法的坚固基础之上。他的最高范畴是实体;而所谓实体,他是指"自在的和自谓的那个"而言。[①] 换言之,实体是有限的,这就是说,它具有某种固有的属性,同时,实体又是自足的,这就是说,它本身内在地具有一切式态。实体不一定是善的,因为那个概念仅仅指人类的利害而言,因而在幅度上是有限制的;实体只是一个永恒的和不可移动的本然,具有着冷酷无情的含意。照斯宾诺莎的看法,从这个意义上讲来,实体乃是一个普遍的原理。

但是虽然这可以成为实在的一个一般的特点,它却完全是不合适的。具体讲来,事物是什么,具体讲来,它们意味着什么,它丝

---

① 　斯宾诺莎:《伦理学》,第 45 页;又见第一部分。(参见中译本,商务印书馆1960 年版——编者)参见本书第 37 页,第 124—126 页。

毫也没有什么说明。根据这个概念讲来,它可以是任何事物,而且也意味着任何事物。它是而且始终是一个逻辑的概念,指经验的最一般的或最抽象的方面而言,而把其余的,即自然与历史之丰富宝藏,完全置之不顾。

不错,柏拉图并没有用单纯的可理解性来界说实在,而斯宾诺莎也并没有用单纯的实体性来界说实在。然而,我认为,仅就他们限于严格的逻辑的研究而言,他们除此而外却无其他成就。而且也只有当他们这样用抽象的逻辑名词来理解这个绝对体时,他们才能以证明其无限的一般性。

§3. 由于企图避免形式主义而产生的用语含糊　如果绝对体既是最充足的,又是最一般的,那么它就必然不仅仅具有纯逻辑的特点,就必然要借用关于自然或生命的较为充足的名词来解释和详述这个逻辑的第一原理。但是这些名词虽然在它们限定的应用范围以内是清晰的,但一经概括之后便立即用意含糊。[1]

例如我们不妨探讨一下柏拉图企图借助于某些具体的人类多种多样的善来解释意义或可理解性的这种情况。经验无疑地提供了类比,但仅仅是在应用上基本上是有限的那种类比。因此,对于一个组织得很好的社会,在这个社会中人类的利益乃是协调适应和得以满足的,我们可以说,它的意义乃是由于它的活动的恰当和优越。如果它要是为人所理解的话,它就要被理解为善。但是这些属于政治学说的概念,乃是具有有限的概括性的。即使在历史形式中的社会也不能说是一个真正的集团;而自然则完全处于这

---

①　我们已经在企图概括物理概念的事例中见到了这个事实。见本书第75—77页。

个原理的范围以外。同样,当艺术是理想的时候,只要它是善的,它就也是可理解的。但是自然既不是艺术,而且也不是一切艺术都是理想的。于是这个最后的善既不能是一个完善的社会,也不是一个完善的艺术品,因为这些概念,虽然在一定联系以内是充足的和显明的,但不是普遍的。

所谓可理解的就是善的,还有第三个意义:即对于理论兴趣的享受——所追求和所赢得的真理。但是在这儿也很清楚,我们所涉及的乃是一个特殊的和复杂的过程,而对这个过程是不可能概括的。没有理由来假定说,凡事物,不管它们是什么,都是在凝神冥思的一刹那间所领悟的。不利用唯心主义的原理(对于这个原理柏拉图是无知的),这样一种主张甚至不能使人在表面上看来似乎是合理的。所享受到的真理只是实有存在的一小部分。再者,即使我们把世界缩小到思维过程,但也必会有人反对说,并非一切思维都是达到成功的。

那么,作为一切事物之“存在和精蕴”的创造者的那个完美的善是什么呢?显然,它不是从理智的快乐方面去理解的一种道德的善,或美,甚至也不是这样理解的真。然而柏拉图却随意地把这三者都归属于它!但他真正地想这样做吗?不可能这样说;因为在这一点上,绝对主义者开始使用了一种不同的语言。这个善并不是在任何所知的意义下的善,仅仅因为它是属于卓越的善。它比德行、美丽和领悟不是更少些,而是更多些。于是,成为善的,和具有为其他价值所丰富了的善,这实际上是比善更多了些;但是由于超越了善而在善中所没有的东西,多于善而不是善的东西——这便超过了理解。然而,明显地这个深刻和错误的含糊用语却存在于一切柏拉图派的神秘主义的根源之中。

关于这样的思维程序，狄奥尼修斯，这位基督教徒的新柏拉图主义者的神学曾提供了一个美妙的例子。我从贝克莱的记载中引用一段。

"在他关于天国的论著中，他说：神是超越于一切精蕴和生命以上的东西；而且在他关于圣名的论著中，他又说：他是超越于一切智慧和悟性之上的，是不可名状的和不可称谓的；他把神的智慧称为一种不可理喻的、非理智的和愚昧的智慧。但是，他又说他之所以用这种奇怪的方式来表达他自己的理由乃是因为圣灵的智慧乃是一切理性、智慧和悟性的原因，因而一切智慧和知识的宝藏也都包括在内。他把神称为绝顶聪明的（ὑπέρσοφος）和超然存在的（ὑπέρζως）；似乎智慧和生命这些字眼是不配表达神圣的完善的；而且他附加地说：这些非理智的和无知觉的属性归之于圣灵，必须不是把它当作缺陷，而是当作卓越；他用我们把不能达到的光明称为黑暗来说明这一点。"①

当它企图给与其第一原理以具体的充足性时，绝对主义又因而从一种错误走向另一个错误——从形式主义走到了用语含糊。经验所具有的真实的一般的或逻辑的因素已经证明了对于它们所由发现的那些复杂的对象而言，它们是不充足的，而现在在一定限度以内确是充足的概念又由于超越于那些限度当作一种符号或比

① 贝克莱："渺小的哲学家"弗拉塞尔版，第2卷，第182—183页。贝克莱的注解如下："总之，他的表达在变动着，概念在缩减着，用荒谬的话来澄清疑惑，用陷于不自然的矛盾的办法来避免困难，这个方法虽然也许可以从一种好意的热忱出发而运用着，但是它似乎是不符合于知识的。"

拟来加以运用因而变成含义模糊的了。

§4. **绝对主义的武断性。不可知论**　　因此,这个最一般的、最充足的原理的性质始终是成问题的,因为最一般的范畴乃是不充足的,而最充足的范畴在一般性方面又是有限的。那么对于这一原理的证明将怎样加以说明呢?有人申辩说,知识所使用的原理是允许有程度上的差别的;只有当这个原理达到了一个最高限度时知识才能够是完全的;而且既然我们一定要赋予实在以它在完全的知识中所获得的这个特征,我们就一定要用这样一个最高限度来界说它。然而,看来,知识所使用的这些原理并未达到一个最高限度;而且如果把它们的这些限制都移去了,那么它们就会立即失去它们的意义。

让我们再回到柏拉图的事例上来。他会说:只有在我们认为事物是善的时候我们才认知它们;而且他会进而推论到它们的绝对善。但是在这种知识的每一个可以证实的事例中,事物所具有的善乃是有限度的。因此,例如,一位聪敏的统治者的行动是善的和理智的,因为它符合了社会生活的需要和具体的历史的迫切需求。不涉及这些有限的条件,就不可能说明这位统治者的善;而且如果有人认为那样涉及有限的条件是妥当的,那么也就会认为这种界说的方法是不当的。没有根据来肯定有这样高度的一种完善的情况,它将不受任何条件的限制。

如果运用一个更为一般的价值概念,这个情境实质上也没有什么改变。假定我们用社会的需要来说明这个统治者的行动,然后再用人性的需要来说明这些行动。然后,按照柏拉图的方式可以把社会生活本身理解为表达人类的理想精蕴所必需的活动组织。但是即使如此，虽然用人的本性可以来说明人的行动是善的，但是对于人的理想精蕴本身还需要用完全非目的性的范畴来加以说明。而且如果这样被认为是恶性循环的，那么整个的方法也就是恶性的。同样，任何用目的性的原理去认知的事例都要领会和接受某些不为这些原理所决定的因素。我们没有理由来设计一个全善的善或一个彻头彻尾是有目的性的目的系统，因为这是跟善和目的性的意义相矛盾的。

如果我以斯宾诺莎的数理-演绎的逻辑去代替柏拉图的目的论的逻辑，绝对主义也没有得到更好的成功。斯宾诺莎认为，实体这个概念就蕴涵有一个绝对实体，它是"自根自本"的，因为它的"义蕴包含有存在"；它是"无限的"，因为在其界说中它包括有一切的属性，而且蕴涵着作为其形态的一切事物和事情[①]。但是显然，正如没有可以用善来界说的绝对的最高限度一样，也没有可以用演绎的必然性来界说的绝对的最高限度。实际的人类知识的演绎体系乃是这样的，即在这些演绎体系中，如在欧几里得几何或牛顿的力学中一样，公理、准则、不可界说的东西等——即非从演绎得来的名词和命题——是极少数的而后果是丰富的。研究者无疑地是尽可能使它们愈少而后果愈为丰富愈好。但却没有一个演绎的原理，去决定它们将是多么的少，或多么的有丰富后果。作为斯宾诺莎体系基础的演绎法很清楚地需要有一些不是演绎得来的因素。这些因素彼此之间有一定的简单关系，如有差别等；但是它们并不是受这个体系本身的原理所决定的。既然如此，那么要推论

---

① 　斯宾诺莎：《伦理学》，第 45 页；又见第一部分。

出一个绝对的体系而在这个体系中每一因素都将是推演出来的——在这样一个体系中,由于超越了演绎的力量,使演绎特有的条件都给排斥掉了——这显然是可笑的!

或者说如果这不是斯宾诺莎的真实意图,那么即使推论说将只有一个演绎体系,这也仍然是徒劳无益的。我们不妨假定有一个普遍的整体;①但是有没有任何理由说它应具有一定程度的演绎的统一性呢? 有什么理由说那个整体不是由于许多彼此有关的体系所组成的,如在这几个体系以内的非演绎性的因素那样呢? 现在如果有人辩论说,这等于肯定有一个单一的包罗一切的体系,而那些特殊的体系,如几何学、力学、伦理学等等,将是那个包罗一切的体系的公理,那么我们只要注意到这个主张是毫无意义的就够了。至于这几个体系,以及那些超越于知识以外的体系,是否将形成一个高度融贯的或者只是一个稀松的集合体系,这个我们并没有根据来加以决定。它们结合起来所蕴涵的只是它们分别所蕴涵的东西,这完全是可能的,除非它是它们所蕴涵的一切的集合整体。换言之,我们只有理由说,如果我们知道了全部的这些第一原理,我们就能够推演出一切的对象和事情。没有一位有自尊心的哲学家会麻烦自己来证明这一点,确实,斯宾诺莎也并不是要肯定这样一个细微而明显的命题。但是这个两难式是不可避免的。或者他是局限于那个结论之内,否则,他就必然会受到这样的责备:即他企图推翻他自己的逻辑——即试图用谴责演绎法本身的办法

---

① 根据的理由是说这个宇宙的一切组成部分必然在某种方式下是"关联着"的。关系并不意味着有依赖和统一的情况,这是"多元论"的主张。这个争论将在下面进行讨论,见本书第262—266页。

来寻求证明一个绝对演绎体系的论点。

因此,绝对主义的证明是完全失败了,因为事实上,无论目的论和演绎法都没有阐明一个绝对的最高限度或理想。而且这个失败还隐藏着一些严重的后果。因为要证明"绝对"知识的必要性,实际上对于知识的现实的事例便不信任了。换言之,绝对主义的程序不仅包含着不一致和失败——它还包含着不可知论,即否认实证知识,而代之以一个不现实的设计。它鼓励着全盘谴责科学并在哲学中建立一个不负责的和专断的程序。

于是,这便成为绝对主义在康德时代的状况了。在一种冥思武断的兴趣之下,急于要构成一个最一般的和最充足的原理,它忽略了逻辑在本质上的形式性和抽象性(对于这一点的发现乃是它的伟大成就);对于伦理的、物理的和其他的概念,它由于使之过分一般化而违反了它们的意义;而且由于任意地肯定了关于理想的知识这样一个有问题的概念而忽视了现实的知识。现在我们就要考虑现代唯心主义,借助于康德的洞察[1],是否在避免形式主义、用语含糊和武断主义中获得成功。

§5. 过渡到绝对的唯心主义。绝对的认识意识　　如我们所已知的,有一种单纯"批判的"康德主义,也有一种形而上学的康德主义。[2] 一种批判的或严格逻辑的康德主义推崇这位哲学家,因为他重新发现了范畴以及他对它们的完全的陈述和系统的分类所作出的贡献。如果因为这个解释和唯心主义的形而上学没有必然

---

[1]　只要"绝对唯心主义"和客观的唯心主义是等同的——它就是从康德,而不是从贝克莱发展而来的。

[2]　见本书第七章,第5节。

的联系而把它搁置一边,那么便只剩下一条选择的道路了。如果康德的首创性并不在于他陈述综合统一性这个范畴,那么它就一定在于他主张的这个范畴和其他范畴乃是由意识所供给或制订的。而事实上,这个主张是一切形而上学唯心主义的学派所同意的。①

我们现在所论及的不是这个主张的优点,而是它对绝对主义的影响。当它跟绝对主义联合起来时,便产生了所谓"绝对唯心主义"的这种哲学。实在是用一种绝对的认识意识(Absolute Cognitive Consciousness)来加以界说的,而这种绝对的认识意识,既按照唯心主义的解释,是在一切所知的事物之先的,而又按照绝对主义的解释,是一个最高限度或理想。柏拉图的绝对善和斯宾诺莎的无限实质便因而为黑格尔的"绝对观念"所代替了;并且为这些当代的概念,如罗伊斯的"包括有一切可能的经验的绝对组织起来经验"或如乔基姆所描述的"一个而且是唯一的"理想经验所具有的"绝对自给的、绝对自足的意义"所代替。② 那么让我们来探讨一下,像这样的唯心主义的绝对主义是否避免掉了早期绝对主义的形式主义,用语含糊和武断主义。

§6. 绝对唯心主义中的形式主义 绝对唯心主义者,像康德以前的绝对主义者一样,必然要转向那些具有最大限度一般性的事物特性。像他的先驱者一样,他依靠逻辑的范畴来界说他的普遍原理。而且他的普遍意识又必然是唯独用这些范畴来加以界说

---

① 见本书第 165—167 页。
② 罗伊斯:《神的概念》,第 31 页;乔基姆:《真理之本质》,第 78 页。

的,因为没有其他的属性将会达到它的这种无限的一般性。已经具有了根本重要性的康德式的范畴,据我们所已知的,就是综合的统一性或系统的完整体那个范畴。于是这个绝对的意识通过对它们的思考或意愿而赋予了一切事物以那些有决定性的相互关系,借助于这些相互关系事物便形成了一个一致的和有秩序的宇宙。这个世界乃是被思考着的或被意愿着的一个有系统的完整体。

文字就有这样的力量,使这一点听来好像是一个重要的结论。然后它所解释的又是这样的微细,以至无论一位科学家、道德家,或宗教信仰者都会有理由毫不犹疑地接受它。因为无论是对于科学的、道德的乃至宗教的争论,它都完全是无所主张的;它跟任何东西都是一致的。当唯心主义者再进一步列举一些附属的范畴,如差异、同一、性质等等,而绝对意识便通过它们把事物的联合变成一个有系统的整体时,他势必要跟逻辑学家进行商讨,但他仍然能够安然无事地不为其他的任何人所注意。换言之,如果一定要把意识加以概括,它就必须用逻辑的名词来加以界说;而当它是用逻辑的名词来加以界说的时候,它就要被用来解释经验的逻辑因素,而不涉及任何其他的东西。如果要解释经验的其他方面,我们就不能不涉及其他的东西,而且不可避免地将会如此,因而就不能不用到一些不很概括的原理。

唯心主义在其逻辑方面愈是精密细致,它就愈丧失其实用的价值,丧失它在生活方面应用和适应的丰富性,这一点是有重要意义的。曾有过一个时期,唯心主义者们相信能够赋予一个普遍的逻辑价值以精神所具有的特征,因此,认为自然和历史也具有这样的特征。但也曾有一种继续增长的趋势废弃关于精神的逻辑;而一方面接受一些一般的形式范畴,如"关系"、"统一"、"融贯"等;另一方面则接受科学现有的特别范畴。在这样把他们的普遍原理形式化和中立化之后,唯心主义者们已经改进了他们的逻辑,但同时也牺牲了他们的形而上学。旧有的关于艺术、文学和生活方面的唯心主义,即独树一格的唯心主义曾为唯心主义者们自己所贬责。

因此,黑格尔的弱点,从后来唯心主义观点看来,不在于他的一般的程序,而在于他大胆地把它贯彻到底的这一事实。他作了太多的正面的肯定。黑格尔确实对自然的演化、历史的发展、国际的政治等方面作了积极的陈述,这个事实说明了他的哲学是具有重大的人类后果和成为许多的灵感的源泉的这一事实。但是今天唯心主义者比任何人都要在先指出:黑格尔铸成一种错误,他把"心理的"范畴强加于自然和历史身上。他试图从精神的规律推演出现实的宇宙过程;而现在一般地都认为他已经失败了。除了唯心主义者之外,大家都认为他的失败是由于这个设计本身的错误;但唯心主义者却认为这是由于黑格尔的范畴并不是纯逻辑的这一事实。

新的办法就是一般地把精神和"综合的统一性"等同起来,而其余的东西便和现有的事物等同起来。① 于是假使你需要比较确

---

① 或者说是跟不是它们现有情况一样的事物等同起来。布拉德莱是不相信科学所有的特别范畴的,在他看来,有效的特别范畴一定始终是成问题的。见本书第 180、160 页。与此联系的,见麦塔格:《黑格尔辩证法之研究》,第 7 章。这位作者承认黑格尔的关于自然和历史的哲学是站不住脚的,他说:于是辩证法的实用价值在于证明一个一般的原理("逻辑所给我们的一个抽象的确定,即一切实在的都是有理性的和正义的"),而这只有在很少的情况下能适用于特殊的方面或用为行为的指导,而且在那些方面是很不确定的。又见本书第 159—161 页。

切的说明,你就必须等待着科学家们,历史学家们和其他的人们来发现事物实在是什么东西。但世界上早就在这样进行着活动。唯心主义者所享有的唯一好处就是希望有一天当一切都得到回答的时候,他就可以胜利地站起来,说:"那就是绝对的精神"。但是在目前,他必须和我们其余的人一样等待着,或者他亲自要从事于研究自然和生命的这种比较低微的工作。

费希特主义和浪漫主义的倾向逐渐失去了它的重要性,这也提供了一种类似的情况。人们现在不会期望一位正统的新费希特派来宣传一个国家的兴起。在今天卡莱尔和爱默生不会有口味来解释"超个人的意志"。其理由在于这个事实,即绝对的意志已逐渐归结为一个想把事物成为它们现在这个样子的意志,或者毋宁说,已逐渐把它归结为这样一个意志,事物乃是由于这个意志而变成它们现在这个样子的。曾经假定过,意志的原始性,或天才的创始性乃是与一个人战胜他的环境的力量有关的。唯心主义就是信赖自己的这种宗教的证明。作为一个唯心主义者,一个人可以用他的情感来代替外在的机械科学的范畴,而在自然的坚实外壳的背后看出有一种对他自己的期望的反应。他可以肯定他自己,但也可以宣称这个世界就是他自己的。唯心主义就是证明人类精神胜过它的敌人的这个信念——即个人胜过权威,民族胜过其征服者,人类胜过命运的这个信念。

但是这个动人的唯心主义,由于它的拟人主义而已为人们所谴责。它的主张是这样的具体,以至易于遭受驳斥。这个宇宙并非必然对任何历史的个人利害有所反应。于是,假使我们要坚持把"意志"作为存在的产生条件,它不能是你的意志或我的意志,因为这些意志偏向于特殊的主张,而对于这些特殊的主张乃是在中立状态中的事情所不去涉及的;它必须是一个"超个人的意志",其本质的特征乃是它将意愿事物成为它们现有的这个样子——无论它们是什么样子,就是什么样子。

明斯特贝格教授问道:"我的意志能否追求实现一个与我个人的利害无关的目的,而我之所以意愿它,乃是因为我进入了这个独立世界的意志和情感之中,而且因为如果它的目的变成现实,我就感到满意的呢? 显然,只有如果满足了两个条件,这一切才是可能的:这个客观的世界必须有一个它自己所有的意志,而且它的意志必须把它自己强加于我身上,因而必须变成了我自己的愿望。"换言之,要有一个根本的意志动作,即要有"一个世界存在的需要"。以后剩下的乃是有关于逻辑必然性和经验事实的事情了。"因为每一个想要有一个世界的人,一切由于这种经验之自我肯定所产生的关系,都必须被承认对这个真实的世界而言是绝对有效的。"①

但是这样一个"世界之自我肯定"跟浪漫的信念通常所承认要表达的那种无所偏袒或无所区别的情况,除了在名义上以外,又怎样的加以区别呢? 人们从这里想起了海涅把天主教描写为"在神和魔鬼之间的一种和约——即在精神和感官之间的一种妥协,在这里,在理论上,已经颁布了神的绝对统治权,但是感官却在实际上享有着它的权利。"②同样,现代较为严格的费希特主义学派,在

<hr/>

① 《科学与唯心主义》,第 31—32 页,《永恒之价值》,第 75 页,第 78 页。
② 海涅:《散文选》,艾里士英译本,第 155 页。

逻辑的和科学的动机的影响下，实际上已经把意志归结为对必然性和事实的承诺。"纯意志"、"对世界唯一'先验的'东西"乃是"寻求同一性的意志。"①换言之，作为最高的逻辑范畴的"同一性"这个形式的原理，以及在科学中的秩序原理，实际上成为唯一足以界说精神之意义的全部东西了。

因此，对价值的"永恒性"或"普遍性"是这样从形式上去加以理解的，以致它对于道德和宗教上的争论的真实意义已不发生什么影响。在人们实际上所争论的这些价值中，绝对唯心主义保证了最后只保留一个，即一个世界秩序的逻辑价值。使意志赋有逻辑的普遍性的企图导致把意志归结成为逻辑了。但是在这样理解之下的意志，虽然它可以宣称具有普遍性，但同时从生活方面讲来，它必然是不充足的和不确定的。②

§7. 绝对唯心主义中的用语含糊　　绝对唯心主义，在严格的解释之下，只是由于首先把精神归结为逻辑之后才成功地把实在建筑在精神的基础之上，这是事实。虽然如此，但它却曾被认为，而且仍然被认为，是对于宗教信仰的一种证实。我深信，只有借助于从宗教传统中借用来的而且并不严格顾及其意义的名词所具有的那种有暗示性的力量，这一点才是可能的。换言之，唯心主义，像康德以前的绝对主义一样，只有在陷于更为严重的用语含糊的

---

①　明斯特贝格，前引书，第79页。

②　见本书第162页、第163页。价值之"永恒性"可以被认为是说，价值的真正判断，如其他真的判断一样，必然具有客观的效用性，或者在某种意义上讲来，独立于个体的能判断的心灵之外的。但是这对于什么是有价值的东西这个问题，或价值是否会流通这个问题都是没有影响的。因此对道德和宗教，它都是无所肯定的。见本书第362—368页。

错误之中时，才似乎逃避了形式主义。

在唯心主义中用语含糊的根本情况乃是它利用通常指人类意识所特有的形式的那些名词，如"思维""意志""人格"和"精神"。无论一般的意识有什么意思①，意识在道德和宗教方面的意义乃是跟那样一些因素结合在一起的，即如果要把意识这个概念用来作为一个无限制的概括的话，就必须把这些因素排除掉。因此，"思想"暗示着在生活中有一个发展的阶段，是使人从他的较大的环境部分中区别开来的一个特性；但是一个普遍的思想，一个绝对的观念，必然是跟整体共存的——在人的目的中所显示出来的跟在自然的机构中所显出来的是一样的。的确，愈是强调思维的普遍性，便愈是迫使人们宁可把它跟自然等同起来，而不跟人等同起来。"意志"这个名词不可分隔地附属于在面临漠然无关的情景时和在许多其他友好的或敌意的意志之中对于特殊的利害关系所作的那种肯定。但是一个"超个体的意志"就必须跟一切特殊的利益关系，并且跟它们的环境完全相符一致。其超越个体的特性在环境中比在个人利益本身之中有较为优越的显现。同样，"个人的自我"系指在"内在世界、共同世界和外在世界之间"的一种协调一致。但是明斯特贝格教授却建议把三者所由演化出来的这个根本原理理解为"没有个性的自我"。他写道："我们可以用'超自我'来指它。所以当我们经验中的个人因素的关系被减去时，立即就达到了这个超自我。在另一方面，当这个超自我把它自己置于一个有限的个人自我时，其未曾分化的内容便必然立即分解为一个自

---

① 见本书第十二章。

我,一个共同的自我和一个非我。"①

在这儿,这些形容字眼如"越过""超过""绝对的"等,"当作优越"的意思和一些名词接连在一起,在大多数的事例中,实在是已经改变了它们的意义。但是既然"思想""意志"和"自我"这些字眼仍然还保留着,不疑心的常人就自然以他所熟悉的意义去理解它们,即以他能在他自己的经验中证实它们的那种意义去理解它们。这些以及其他类似的名词的暗示意义必然不可避免地胜过了它们在唯心主义哲学的讨论中所具有的那种专门意义。常人从未真正信任过占卜师的话。所以他总是易于相信,文明一定会胜过机械的宇宙,善一定会胜过恶。他深信,绝对体是站在他这一边反对他的敌人而且答应给他胜利。他并不怀疑,这样一个存在物必须从界说上对任何问题无所主张,是一个不偏不倚的造物者,是一个按照事物的样子,对事物的旁观者。

唯心主义所曾陷于错误的最显著的用语含糊的情况就是它对"善"和"恶"这两名词的利用。甚至在唯心主义试图获得对问题之解答的设计中也包括有用语含糊的情况。恶构成了一个问题,因为它反对、滞碍或击败了善的意志。如果恶不是在这个意义之下不可调和地与善为敌,而且从界说中善就是与恶相矛盾的,那么就不会有什么问题。在这儿,按照唯心主义的意思来解决这个问题,

①　明斯特贝格:前引书,第395页,第398页。在一切绝对唯心主义者之中,布拉德莱最一贯地避免了这样一种程序,结果,他的第一原理似乎完全是没有什么特征的。关于他对自我的讨论,见《现象与实在》,第10章,特别是第114页。十分配合批判唯心主义者们的口味,一个"非心理的主体"的概念为这个程序提供了一个卓越的事例。见本书第149、165、167页。

就要发现一种方法把恶视为是可以导致于善的,是对于善"有好处的",是整体的一个部分,而整体由于有了它的出现而更好一些。但是这样一个设计必然要对善有一个新的界说,在这个界说中,旧的善由于恶的共谋而被中立化了。而不可否认地对唯心主义所陈述的绝对的善的一切解释都是如此的。[①] 善和恶在一个新的关于价值的概念中联合起来了,而这个新概念的义蕴即蕴涵着善恶两者。现在假定可能陈述这样一个概念,而且赋予它以绝对主义所需要的那种无限制的概括性,然而要称之为善而不陷于用语含糊,这确实是不可能的。因为那个名词将会继续暗示有现在把它理解为其片面的一个方面的意义。而这个新概念之所以看来是对原来问题的一个解答,也仅仅是因为它有这个暗示的意义。它似乎是肯定了善对恶的一个胜利,而实际上它仅仅肯定了在这两者之间的一个持续的和可疑的战斗,它曾允诺要从这个情境中解脱出来,但却又给予了这个情境以一定的固定性和最后性。

　　引导绝对主义用语含糊的同一动机也使它导致神秘主义。因为神秘主义公开承认,第一原理是不能确切地加以刻画的。用语只能对超越于它们的确切意义范围之外的经验有所暗示。因此,企图避免形式主义和不可知论的绝对唯心主义者们和承认自我、意志、意愿都包括有不能归之于绝对体的关系和限制的绝对唯心主义者们如麦塔格等便只得采用一些对精神比较不很明确的说法,如"爱"等。他借助于这种模糊的情绪来试图"指出有一种超越

---

① 见麦塔格:《黑格尔宇宙论之研究》,第 6 章,特别是第 182—188 节。我在讨论多元论时将再回到这个题目。见本书第 266—270 页。

于一切知识和意志而发现一个无所不包的统一体的可能性,而这个统一体恰恰不是真的,恰恰不是善的,因为一切的真和善都仅仅是其绝对完善境界的一些歪曲了的阴影而已——这个绝对完善的境界乃是'不可理解的,因为它就是这个概念的本身'。"①

绝对唯心主义这种易于陷入的用语含糊的毛病很难说是一件偶然的事情。它是努力避免形式主义的结果。如果能够严格地避免用语含糊,对于这个最一般的原则,除了给予它以抽象的和不充足的逻辑范畴以外,便没有什么内容了。

§8. 绝对唯心主义中的武断主义 现在我们还要来探讨一下绝对主义是否能够借助于唯心主义来避免武断主义。对绝对主义的证明,如我们所已经知道的,依赖于意味着有最大限度的知识。必须假定:好像一条曲线可以从几个点上勾画出来一样,一个前进的过程也能够从人类知识的几个事例中加以说明。而且必须假定,这个过程,在这样的说明之下,要把一种最高的或最后的知识当作是它的最高限度。② 当我们采用了唯心主义的原则而且假定实在是可以满足认识意识的要求的时候,我们因此就可以把认识意识的最终要求或理想说成是实在所具有的属性。

当我思考的时候,我实际上把什么当做是思考的完满的成就呢?从我所试图避免的这些限度的本身,我可以推论出什么无限的认识成就呢?让我来引用两位拥护这个主张的先生的话吧。乔

---

① 麦塔格:《黑格尔宇宙论之研究》,第 292 页。

② 对于像我们所具有的这样一个发展着的意识的这个观念本身就意味着说,作为一种理智,它事先要承认完整体这个观念。(凯尔德:《唯心主义和认识论》,第 8—9 页。)

基姆先生写道:"真理乃是系统的融贯性,而这是一个有意义的整体的特征。而我们便进而把一个有意义的整体跟'一个自足自给的、被组织起来的个人经验'等同起来了。然而只能有一个这样的经验:或只能有一个有意义的整体,而它的意义乃是自足的。因为所设定的就是绝对的自足,绝对自足的意义;如果没有绝对的个体,——没有这个唯一的完全完整的经验——,就没有其他的东西能够满足这个设定的要求。而人类的知识——不仅仅是我的知识或你的知识,而是世界上在其任何发展阶段上都是最良好的和最完满的知识——显然并不是在这个理想地完满意义下的那样一个有意义的整体。所以在我们的记载中所描述的这种真理——从人类智慧的观点看来——乃是一个理想,而一个理想本身或在其完善的状态之下都永远不能成为像人类经验那样实现的东西。"①

或者,和罗伊斯的陈述比较一下。"首先,我们所要知道的实在总是要被界说为那种呈现于或将会呈现于我们在理想中认为组织起来的——即统一的和显明合理的那样一种经验中的东西。……超过了这个方向的限度,我们能够相应地说:所谓绝对的实在我们或者只能是指呈现于一种包含着一切可能的经验的,绝对组织起来的经验之中的那种东西而言,或者只能是指将会呈现出来作为这种经验的内容的那种东西而言,如果有这样一种经验的活。"②在另一个地方,罗伊斯教授把这个"绝对组织起来的经验"描写成为"一个作为一个整体而呈现出来的个体生命。"他继续地

---

①　乔基姆:《真理之本质》,第 78—79 页。

②　罗伊斯:《上帝之概念》,第 30 页,第 31 页。

说："这个生命既是一个完备的经验，也是一个完备的意志，符合于任何一个有限观念的意志和经验。"他结论说："有（to be），就其最后的意义讲来，即指这样一个生命而言，这个生命是完全的，呈现于经验的，而且在追求完善的过程中是可以得到结果的，是每一有限的观念，每当它要追求任何对象时在其本身范围以内所要追求的完善的境界。"①

这些话能使我们赋予这个认识的理想一些什么内容呢？例如，这些话是否仅仅意味着说，它是"包含着一切可能的经验"，它是关于每一事物的知识呢？如果这样的话，那么绝对唯心主义所做的仅仅是在这个总体的实在之上加上了一个包括这个总体实在的能知者。而这一点对于这个总体实在的本质丝毫也没有什么说明；对于为什么应该有这样一个对事物如此观望的旁观者，也没有什么特别的意义。

或者，这些话是否仅仅意味着说，这样一个对每一事物的能知者必然享有一个"完全的意志"，或完善的满足，而它又是人之易陷于错误的心灵所不能达到的？如果这样的话，那么我们就可以注意到，这个完善的满足状态乃是相对的和不确定的。每当一个人被一种所谓"神圣的不安"所骚扰时，他确实经验到这个完善的满足状态。如果有人反对说，人的满足状态，不管它内部是怎样自足的，但总是不完善的，那么这就必然是因为他的理想还不够高。绝对体经验到最高的认识理想所具有的这种完全的满足状态。但这个最高的认识理想又是什么呢？现在我们就不能再仅仅用满足来

---

① 《世界与个体》，第 1 编，第 341—342 页。

答复这个问题了。可以这样说,最高的认识理想乃是对每一事物的认识,而在这种情况之下,这个绝对体乃是对于认识一切事物得到完善满足的实在。但是这样一个绝对体,即使有任何肯定它的根据,将会跟无论任何一种类型的世界是一致的。

事实上,对认识的理想的这些说法都并没有利用绝对主义的原理本身。它们只是运用了唯心主义的基本原理,在这个现有的世界之上加上了一个支持它的意识。既然我们一定要设定一个总体,而且既然根据唯心主义,事物不能不被认知而有存在,那么就势必要有一种适应于这个总体的知识。但是如果绝对主义原理本身具有任何优点的话,它就必然有可能不仅仅在数量上来说明一个认识上的理想,不仅仅是对每一事物的认知,而且是对每一事物的一种完善的知识。从它较好地认知到的东西,就必然有可能推论到它最好地认知到的东西。理想的经验乃是在这种意义下的一个最高限度,这一点乃是乔基姆和罗伊斯这些作者们真正的中心主张。为了澄清这种主张,使之不致陷于混淆,我已经讨论过了其他可能的情况。

乔基姆先生的“理想经验”是“完全自我融贯的”,而罗伊斯教授的则是“绝对组织起来的。”[①]“融贯”和“组织”在实质上是没有差别的;而它们和康德“综合的统一性”的概念是相等的。这三者都是表达同一个观念,而这个观念在唯心主义学派以外是用“系统”这个字眼来表达的。现在的问题是:这个概念是否说明了一个最高限度?论及绝对的融贯、组织,或系统,有什么意义?

---

① 乔基姆:《真理之本质》,第 114 页;罗伊斯:《上帝的概念》,第 31 页。

这些表述似乎还有些意义,我认为,这是由于所用的这些名称具有一些含糊的在数量上的示意。因此,可以似是而非地说,一个活的有机体比一个沙滩要融贯些,因为在它的部分之间互相的牵连较多而在机能上相互间的依赖程度也较大。一个人在前一种情况中较之在后一种情况中更多地从每一个因素对所有其他因素的关系中看清楚这一因素。同样,可能假定一个集体比一个活的有机体甚至更加融贯些。但是在这一点和假定有一个绝对融贯的统一体这两者之间却有一道不可计算的鸿沟。一个融贯的整体一定既要包含有关系,联系和统一,也要包含有诸部分的单个性和多元性。但是在这个融贯原理本身中却没有任何东西足以说明在统一性和多元性间有怎样的比例,将会构成这个理想的融贯性。因此,坚持这个宇宙,在一般逻辑的基础上,一定要被理解为一个融贯的整体,这即使就这个世界的统一性来讲也是没有真实意义的。假定承认一切事物必然是关联着的。这儿仍然还遗留着有一个问题:这些全面铺开的关系对于在这种关联下的各个事项到底说明了多少呢?这些事项不能完全用这些关系来予以说明,这是明显的;而且为了满足赤裸裸的关系统一体的要求,它们也不具有任何一定程度的意义。即使承认这个世界乃是一种在杂多中的统一体,或在变化中的永恒性,但从一个有生命的统一体到一个稀松的集合体之间仍然有各种可能的变化。

我想,在这个完整的程序中也包含有混乱和错误,这是不难证明的。无论在怎样的被给予的知识状况之下都不可能说:"由于这个,我有所认知;由于那个,我又无所认知。所以,如果完全用这个去替代那个,我就会无限制地去认知。"在知识中并没有负的因素,如多元性、不相关联、不融贯,或无意义。只有当我不知道的时候,即当我模糊或不明白的时候,便有一个负的认识因素。当我正面地和清晰地认知时,认知的条件完全得到了满足。而从这一点只可能推论说:事物明白地和确定地就是它们现有的这个样子——这一个结论对绝对主义或唯心主义丝毫也没有什么帮助。

因此,绝对主义对于它和唯心主义的联盟既不是更为有意义些,也不是更为有效用些。现在,这个绝对体,和从前一样,只是逻辑的构成物——足以用它来满足形而上学上的要求的地方太少了。借助于逻辑范畴所界说的一个绝对体无疑地是最一般的,但是太形式或太抽象了,不足以解释任何事物。逻辑本身也产生不了一个明确的理想;即使这样一个理想还有问题,但也许可以这样设定,甚至这一点也不行。

§9. 唯心主义的概述。唯心主义和文明　一个完备的和圆满的唯心主义包括有两个原理:意识的先在性和这样一个冥想的理想的有效性。其中心的概念就是绝对的精神;它是精神的,制约着其对象的存在;它是绝对的,构成了每一人类的愿望所将获得的最高满足。以上我们大部分已经研究了它的证明,对于这个问题,我们不再继续了——在结论中让我们来概述一下,作为一种人生哲学和宗教哲学,它所具有的重要意义。①

首先,要注意,唯心主义对于文明所具有的现代民主的概念并非从内心给予同情的。确实,唯心主义乃是一种理想化的哲学。但是这个哲学所赞颂的理想并不是通过人类征服自然,逐渐改善

---

①　请将以下所述与对实用主义的一个类似的概述对比一下。见第十一章,第7节。

生活；而毋宁说，一开始就是而且将永远是一个完善的境界。具有今天最大特征的信仰乃是信仰为一个开明的和团结的人类，不顾实在的阻碍和无能所可能达到的成就。[1] 在另一方面，具有唯心主义的最大特征的信仰乃是信仰一切事物都为了发扬光大一个永恒的精神生活共同地活动着，而不顾种种现象。

责备唯心主义，说它过于是个人主义的，这也许看来似乎是荒谬的。然而绝对主义的哲学却自始就是如此的。因为它们强调个人生活和普遍生活之间的关系，因而倾向于轻视社会。柏拉图和斯宾诺莎，当他们涉及生活的根本动机时，曾经企图使人们从社会关系中退缩出来，而使他们通过玄想和冥思，直接和上帝发生联系。不错，唯心主义曾强调过社会关系对于一个发达的自我意识乃是不可缺少的东西；但是这个社会化的自我仅仅是实现那个绝对自我的一个步骤而已，而人们却在被鼓励着在那个绝对自我中去寻找他们的真正世界和唯一真正的实在。[2] 而且正如唯心主义趋向于不同情把人类社会当作是精神生活的活动力的这个流行的看法一样，它也趋向于不相信进步乃是衡量完成工作的标准的这个补充的看法。不错，唯心主义的确是强调历史的发展，但是那是属于这样一类的历史发展，即在这样的历史发展中，价值不在结果

---

[1] 见本书第 7 页。

[2] 见罗伊斯：《关于善与恶的研究》一书，"自我意识、社会意识和自然"一文。有一个唯心主义的学派，曾企图否认这一点；见斯特尔特编：《个人唯心主义》；和豪伊森：《进化和唯心主义》。这个主张严格地根据唯心主义是站不住脚的，我想，这一点曾由于罗伊斯成功地驳斥它而得到了证明；见罗伊斯：《上帝的概念》一书中在罗伊斯和豪伊森之间的讨论。以实用主义为基础的个人唯心主义或"人本主义"是另一回事；见本书第 283 页。

而在进步的本身;而且在这样的历史发展中历史成就的优点与其
说是真实的,毋宁说是表面的。黑格尔说:"无限目的的满足仅仅
是把那种使它看来似乎尚未完成的幻觉移去而已。善、绝对的善,
在世界上是永远在使它自己成功的;而结果是:它并不需要等待我
们,而无论在含意上和在完全的实际意义上,都是业已完成的。"①

§10. 唯心主义中普遍化或平衡化的倾向　霍布豪斯先生,
在他对唯心主义的有名的控诉书中,写道:"的确,如果说,唯心主
义对于世界的一般影响主要的是丧失了学术上和道德上的诚实
性,使人们在他们的良心里原谅自己相信在通常的意义上是他们
所不主张的东西,磨去了在善恶是非之间一切尖锐对比的棱角,掩
饰着愚昧无知、偏见以及种族观点和传统思想,削弱了理性的基
础,而且使人们厌烦对他们习惯的思维方法进行探索分析,这是并
非过分的。"②

琼斯教授,在答复中,我认为,是真正触及了攻击的痛处。"唯
心主义拒绝承认有绝对的差别,把一切差别都归结为相对的差别,
或在一个统一体以内或属于一个绝一体的差别,对于一个通常的,
带有片面性的思想方法的批评者而言,唯心主义一定似乎是没有
说明它们。"批评者"将会使每一个问题通过一个明白的'是'或
'否'来得到回答。"③换言之,他反对在唯心主义中的这种普遍化
或平衡化的倾向。他宣称:由于他肯定事物只有在一切事物的统

---

① 《哲学全书》,第 212 节,华莱士英译本,《黑格尔的逻辑》,第 351—352 页。

② 霍布豪斯:《民主与反动》,第 78—79 页。参考和注解,见摩尔莱:《杂记》,第 4
集,第 261 页,詹姆士:《多元的宇宙》,Ⅱ,和琼斯:《社会改革家的有效信仰》,第 7、8 章。

③ 琼斯:同上书,第 218、208 页。

一体中才发现了它们真实意义,因而这位唯心主义者实际上已经废弃了这些指导经验和实践的智慧的明显的差别和不可调和的对立。

而我想,这个责备在实质上是公平的。不错,唯心主义并没有赋予一切事物以同等的意义;但它却赋予一切事物以必要的意义。和绝灭的哲学相反,它在本质上是超度一切的哲学,它赞助这样的假定:即一种比较深刻的洞察将会使得为通常的鉴别所拒绝接受的东西重新恢复起来。它超越于各种区别的水平之上,而注意到这个世界的广阔的综合性的特点。我认为,唯心主义中的这个普遍化的倾向说明了这个有意义的事实;即唯心主义对于解决特别的问题,如心身关系,是没有什么贡献的;而且因为对于在经验上的特别发现,例如像现代心理学的那些发现一样,它是比较缺乏兴趣的。但是它也说明这个更有意义的事实:即唯心主义并没有真正触及那些宗教所涉及的特别争论之点。

因此,关于不朽这种宗教信仰乃是起源于一种特殊的和明确的孤独之感。它的根源是惧怕绝灭,惧怕断绝联系和停止眼前有益的活动。不朽乃是一种特有的恩典,借助于这种特有的恩典,人希望他在死亡这个自然历史的事情之后会继续活下去。唯心主义保证一个人,认为无论他的生命长短,它总是"目的的一个独特的体现。"①借助于这种维系世界的思维或意志,他是属于一个没有时间性的统一体的,在这个统一体里面,他和一切其他的事物都有

①　罗伊斯:《关于不朽的概念》,第49页。见明斯特贝格:《永生》。至于承认唯心主义在宗教上的含意"几乎完全是消极的";这一点,见麦塔格:《一些宗教的武断》,第291页。

一种确定的关系！如果这些主张不用"永生"这类语句表达出来，它们是否会被认为是更远地涉及这个宗教上的争论之点，这是可以怀疑的。无论如何，在唯心主义者已经提供出他的慰藉之后，这个希望和惧怕的真实对象——即人在死后的生存机会——仍然跟以前一样是极其晦暗的。

同样，对上帝的这个宗教信仰乃是跟以上帝为保证者的一些特别的好事相关联着的。但是在唯心主义看来，上帝乃是"这个统一体和世界的精神自的"，在这儿，"精神的目的"乃是超越于这个世俗生活的一些琐碎差别和盲目偏见之上的。上帝乃是"那个更丰富、更纯洁、更完全的自我"，在这里，暂时的幻觉已被消除，而且当一个人通过"生命之最大限度的扩大"而达到这个境界时，这个自我便"把他的性向上升到直接的或有限的兴趣之上了。"①

作为对上帝的一种看法，这样一种哲学是适合于它最近从一位神学家那儿所接受的那个注解的。"当人们从其严格的意义上来思索这个没有时间性的绝对体的这个观念——而且特别当人们从伦理生活以及其经常产生精神好处的活动的观点来考虑它的时候，——它便丧失了一切唤起我们崇拜的权力，而且看来好像一个巨大的圆玻璃缸，在它本身里面包含有运动和生命，但作为一个整体，它却是僵硬的、没有光彩的和静止不动的。当然，这个没有时间性的绝对体并不是人类问题的最高解答者，而我们所要召唤人们有抱负的和有斗争性的儿女们所崇拜的上帝也不是人类问题的

---

① 琼斯：《作为一个实用信念的唯心主义》，第 296 页；温莱：《现代思想和信仰中的危机》，第 304、308、310 页。

最高解答者。"①

就宗教意识看来,如果我们只要把神秘的冥思状态除外,上帝乃是这样一种意志,由于它,宇宙终将喜欢快乐而不喜欢灾难,喜欢善而不喜欢恶,喜欢生而不喜欢死——因此,是经过人类眼前所从事的冒险而达到某种胜利的后果。宗教的希望和恐惧,和一切的希望和恐惧一样,是有着区别作用的。它们起源于对某些事物的爱好和对另一些事物的厌恶。信仰者祈求上帝给与恩典,因为他是深知苦乐的。所以如果保证说,事物是唯一的、永恒的、既是无限丰富的,又是融贯一致的,——甚至如果保证说,它们就是如此被思考着和被意愿着——这种保证对他是无动于衷的。在他在宗教的惶惑中懂得任何东西之先,他必然要无可比拟地知道得多得多。

§11. 唯心主义的优点和浮夸之处　　即使承认了其批评者最大多数的意见,但对当代思想有两个实质的贡献仍应归功于唯心主义:对逻辑所具有的根本的效用性和对道德科学所具有的独立权益的证明。由于它坚持传布这些真理,唯心主义在与自然主义的斗争中取得了一个公正的和决定的胜利。的确,在上一世纪之间,唯心主义几乎是单独地保卫着宗教哲学的这个根据地,使它未曾陷入这个最强有力和最恶毒的敌人之手。

但是唯心主义的失败和它的成功是极其紧密联系着的。其失败之根源在于过于夸大了它曾成功地证明了的那些知识部门所起的作用。因为唯心主义不仅曾经企图要证明逻辑的普遍性,而且

---

① 莱曼:《神学与人类问题》,第21页。

也要证明它的精神性；它不仅曾经企图要证明道德科学的独立性，而且也要证明它的逻辑性或普遍性。而结果却使逻辑混淆，使生活形式化。宗教信仰的极端要求不能被肯定下来，而不跟信仰所由产生的那个动机相矛盾。如果把精神这样普遍化，以致同事物的总体等同起来，那么它就已经失去了它的特色。使得希望达到如此十足圆满的境界，这只有废弃了希望原先所要求得的那些特殊价值之后才是可能的。一个要求占有这个世界的人必须要满足于最后所凭借的这样一个冷酷的宗教：这就是允诺说：当一个人只要求这个世界就是它本身的时候，这个世界才是属于他的。这样一个绝欲的宗教乃是适合于任何哲学的，而且尤其是适合于那些否认人们原先的希望的哲学。而且如果一个人必须要有一个绝欲的宗教的话，最好在讲授从幻梦中觉醒的这一课时不要再造出新的幻觉。如果要废弃原先的希望，那么最好也把传统上表达它们的那种语言废弃掉；或者公开地承认，只是从诗意和虔心上来使用这样的语言，这样才会使人们在一个不仁慈的环境中勇敢而没有怨言。

　　但是绝欲不是哲学唯一的宗教含意。希望是有着良好的根据的，只是有一个条件：即不要把希望所提出的要求过于夸大，不要否认它所由产生的那些恐惧和不要当敌人仍然武装着的时候去求和，以致使它自己归于失败。

第四部分　实用主义

第九章　实用主义的认识论

§1. 实用主义的一般意义　实用主义不易使它自己得到一个概略的界说,这是实用主义的特点。它既不能和一种固定的心理习惯等同起来,如自然主义能够和科学的心理习惯等同起来一样,也不能归纳为一个单个的基本原则,如唯心主义一样。然而我们仍然在其中得到不少东西用来辨别出它的一般的轮廓;的确,它还并不是像一种批评和一种方法那样成为一个系统的主张。不过,给予它的特征一个初步的描述,而这种描述大致是真实的,并且将成为研究其各个方面的指导,我想这不是不可能的。从最广义讲来,实用主义即指承认生活的范畴是根本的这个意义而言。它是生活中心的哲学。而且还必须立即附加地说,实用主义者所谓"生活"并不是指任何假定存在的想象的或理想的生活,并不是指"永恒的"生命或"绝对的"生命;而是指人们和动物的这个有时间性的;活动着的生命,本能和欲望的生活,适应与环境,文明与进步的生活。

虽然实用主义的运动是新的,正如詹姆士所承认的,实用主义乃是"一个旧的思维方法"。然而,把当代的实用主义和早些时候的任何类似它的主张等同起来,这是危险的。因此,在英国的科学和哲学的整个"实验主义"的趋势,对真理乃是通过假设的尝试而达成的这个实用主义的理论而言,乃是它的先驱。而且休谟在他的论著的结尾曾经建议,我们必须终于满足于一个适合于行动的信仰。① 但是实用主义的先驱大部分是偶然的,而且是否定的多于建设性的。

在另一方面,康德和他以后的费希特派的唯心主义者们主张"实用的理性是第一性的"。实用主义无疑地是和唯意志论的这种或别种传统的形式相关联着的。但是实用主义至少在它的自然主义和经验主义的倾向上跟唯意志论的唯心主义的形式是有严格的区别的。确实,实用主义是和自然主义有距离的,因为后者给予了机械的范畴以根本的地位。实用主义坚持生物学对物理学的先在性,或者至少坚持生物学跟道德的和社会的科学一起,同样有权利把目的论的方面当作是独立有效的。因为如果能够论辩说,生命过程可以描述为一些数量的机械力量或能量,那么也同样能够论辩说,能和力本身乃是服务于生命的功用的工具。但是在实用主义反对根本的或普遍的机械主义的同时,它却有很多与自然主义的共同之处。在某种意义上它甚至可以称为是"自然主义的"。因为它认为"这个世界"在此时此地存在着的这种事物,就是实在,而把知觉当作是知识的最可靠的手段。②

实用主义的争论主要所指向的,不是反对自然主义,而是反对唯心主义;而且不反对唯心主义中的基本的或主观主义的原则,而是反对作为当代绝对主义形式的唯心主义。实用主义的完善的对立面是斯宾诺莎,而在客观的和绝对的唯心主义中所保持着的斯

---

① 见本书第 149 页。

② 见本书第 394—397 页。

宾诺莎主义乃是实用主义攻击的真实的对象。绝对主义乃是超世俗的，和现象是相反的；实用主义却是世俗的，经验的。绝对主义在方法上是数理的和论辩的，以证明的确定性来建立最后的真理；实用主义对一切简单化、走捷径的论证是怀疑的，而且认为，对于一切假设都是可以用经验来作答复的这个规律，哲学也不是例外。绝对主义是一元论的、决定论的、静止论的；实用主义是多元论的、非决定论的、改良主义的。在绝对主义认为最重要的那个东西，即世界的逻辑统一性，在实用主义看来，却是一个无足轻重的抽象东西。在绝对主义看来，仅是现象的那个东西——空时的世界，人与自然的交互作用以及人与人的交互作用，在实用主义看来，却是实在的本质。一个是永恒的哲学，另一个则是时间的哲学。

　　§2. 实用主义对于认识论的概念　　实用主义，和一切当代哲学一样，首先乃是一个认识论。一切实用主义者们都同意把唯生论的或生物中心的方法应用于知识。我们希望在这儿发现一套共同的实用主义的主张，而各种实用主义乃是从它分化出来的。

　　实用主义者有一种提问题的独特的方法。首先，他把知识当作是一个过程，而不仅仅是一个产物。知识这个名词通常是用来指被认知的东西，换言之，即指完备的知识或科学；而认识论则被认为是指对这种完备的知识进行分析，以期发现它的普遍原理或它的最后根据。[①] 然而，在实用主义者看来，认知是指认识过程而言；一件复杂的事情，包括着一个知者，一个被认知的东西，一定认识它的手段，然后，在最后，就是认识上的成就或失败。实用主义

---

　　① 　总的讲来，这就是"范畴"这个唯心主义的概念，见本书第 149—152 页。

的批评者曾经企图抹杀这种研究知识的方法,说它与其是"逻辑的",毋宁说是"心理的"。它当然并非完全是逻辑的,因为它把知识的环境和媒介都估计在内,而不仅只是它的根据。但在另一方面,它并不是在任何局限的或侮蔑性的意义之下的所谓心理的,因为它要求把真知识的事例和伪知识的事例区分开来。总之,它既是心理的,又是逻辑的。而且因为在我们所谓认知的那个特殊的复杂事情里面,既有心理的因素,也有逻辑的因素参与其中。

　　就具体的认知过程的全部而言,实用主义发现,它的形式乃是实用的。就实用主义者所发现和所看见的它的原生地点而论,认知乃是生命的一个时期,乃是环境中的行动的一个方面。在通常所谓"实用的"知识是如此,在通常所谓"理论的"知识也是如此。无论它是执行一个政策、计算一种商品的价格、研究非欧几里得空间的特性,或证明上帝的属性,认知总是从事于一种活动,它是在一个特殊的机遇中所设计出来的,通过特殊的手段进行着尝试,随着带来了希望或恐惧,以成功或失败来结束。这就是实用主义认识论根本上所涉及的课题。而在这儿有两个问题,实用主义者认为它们是突出的和根本的:第一,观念在认知中所起的作用是什么? 第二,一个真的观念和一个假的观念的差别何在?

　　§3. 观念在认知中的作用　　要懂得实用主义关于观念在知识中所起的作用的学说,就必须坚持刚才所讲的这个对知识的解释。只有在全副的知识过程都显现出来的情况之下,才应用得上这个学说。而且尤其必须是对于某个事物具有一些观念,而这些观念和这个事物在某种意义上是不同的。换言之,在这里我们只是涉及反省的知识,即詹姆士所谓不同于"熟知"的"关于什么的知识"(Knowledge about)。杜威教授根本不把前者当作知识,而坚持"在知识中必须有一个思索,即艺术的因素"。① 虽然当前有必要探讨这些蕴含着的条件,暂时最好还是先不去讲它们。那么,当我们说对于事物具有观念时,所谓一个"观念"是指什么而言呢?

首先,实用主义者答复说,一个观念就是任何行使着"意义"(Meaning)的功能的东西。换言之,一个观念本身并没有特别的性质——它只是一种职能。② 如果你利用它来意味着什么,任何事物都可以成为一个观念;正如,如果你利用它来损害什么,任何东西都可以成为一件武器一样。关于观念的最普通的事例大概要算一种语言上的影像了,没有一种可看到的或可听到的形式不可以作为一个词来使用的。③ 简言之,一个观念就是一个观念的动作。

但是用来说明一个观念的这种"意义"的功能是什么呢? 实用主义者答复说:意义在本质上是向前瞻望的,它是一个行动计划,而以所意味着的事物为终结。说得具体一些,当一个观念设计着一系列的动作,而且如果把这个设计付诸实现,这一系列的动作就会导致那个事物进入为这个观念本身所享有的这种相同的直接状态时,它就意味着这一个事物。④ 因此,当我说"冷"这个字时,这个口头上的声音是这样和一种气候的性质联系着的,即如果我追

---

① 杜威:《达尔文对哲学之影响及其他论文》,第80页。

② 詹姆士:《真理的意义》,第30—31页。

③ 的确,这个观念也许根本就不是一个影像。

④ 詹姆士:前书,第43—50页。杜威:《达尔文对哲学之影响及其他论文》,第90页。

索这个联系到底,我就会感觉到寒冷。可以说,我有这样的一个计划或一连串行动的开端而没有实际去执行它——正如可以说一个旅行家有一个目的地,虽然环境阻止住他达到这个目的地。一个观念好像一张火车票,它将会带你到一个远地方去,即使你终于未曾启程;或者好像一纸钞票,即使你并未去兑现它也具有一种钱币的价值。而且,好像钞票,观念是可以流通的;为了推理或沟通,可以把它们本身当作通货来使用。因此,观念的价值基本上在于它们在实用上能够代替直接的状态。①

　　但是为了全面地掌握实用主义关于观念的功能的学说,我们必须研究它们在一般生活中的地位。我们曾经发现,一个观念乃是一种意义的工具,其功能在于意味着它本身以外的另外一些东西。但是意义的用处何在呢?这种观念过程本身的功能是什么呢?当我们注意到,直接状态不足以满足行动的目的时,这个答案就很明显了。

　　就一件事物而言,在当前的经验领域中只有一部分是和一个特殊的行动有关的。那就必需分析每一个情境;那就是说,要从其丰富的具体细节中去选择与手头这件事情有关的那个方面。从这个意义讲来,观念乃是对于所与的事物的"理解方式","把它当作是"这个或那个东西。当一个可疑的或模糊的情境呈现出来而这个有机体对它还没有现成的对付方法时,推理的思维便中断了"习惯的连续"。换言之,当一个人不知怎么办的时候,他就要去思考它。这样一个时机,按照杜威的看法,便构成了始终与思维相关的

――――――――――

　　①　詹姆士:前书,第110页。

"那些在经验的成长中的紧要关头"之一。在这样一个时机,这个观念便是"改造的工具",它把这个行动者从他的困境中营救出来。在这个情境被改造之后,生活又重新在新的基础上顺利地进行着。① 因此,意念着经验,思考着它就是在某种特别的和适当的情景下把它再现出来。

再者,这个观念过程使得有可能作用于遥远的环境,作用于超越于个人可感觉到的范围以外的事物。意念代替着这些事物,意味着它们的观念也可以发生同样的作用;因此,可以说,人类不仅主动地生活在他所知觉的这个世界之中,而且也主动地生活在他所认知的这个无限扩张的世界之中。而且最后,借助于观念,使得有可能把广度和密度结合起来。因此,科学的公式使人跟广泛的自然发生接触,既不为它所压制,也不为它所惶惑,因为这些公式通过自然的常定特征而代表着它。这些公式的容积虽然很小,但它们的意义却是巨大的。

这便是实用主义关于观念的工具作用的学说。这个学说加倍地强调思维的实用性。一个观念,在实用主义看来,便被界说为达到它所意味着的那个东西的直接经验的一个有效的捷径。而整个意念过程,在实用主义看来,又被界说为对环境采取行动的手段。

§4. 真理的意义　当我们转向这个在英语国家中被认为是实用主义对哲学的最显著的贡献,即实用主义的真理论时,我们觉得对于这个问题必须采取审慎的态度。我把这个学说在顺序上放

---

① 杜威:《逻辑研究》(*Studies in Logic*),第20页。摩尔:"存在、意义和实在",《芝加哥十周年丛刊》,第16页。

在第二位来陈述，因为我们可以恰适地认为它是观念工具论的后继。

首先，实用主义者所谈到的这种真理乃是为人类所可以到达的，是寓于个人思维过程本身之内的。他正确地坚持说，如果要以假设的或意念的措辞来理解真理的话，那么这种理解本身对构成或界说它的思维者必然就是真的。因此，如果有人肯定说，真理仅仅是和一个绝对的认识者的思维或和一个绝对的思维体系联系着的，那么在作这种肯定的有限的哲学家看来，这个肯定本身在某种意义下也会是真的。而实用主义所要涉及的乃是这个名词的后一种意义——它不是上帝所具有的知识的真实性，而是我对上帝的知识的真实性。[①]

第二，在实用主义者看来，真理总是观念的一个形容词；而他所谓的观念并不是柏拉图式的义蕴，而是一个人的思维方式。在这个意义之下，观念在什么时候才是真的呢？真实地认识具有怎样的性质呢？好像一切实用的形式一样，思维、信仰或观念的形成在本质上都是可以陷于错误的。有一个正确的方法和一个错误的方法。在任何现有的时机中，区别正确的思维方法和错误的方法的是什么东西呢？一个观念在什么时候是"一个好的观念"，在什么时候是一个"坏"的观念呢？显然，除非你也已经解决了关于错误的问题，否则从实用主义的意义讲来，你就未曾解决关于真理的问题的。总之，在实用主义看来，真理跟实在或存在并不是一回事情，而是"观念"或"信仰"在和它的"对象"的关系中所特有的一个

---

① 见本书第 262—263 页。

特性,而我们所谓"观念"或"信仰"跟我们所谓观念或信仰的"对象"都是存在的一些事例。真理是当观念在实际的人类思维过程中产生时所具有的一个特性;它是在观念的自然历史的进程中所发生的事情。而且既然"观念"具有一种功能,而这种功能可以为观念所实现,也可以不为它们所实现,因而真理乃是观念所可以遇到的两种相反的命运中的一种,另一种便是错误。

现在我们已能够对一个真实的观念下一个实用主义的定义了。当一个观念发生作用时;那就是说,当它是成功的,当它完成了它的功能,或行使了所要求于它的工作的时候,这个观念便是真的。一个观念,本质上说是为了什么的,而当它为了这事而有所作为时,它就是一个"正确"的或"真"的观念。

如果这一点,和它的重要性比较起来,看起来不是很明显的,它就会容易同通常为哲学家们和常识所主张的那个观点对立起来。按照那个观点看来,观念的真实性在于它们跟它们的对象相类似。观念被视为摹本、肖像和复制品,它们的真实性是和它们的类似程度成正比例的。相反,实用主义坚持一个真实的观念并不需要和它的对象相类似;显然,例如一个字并不需要和它所指的东西相类似;如果有类似的情况的话,那么从真实性方面讲来,那是偶然的和无足轻重的。一个观念的真实性不在于当前的类似关系,也不在于当前任何的关系,而只在于实用的后果。如果我有一个观念,当它和促使我形成它的动机联系着的时候,而我这个观念得到了成功,即这个诱因的兴趣得到了满足,那么我的这个观念便是真的。观念在本质上乃是一种工具,而不是影像;而工具的证明在于它的用处。这种特殊的工具所固有的这种特殊的优越性便被称为"真理"。

§5. **实证的各种样式。根据知觉和根据一致性的实证** 关于用一切实用主义者所共有的用语所陈述的实用主义的真理论，就讲这一些。现在我们必须转向一些比较细致的区别以及由这些区别所产生的含混犹疑和批评。观念的成功或真实性是和它的用处关联着的，而对于它的证实在于成功地运用它。但是观念可以有不同的用处。我们是否把所有这些用处都当作对一个观念的真实性是有同样密切的关联的呢？例如，我可以由于不同的动机的诱导，对于死后我的未来形成了一个观念。这样一个观念或者是为了使我对于我所要去看的东西作好准备，或者是为了使我对于我将被驱使去做的事情作好准备。这样一个观念可以由于我丧失了朋友而给我以安慰，或者它是由于我的哲学体系的逻辑涵蕴的需要所产生的。假定这些测验的方式发生了矛盾。我能在它们之中鉴别得出谁是先在的吗？或者我认为它们全都是同等重要的而以它们在使用上的一般优势来决定我的观念的真实性吗？对于这个问题，我在实用主义者的著作中找不到清楚的答案。所有这四个方面的测验，可能还有其他的测验，都被认为是有效的；而在它们之间的选择往往是受矛盾的迫切要求所控制的。为了比较清楚地指出在这些真实性的测验方式或这些实证的方式之间的区别，我替它们发明了如下的名称：根据知觉、一致性、操作、情操和一般的用途来予以证实。

根据知觉来予以证实只是简单地了解一个观念的意义。如我们在前面所已知道的，当一个观念是跟某个东西这样联系着的，即它会导致这个东西的呈现时，这一个观念即意味着那个东西。这个观念必然是达到这个对象的一种工具，重新发现它的一个手段。而且当我用使用它去发现它的对象的办法去尝试我的观念时，从这个第一个意义上讲来，我便证实了它。如果所知觉的东西就是这个观念所唤起的东西，或者就是这个观念所使我盼望的东西，它便是真的。因此，具有一个关于我的未来情况的观念就意味着现在在我内心想到某一件事情（它也许只是一个文字上的复杂物），而这件事情是跟我的环境这样关联着的，这就是说它会把我引导到经验中的某一焦点；当它愈使我作好准备去知觉到正在那儿招呼我的那个东西时，它就愈是一个真的观念。要按照这个意义来证实我的观念，就要跟随着它去到达这个在知觉上的呈现，而且这样也测验着我所作的准备程度。一个新奇和惊讶的震惊会证明我的观念是不真实的；一种再认识的感觉会指明它的真实性。[①]

根据一致性来予以证实，就是根据已经具有良好的和有规律的标准的观念来测验这个在试验中的观念。当一个观念并不与其他观念相矛盾，或者正面地为它们所蕴涵时，便用这种测验的方法证明这个观念是真的。因此，我对于我的未来的观念，只要它和一般所承认的关于死亡的生理学说并不冲突，或者是为一般所承认的这种关于灵魂的学说所蕴涵的，那么它便为这个测验的方法所证明了。

在这里，根据知觉和根据一致性所得到的证实显然是独自成立的。它们符合于经验论和唯理论的传统标准。实用主义在重述它们时只是指出：在这两种情况之下，证实乃是一系列的动作，为

---

① 见詹姆士：《真理的意义》，第 33 页、104 页，有类似的例子。

一些动机所控制,以成功或失败为终结。再者,实用主义者如詹姆士把这种证实的方式当作是真理的严格的"理论上的"测验。在任何一定的情况下它们也许是不充足的,但在它们的活动范围以内,它们具有一种特殊的效用。"在可感觉到的秩序的压力和理想的秩序的压力之间,我们的心灵是这样被挤得紧紧的。"在这两种"压力"的决定下所形成的观念乃是狭义的认识兴趣。这样的观念有一种"后来的用处"——即它们可以有用地为其他兴趣所利用;但它们原来却是根据知觉和一致性来证实的。而且"有时候,其他可选择的理论公式跟一切我们所知道的真理是同样相容的,而这时候我们就根据主观的理由在它们之间进行选择。"①但是在证实这些可选择的公式是否有效的根据同证实在它们之中作出这样一个选择是否有效的根据,这两者之间却仍然有着重要的差别。所有这一切都有力地暗示出,如果把"真的"这一词限于为这些方法中的一种,即根据知觉或根据理想的一致性所证实的观念,那么也许会比较清楚一些。于是"后来的用处"和"主观的理由"便始终是超逻辑的信仰根据。一个人也许会立即同意说,这个狭义的真实性乃是一个不充足的标准,而生活的迫切需要却要求有超证明的信仰。但是这些比较严格的真实性的测验是不会被混淆的,而它们的先在性也是不会被调和的。这样一个途径的优点在我们继续的研究中将会愈来愈明显。

§6. 根据操作和根据情操的实证　　所谓根据操作的实证,我

---

① 詹姆士:《实用主义》,第 211 页、217 页;见第 216—217 页,《真理的意义》,第 206 页等。

的意思即指詹姆士的所谓"后来的用处"。或者用同一作者所作的另一区别来说,我的意思是指根据"主动的"而不是"被动的"经验的实证。[①] 因此,我关于我的未来的观念,当它所依据的计划获得成功时,便在这个意义下被证实了。例如,如果我有意地在这个世界上作出了牺牲而在天堂上得到了报酬,就会产生这种情况。

实用主义曾经正确地坚持认识和一些间接兴趣之间的关系。总是有某一些这类的关系的,这一点没有人会想去加以否认。认识兴趣乃是一个复杂的有机体所具有的许多功能之一,而且由于它的有机的用处,已经有了发展。凡被认知的东西都可以供这个有机体使用;它能被感知、被作用着、被谈论着、被写下来、被思考到,或在任何为人生所特有的其他方式之下被涉及。席勒先生乃至不必要地扩充下去,而指出说,没有无用的真理。他的结论能够立即从这个心理物理的有机体的统一性中推论出来;在人性中感觉的、联想的、情感的和运动的因素,对于一个多少有些共同性的资源宝藏都是有所贡献的。而且我们容易再扩充下去,并且指出,社会的统一和现有的各种沟通和交际的手段可以使得这些资源为整个人类所使用。但是这远不能证明,真实性即包含在这些用处之中。它们由于这个追求真理的功能跟机体和社会有着种种的联系,因此被牵连在内;但是如果某种机体上和社会上的变态使之不可能去利用它,真理也不会终止其为真理。事实上,自从科学方法发达以来,业已习惯于用上述理论的方法达到真理,并且认为他们的真实性的确立是跟它们后来是不是可用完全独立无关的。

---

① 《真理的意义》,第 210 页。

　　这个争论之点也有一些为这个事实所混淆，即：完全和实证的过程本身无关，许多的真理，就其内容而言，是有实用的。原来和有机体结合在一起的认识兴趣跟所谓实用之真理是最为密切相关的。最直接的重要真理，即所谓现金真理，乃是对这种形式的问题的一些答案：如果我将 a 作用于 b 之上，我将会遇见什么事情？物理科学的真理大部分是属于这个秩序的；而且由于它们的庞大和紧迫，很自然地把它们就当作是一般典型的了。但是要注意，在这里，真实性不是由于理论的实用后果所构成，而是由于把实用的后果包括在理论以内，然后用"知觉"来测验这个整个的东西。如果我发现，如果我把 a 作用于 b，我将会遇到 c，那么我是经验着一个有时间性的巡回线路，包括着属于环境的事项，也包括着属我自身的事项。实验在这里并不是一个外在的实用的测验，而是一套联系着的事情，而是一个渡过这些联系着的事情的过程，而是一系列对它们的直接经验。

　　这时候可以适当地提出这样一个问题：根据操作的实证是不是一个独立的真实性标准。因为它看起来好像是为我们前两种测验所已经建立的真理的应用，或者，仅仅是这些测验的一种特别的形式而已。让我们从摩尔教授处引用一个例子。"关于一种疼痛，例如某一个牙齿的痛的观念乃是真的，如果对于这个牙齿所作的手术止住了这个疼痛的话。"[①]这种证实能够以下列的两种方式来予以解说。一方面，"这个牙齿正在痛"，这个判断由于观察到这个疼痛的地位而被证实，或者是由于从这个牙齿有病的特征的推断

---

　　① 《实用主义及其批评者》，第 87 页。

而被证实。我应该说，后者在最后的分析中应被认为是最可靠的测验；而两者都应属于上述两种严格的理论标准之一。而且，至于这个人是否拔去了这个牙齿，这对于这样被证实的这个判断的真实性是没有影响的。这种真实性会是有用的，但是它之有用却是一个次要的和不相干的条件。或者，在另一方面，"如果我去拔掉这个牙齿，这种疼痛就会消失"这个判断由于我们观察到这个后果：拔牙-消痛而被证实，在这儿，这个判断涉及一种操作而且由于知觉到这个操作而被证实。因此，在这两种情况之下，真实性是被知觉或一致性所验证的；而实用主义并没有增添一个新的测验，而只是限于指出这个熟悉的，陈旧的实验与推论的测验所具有的实用特征而已。

根据情操的实证乃是根据它的直接的快感或它对意志的一种情调上的影响来证明一个观念。因此，我关于我的未来的观念，如果"我喜欢这个观念"或如果它使得生活更活得有价值些的话，从这个意义上讲，它便被证实了。詹姆士说："对于这种理论我业已有了偏爱，我便选择了它"；"我们追求'优美'或'经济'。"席勒说："从来没有一个完全悲观的体系是被判断为完全'真实的'"；"因为它没有使得一种在存在中最后失调的感觉得到消除和解决，它必然永远重新刺激新的努力来克服这个矛盾。"①但是这两位作者都清楚地承认，只有当知觉和一致性的测验不能决定的时候，才允许来估计这种在情操方面的考虑。如果这个不很经济或不很协调的假设被一个决定性的实验所证实，或被证明为避免矛盾的唯一手

---

① 　詹姆士：《实用主义》，第 217 页；席勒：《人本主义》，第 50 页。

段,那么人对于经济和协调的爱好丝毫也不会产生一个反对它的假定。一个完全可以同意的假设必然是产生于事实,否则就是产生于矛盾。

那么,如果说,虽然情操跟真理是没有关系的,但当实证本身成为不可能的时候,作为一种超逻辑的动机,它是可以允许用来影响信仰的,这不是会更清楚些和更正确些吗? 的确,我认为这是对詹姆士有名的"信仰的权利"(Right to believe)的一个相当正确的译文。宗教的假设本质上是一种不可以证实的假设。诉之于可感觉的事实和从既定的真理作出推论,都使这个争论之点仍是可疑的。但是就在这时候需要根据某种这样的假设行事。我们必须从实用的意义上来相信那种我们从理论的意义上所不能知道的东西。而在这里我们有理由允许我们的嗜好和我们的希望占有较大的比重。因为如果我们相信相反的一面,我们也不会得到较好的证明来支持我们,而且我们还会失去情绪上的价值。而且,在这种情况下,信仰还提供证据来支持它本身。因为当我主动地和我所信仰的东西发生关系时,如果我确实这样相信的话,我所相信的这种东西就似乎是最会发生的事情。这样一种信以为真的情况,就意味着造成事实,这些事实将及时提供一个可感觉的实证来支持我的信仰。因此,在詹姆士的全部宗教哲学中①都蕴涵着有这样一种意义,即"真理"一词具有一种严格的意义,它跟认识上的或理论上的兴趣关联着,而且它既是独立于信仰之一切情操的依据之外的,又是先于它们而存在的。

---

① 见本书第 401—103 页。

§7. 根据一般用途的实证　　根据一般的用途的实证,就是用一个观念所提供的全部使人满意的情况,用它对一切生活的目的,无论是个人的和社会的,都是合适的这种情况来证明这个观念的真实性。席勒写道:"真理就是那样一种对〔对象〕的操纵,它在尝试之下变成了有用的东西,原来是对任何人类的目的有用的,而最终则是对成为我们最后愿望的为我们全部生命所具有的那种完美的调协有用的。"①因此,我关于我的未来的观念就会根据这个理由被证明是真的,如果它在一切方面都证明是一个为我们的生活所依据的好观念,产生于事实,和我的其他的观念一致;都证明是一个有用的假设,而且尤其是它是有着抚慰和启发作用的。而且如果它满足了人类在集体中的需要而且经得住时间的考验的话,它就会得到同类额外的证实。

这个标准的重要之点在于它不加区别地把以上所讨论过的这些较为特殊的标准都合并在一起了。实用主义者曾经重复地坚决主张,一个观念的真实性是被产生这个观念的特殊目的和特殊情境所决定的。因此,杜威说:"据我所知,那些对实验主义或实用主义的真理观点的批评是由于没有掌握着意义的真实性和一个事物所表达的一种特别的希望,计划,或意图之间的结合。"②在这个意见方面,无疑地,杜威是正确的。在大多数批评者看来,实用主义似乎把严格的在认识上的考虑和在情操和后果效用上的考虑等同

---

①　《人本主义》第61页。

②　《达尔文对哲学之影响及其论文》,第95页注。又见《逻辑研究》,第20,23页。在这里,他把逻辑说成是关于"反省思维的功能的描述和解释",并且坚持主张,思维不能"离开在经验成长中的特殊危机的限制"来加以判断。

起来了。而实用主义的作者应该对于这个印象——或这个误会，如果是一个误会的话——负责。也许是由于矛盾的迫切需要，或者是由于陈述的疏忽，实用主义者们曾经教导我们相信，只要一个观念，无论在任何情况之下都有用或使人得到满足，它就是真的。① 或者他们曾经一会儿涉及一个理念的价值，而一会儿又涉及另一个理念的价值，而不是一贯地把认识上的价值跟其余的价值区别开来。人们便曾很自然地假定，实用主义想使这些不同的价值成为可以相通的和可以互相交换的。而且从这个假定就会正确地推论说，一个已被指出不符于事实的观念，或与已经证实的真理矛盾的观念，由于它提供了一种剩余的情操上或功用上价值，仍然可以被证明是真实的。

但是这样一个结论是很恰当地被指责为反动的。科学曾经由于把这些价值当作是虚构的而加以排斥，因而减少了其中的信仰成分而兴盛起来。的确，启蒙和批评仅仅是有意地歧视这些价值。在理智上的英雄看来，这是伟大的克制。他必须放弃这种可喜的和有望的假设，而且他必须坚定地不去顾及为他的假设所可能具有的那些超理论的用处。知识是跟理论兴趣的专门化和精密化并肩前进的。知识的用处本身，即它的应用的多样性和丰富性，依赖于它首先经过试验而被证明是独立于这些应用之外的。而且知识之成为一种适应的手段，并不是和它的快感和希望成比例的，而是

---

① 例如，请看如下的这样一个陈述："于是，一切为实用主义方法所意味着的乃是：真理应该具有实用的后果。在英国，这个字曾被用得更为广泛些，包括着这个概念，即任何陈述的真实性都包括在后果之中，特别在它们是好的后果之中。"詹姆士：《真理的意义》，第 52 页。

和它消除幻想成比例的,不管这些幻想曾经是怎样可喜的和动人的。总之,只要实用主义对于真理的实用性或使人得到满足的那种特征含有过于广泛的概括性,只要它模糊了在观念所具有的严格的理论价值和某些派生的和次要的价值之间的差别,它对于真理问题的处理就是混淆的和危险的。只要它把通过知觉和一致性的实证同通过情操和后果效用的实证这两方面调和起来和等同起来,实用主义就是反动的和危险的。

还有一种严格的和有限制的实用主义,它不受这样的攻击。这种实用主义包括有这样一个证明:即理论的兴趣本身事实上就是一种兴趣。与其说观念是实体性的,毋宁说是功能性的。它们和它们的对象的关系不是相似的关系,而是一种引导或指导的关系。它们的证实并不是类似点之间的对比,而是一个过程,在这个过程中跟随着它们的指引或指导达到它们所意味着的事实或存在的那个结局。而且既然理论的兴趣乃是一种兴趣,总的讲来,它是根源于生活,符合于生活的需要和设计的。换言之,真理,一个理论上的效用,由于它所由产生的那些有利的条件,也具有一种后果的效用。最后,当真理在这种严格的意义之下不可以达到的时候,而且只有在这时候,才允许嗜好、愿望和希望倾向于信仰方面,这是对上述这种情况的一个恰当的和一致的后果。

§8. 对实用主义的实在论的看法 认识论和形而上学在当代哲学中是十分密切地关联着的,因而一个认识论经常便毫不费劲地被当作是一个本体论。然而,如我们从我们对唯心主义的研究中所得知的,这样一个程序在一个最有关键性的哲学问题上犯着循环论证的毛病。知识在实在中的地位是什么?自然秩序在什么范围以内服从于知识秩序？在认识上对经验的解释是最后的和确定的呢，还是抽象的和片面的呢？这些显然是各自独立的问题，不一定牵连在一种对知识本身所作的解释之内。到此为止，我们一直把我们的注意限于实用主义对于认识过程的描述。现在我们势必要面临进一步的一个问题：即关于认识过程在形而上学上的地位，实用主义是怎样主张的？而且，我相信，我们将发现，在这里，在唯心主义同实在论之间引起分裂的同一争论之点上，实用主义本身也是被分裂的。有些实用主义者，如詹姆士等是坚决地，而且，总的讲来，一贯地站在实在论一边的。其他的人，如席勒等，即使不是明显地这样主张，也是倾向于主观主义一边的。

首先，让我们来对实用主义的实在论的看法检查一下。按照一切实用主义者的讲法，知识乃是一个特别的复合物，它包含有一个观念或信仰，一个被意念到或被信仰的对象，以及联系这两者的一种意义和实证的关系。在这儿，对于这个理论的一种实在论的解释将肯定说，这个认识过程的各个组成部分跟它们在这个过程中的地位是无关的。认为，除此之外，它们还有其他的地位，因此，它们的存在并不受它们在认识中找到一个地位的这个情况所制约。[①] 因此，一位实在论的实用主义者在他的认识论中将把关于自然的可感觉的事实描述为观念所导致的终点，但他不会假定说，这些事实为了本身的存在必须这样同观念关联起来。可感觉的事实有时和偶然是观念的终点，但不是本质上如此。而且由于他接

---

① 关于实在论和实用主义间的关系的详细讨论，见蒙塔古的文章，"一个实在论者可以是一位实用主义者吗？"，《哲学、心理学和科学方法杂志》，第 6 卷，第 17—20 号。

受一般生物学上的范畴，他自然就被引导走向这个观点。知识乃是对于一个既存的环境的一种适应形式。思维作出建议，事实便进行安排。布拉德雷，在他对实用主义的批评中，说："如果我的观念发生作用，它就必然要符合于一个确切的东西，而不能说这个东西是它所造成的。"①詹姆士，以实用主义的名义，接受了这个结论。"我是从两个东西出发：客观的事实和所作的一些主张，而且要指出，事实总是在那儿，看哪些主张将成功地作为这些事实的代替物而发生作用，哪些将不会这样。我把前一种主张称为是真的。"又说："跟他的批评者一样，在他〔实用主义者〕看来，如果没有一个据说是真的的东西，那就不可能有真实性。……所以，作为一个实用主义者，我曾一开始就十分审慎地对'实在'作出论断，而且在我全部的讨论中，我始终是一个在认识论上的实在论者。"②

§9. 对实用主义的主观主义的看法　在另一方面，一种对实用主义的主观主义的看法则把知识的组成部分和它们在那个体系中的地位完全等同起来了，结果便产生了一种形而上学，把实在和认识的历史完全等同起来。实在，是事实，或者是观念，或者是"有保证的"信仰，在这儿，这些东西都被界说为实用主义的证实过程中的一些项目。凡是被认知的东西本质上是这样的，即它是从它的被认知这个条件中获得它的特征和它的实在的。

---

① "论真理与实用"，《心灵杂志》，新编号，第 13 卷，第 311 页。

② 《真理的意义》，第 xix 页、第 195 页。参见杜威说："我请提醒您，按照实用主义的讲法，观念（判断和推理，为了方便起见都包括在内）乃是对待超理念的、超心理的事物所采取的一些反应态度。"（《达尔文之影响》，第 155 页）但又见下面第 219 页、第 307—308 页。

因此,席勒写道:"说实有具有一种确定的本质,它是为认知所揭示,而不为它所影响的,因而说我们的认知对它并不产生什么变化,这是一种单纯的假定,它不仅不能加以证明,甚至不能予以理性的辩护。它是一种原始的实在论的残余,它只能在一种实用主义的方式下,加以辩护,因为作为一个公认的虚构之物,它有着实用上的便利。"既然实在本质上就是在认识过程中的东西,席勒就自然结论说:"本体论,关于实在的理论,"是受"认识论,关于知识的理论"所制约的;而且既然认识过程本质上是有实用的,于是便可以恰当地结论说:"我们的最后的形而上学必然是伦理的。"①

詹姆士曾经申说,席勒的观点和他自己的观点只是在研究方法上不同。"据我自己对这些作者的了解,所有我们三个人(包括杜威)绝对一致承认,在真理关系中对象对主观的超越性(只要它是一个可以经验到的对象)。……引起他们(批评者)中这许多人误会的,可能是这个事实,即席勒、杜威和我自己的语言领域(Universes of discourse)乃是属于不同范围的一些活动画景。……席勒的领域最小,本质上是一个心理学的领域。他只从一类东西,即一些对真理的主张出发,但最后被导致为这些主张所肯定的那些独立的客观事实,因为在一切主张中最成功地被证明有效的就是有这些事实在那儿。我的领域在本质上比较是属于认识论方面的。我是从两个东西出发的。"②

但是"在真理关系中"对象的超越性并不是实在论。这只是

---

① 《人本主义》,第 11 页,注 9,第 105 页。

② 《真理的意义》,序言,第 xvii—xix 页(着重点是我加的)。又见第 237—239 页。

说,认识在本质上是二元的,而且这并不影响对象涉及整个认识时的超越性的问题。实在论不仅肯定说,对象超越于观念,而且说,从某种意义上讲来,它甚至是超越于它在认识上与观念联系时处于客观的那个地位。詹姆士也没有认识到这个出发点在这争论问题上的有决定意义的重要性。因为席勒的语言领域乃是一个心理学的语言领域,结果,他的宇宙也就是一个心理的宇宙。他不仅开始于知识过程以内,而且也是在它以内结束的。的确,他公开地采用"唯心主义的实验主义"这个语句,"来指这个观点:即'这个世界'原来就是'我的经验',(其次)加上那个经验的一些补充物而这些补充物是它的本质所必需要假定的……在这种情况之下,我们假定我们自己居住于其中的这个世界乃是,而且始终总是跟我们试图用它去解释的这种经验相关联着的。"①

很明显地,用来反对一般唯心主义的同样的理由也可以用来反对"经验的唯心主义"。因为它们的根据显然是一样的。席勒,从"自我中心的困境"进行论证,他说:"这个简单的事实就是,我们知道这个实在,因为当我认知它时它存在着;离开了那个过程以外到底有什么东西,我是一点也不知道的。"②而且,他一开始就是在知识的范围以内来对待这个世界,这时候就实际上承认了他的"伦理的形而上学"。换言之,他也犯了"用原始的断定来界说"的错误。关于整个主观主义的思想方法的这些基本的错误,我在前面

---

① 《人本主义》,第281页。实用主义者中有谁完全得免于对"经验"这个名词的主观主义的色彩,这也许是可疑的。见本书第341—342页。

② 同上书,第11页,注。

已经讲过,没有必要重述。① 而实用主义中的主观主义的原理不仅是未被证明的,而且在这里,和在别的地方一样,本质上是恶性的。然而在进行进一步的批评以前,我想要讨论一下这个在实在论和主观主义之间的抉择对于几种实用主义的概念的影响。

§10. 实在论和主观主义的解释。满足。实在的构成 例如,对于"满足"有一种实在论的解释和一种主观主义的解释。按照实在论的解释,满足乃是基于在兴趣、工具和环境之间的一种确定的关系。在一定现有的条件之下,为着这个有控制作用的兴趣,一定的具有工具作用的东西就具有一种客观的正确性或适应性。② 因此,一个观念也许是"满足"这个情境的,意即适合于它的。兴趣与环境的相遇是先在的和独立的,而且它把条件附加在这个观念之上。因此,使得这个经手者感到满意的观念也许不是在事实上有效的。在适应的感觉和真实的适应之间是有差别的。

在另一方面,按照主观主义的意思,被感觉的满意状态是有决定性的。环境和兴趣离开了知识的成功,是没有内在的结构的,它们乃是一种内在地协和的生活的样式或沉淀物。从主观主义的观点看来,照例,在根据与环境接触的证实和根据情操的证实之间是没有原则上的差别的。的确,前者倾向于融合在后者的形式之内。③

或者来讨论一下,实用主义的认知构成实在的主张。在实在论的实用主义者看来,这个主张有一个很局限的范围。席勒把关

---

① 见本书第 135—141 页。

② 见本书第 360—362 页。

③ 席勒:《人本主义》,第 49—50 页。

于这个问题的实在论的解释概述如下：

（1）"我们对于真理的构造真正地改变了'主观的'实在。"换言之，认知把它本身附加在实在之上。（2）"我们的知识，当它被应用时，改变了'真正的实在'，而且（3）如果它是不能应用的，它就不是真正的知识。再者，（4）在某种意义下，例如在人类的交往中，一个主观的构造同时也是对实在的一个真正的构造。即人类是被别人的意见真正地影响着的。"（5）"至少只要交往中的一方被涉及时，单纯的认知就总是改变着实在的。认知总是真正地改变着认知者的。"①

摩尔对于有关过去的知识也曾给过一个类似的解释。只要当过去的后续，或过去继续到现在能被对它所应用的知识所影响时，过去便能被知识所改变。"恺撒的行动，和约翰·布朗的一样，是'继续前进的'。好像其他的历史的行动一样，它是尚未完成的，而且只要它继续下去，经过认知的行动，产生新的'结果'，它就将永远不会完成。"②换言之，根据实在论的看法，一个东西并不单纯由于被认知而被改变着。知识改变着知识，而被认知的这个东西乃是由于这个原因被影响着，因而也就这样被改变着。但是过去的和远方的东西，虽然它们也会被认知，却不能被改变。只有现在对于过去的继续或近处对于远处的继续，才能被改变，因为改变要求有一种接近，而知识却不要求这个。

但是这种为认知所作的有限度的改变并不满足实用主义在形

---

① 《关于人本主义的研究》，第 438—439 页。
② 摩尔：《实用主义及其批评者》，第 103 页。

而上学上的渴望。实用主义照例总是喜欢把这件事情说得含糊一些——他肯定这样一个有趣的和有希望的概括：即知识构成了实在，而不特别指出在哪些方面。或者他突然跳到这样一个极端的结论，即环境完全是可塑的，而知识乃是"创造的进化论"的一个工具。在我在上面所曾引用的这篇文章里，席勒曾没头没脑地坚持过这样一种冥想的可能性。他建议有一个万灵的自然，而当我们人类反应时，它也作社交的反应。他强调实在的不完备，人类的自由，和事实不断地转变为艺术。而且，虽然他并没有在什么地方消除过他承认他的主张也被牵连在内的这个矛盾，但他把他的这个信念弄得很清楚：即"真理是伟大的而且一定会流传下去的，因为它具有构造实在的作用"①。

　　这个争论又由于实用主义关于概念的主张而更加复杂化了；概念，因为不同于知觉，被认为特别是认知过程的产物。至少，被概念化了的世界乃是一个被构造出来的世界，乃是关于实际需要的一种设计。柏格森，是所有他们这一批人中最大的创化论者，他把他的论点主要放在他的概念论的基础上，所以我们将再回到这个问题上来。

　　§11. 实用主义的进退两难　我们已经知道了足够的东西使我们能够认识到实用主义所遭遇到的这种进退两难情况的严重性。在其严格的认识论方面，实用主义是自然主义的和生物学的。心灵被理解为在一种环境中的活动，而且作为适应的代价，它必须服从于这种环境的命令。认识的复杂过程便是在这基础上由一些

---

　　① 《关于人本主义的研究》，第451页。参见第428页。

可以说明的部分所构成的。真理乃是一个产物，而环境作为一个先在的和独立的组成部分参与在这个产物之中。环境本身并不从属于知识的变化和存废；而知识可以被解释为一种人类的和可疑的事业而不损及它所由产生和它所表达的这个世界的结构。

但是在另一方面，当知识的因素，特别是它的环境被认为是知识本身的凝结物时，——于是知识便又悬挂在半空中了。它一定要被理解为从它本身吐出了制约它而给它以意义的那些前兆和环境。这儿也产生了促使费希特唯心主义失败的同一矛盾。活动的本身必须构成它离开了它们就不能活动的那种衬托物和媒介。而且如果支持主观主义观点的那些论点被认为是有效的话，那么对于相对主义的恶性矛盾便没有什么可防御的了。个人的判断冲突着，你的判断和我的判断，我今天的判断和我明天的判断，某一个时期的信仰和另一个时期的信仰；而这些判断的对象，既然被当作是它们的产物，便被纠缠在这种冲突之中了。对于它们的破坏性的矛盾，却没有一个可以申诉而予以仲裁的法庭。并不是由于没有固定的真理；而是没有固定的事实或存在，甚至没有过去的事情。因为主观主义的实用主义已经破坏了它自己屡次坚持的这种区别，即在真理和实在之间的区别。于是摆在主观主义的实用主义者面前的只有两条道路了。如果他要保持他的主观主义他就必须仿照唯心主义的样子，承认有一个宇宙的或绝对的认知者。因为如果要把实在寓于知识之内，就必然要有一种知识，它赋与这个世界以形状和轮廓。唯意志论的唯心主义者，根据主观主义的理由，斥责实用主义犯了相对主义的毛病，这是正确的；而他提供了

"绝对实用主义"①作为一个避难港，这既是合适的，也是及时的。

　　因此，如果实用主义要避免绝对主义，而保持在经验主义和自然主义的限制以内，它就必须选择实在论这一条道路，如詹姆士所已经十分成功地走的道路。而且实用主义的认识论不能因为仅仅是一个认识论而不那样具有启发性和重要性了。对于反省思维过程的一种有创造性的和强有力的分析，——把"观念"，"意义"和"真理"当作人类成就的一种特殊的和独特的形式的这样一种对经验的认真的解说——仍然要归功于它。

---

　　① 　罗伊斯：《威廉·詹姆士及其他论文》，第 254 页；又见"永存的和实用的"一文，《哲学评论》，第 8 卷(1904)。

第十章 直接主义对理智主义^①

§1. 对于这个争论的说明　实用主义的认识论,就其局限的意义而言,乃是对理智或反省思维的具体过程的一种分析和描述。它是对于间接知识,或关于什么的知识(Knowledge about)——即在那种知识中接受着、相信着或证实着有关于事物的观念。实用主义发现理智本质上乃是一个实用的过程或操作过程。但是在他的论述过程中,实用主义者经常攻击他所谓"理智主义",而所谓"理智主义"他是指对理智不加批判地使用而言。实用主义者描述理智,而且因为他懂得它,他能够说明它;在另一方面,"理智主义者"却只是对它有一种盲目的信任。实用主义者围绕着理智看,而用它的过程和条件来解释实在;但理智主义者的地平线却是受理智的限制,而且他只能够利用它和用它所产生的结果来解释实在。实用主义者使得理智具有生命力,而他的反对者却是使得生命理智化。

这是在对灵魂的理智主义的和唯意志论的观点之间的一个旧的争论,在一种新形式下复活了;而且开始时它看来似乎只是关于这两方面之中谁将得到定论的问题。理智主义者说,意志乃是知

---

① 这一章和下一章的一部分是"对柏格森哲学之注解"一文的重印,见《哲学、心理学和科学方法杂志》,1911 年第 8 卷,第 26、27 号。

识的一个事例；你所知道它是什么，它就是什么；它必然和你对它的观念或界说是完全相同的。在另一方面，唯意志论者或实用主义者则申辩说，认知——即有观念或形成界说——乃是意志的一个事例。而我们似乎卷入了一系列无限的答辩之中。

但是情况并非必然要如此。因为把这两方面都认为是正确的，这也完全是可能的。假设承认认知乃是一种意愿。那么什么是意愿呢？假定一个人能够认知；假定一个人能够愿意去认知意愿是什么，在这里面有什么矛盾呢？柏格森显然相信是有矛盾的。他辩论说，理智，因为它是生命的一种特别的形式，不能够知道生命的全部。"为生命所创造，在一定的条件下，作用于一定的事物，它只是生命的一种放射物或一个方面，它怎样包容生命？在它的进程的途中，为进化运动所安排着的，它又怎能应用于这个进化运动的本身呢？"[1]但是为什么不能？除非我们假定知与被知是一回事，否则便没有丝毫困难假定一个部分能够知道这个整体。假定理智乃是一个特别的动作，那也没有困难假定它又回过来对生命的附属部分有所表达；假定这种动作本身由于几个理智[2]的互相认知而被认知。再者，除非一个人知道意愿是什么，否则，把认知描述为意愿是矛盾可笑的。

纯辩证的问题，好像大多数这样的问题一样，变成了一种诡辩。真实的问题是这样的：有没有一种特别的知识，即间接的或反省的知识，它的本质，作为一个过程只能通过另一种比较一般的知

---

[1] 柏格森：《创化论》，米息尔英译本，第 x 页，见第 49 页。
[2] 见本书第 147 页；第 321—322 页。

识，即直接的知识，才被领悟？在这些名词中可能区别出两种理论上的反对者，而且可能判决它们的争论。一方面，实用主义者发觉，反省的思维需要为某一种非反省的经验所补充。例如，反省的思维意味着有可感觉的事实，它们只是被感觉到，而别无其他。或者说，反省的思维本身就是一个过程，它本身就是直接被感觉到的。又如某些东西，如时间，在其原有的特性上是绝不能为思维所把握的，但必是为直觉所领会到的。在另一方面，理智主义者坚持说，一切事物必须等同于我们对它们所知道的那些东西，而且只有一种认知的方法，即反省的思维。总之，实用主义对理智主义辩驳的真正支柱乃是坚持有一种非理智的知识，它较之理智更为根本些和更为全面些；如詹姆士所表达的，它提供了真实的"洞察"，不同于理智的肤浅和抽象。①

§2. 非理智的经验或直接状态　　实用主义者们对于这个非理智的或非反省的经验提出了不同的解释。在柏格森看来它是"在我们的清晰的——即理智的——表象周围的模糊的直觉的边缘。"如果他不愿意称之为知识，那只是因为它较之平常所谓知识有着更多的而不是更少的认识上的价值。我们对于我们的进化以及在纯绵延中的一切事物的进化所具有的这种感觉是在那儿的，在理智的概念的周围，形成着一种不清晰的边缘，它逐渐消退到黑暗之中。"而理智主义忘了，"这个核心乃是通过凝结，从其他部分中所形成的，而且要掌握生命的内在运动就必须要利用这个完整的东西，凝固的和流动的都要；不仅要凝固的，而且也要流动的部

---

① 《多元的宇宙》，第246页。

分。的确，如果这个边缘是存在的，无论它是如何的复杂和模糊，从哲学上看来，它应该较之它所包围着的明亮的核心有着更大的重要性。因为就是它的呈现使得我们能够肯定说这个核心乃是一个核心，而纯理智乃是一种比较广泛的力，是通过凝结作用所得到的一种收缩状态。"①总之，理智的知识是为直觉的或直接的知识所包围着和所纠正着的。前者是由于后者的证据而被说明和被限制的。

在实用主义的作者中只有詹姆士总是愿意把非理智的经验说成是知识的一种。如他在论述柏格森时所表述的，"一种对事物的活生生的或同感的熟知"，不同于"只触及实在的外表。"的有关于事物的知识，"领悟实在之深度的唯一途径或者是把自己作为实在的一部分直接地去经验它，或者是在想象中通过同感设身处地推测到另一个人的内在生命，而把它唤起来的。如果你真正地"认知实在"，你就必须"投回到这个流变之中"，否则"就必须面向感觉，那个被唯理论所咒骂的有血有肉的东西。"②

杜威的意见似乎不同于柏格森和詹姆士的意见，主要的在于他把"知识"一词严格地为理智化的经验保留着。在他看来，非理智的经验总是在那儿的，如柏格森和詹姆士的看法一样，而且在实质上它具有同样的作用。"事物即它们被经验到的东西"；而且知识绝不是"经验唯一真正的形态"。"知识-对象"是浸没在"一个内包的、有生命的、直接的经验"之中的。有这样的一种经验，知识及

---

① 《多元的宇宙》，第 49、46 页（点是我加的）。

② 同上书，第 249—252 页。

其对象乃是存在其中的,而且它是这种经验的图解式的或结构式的部分。"认知乃是经验的一种式样,"〔从直接主义的立场看来〕原始的哲学要求就是要发现认知是哪一类的经验——或者,具体地说,当事物被经验到是被知的事物时,事物是怎样被经验到的。"①总之,这个超认识的经验很清楚地乃是对存在的事物的一个经验,对于如此如彼的事物的一个经验;因此,乃是对它们的本质的一个启示。正如柏格森和詹姆士的看法一样,它提供了一个线索,使得认识过程本身被精密化了,而且也降低了效用,而理智主义则由于它造成了对于实在的一种局限的看法而遭受到谴责。

§3. 在间接知识中意味着有直接状态　　于是,到此为止,实用主义对理智主义的驳斥意味着说,通常所谓的知识,即为观念所媒介的知识,只是认识事物的一种途径,而且还不是最深刻的途径。间接知识在实质上的实用性或工具性暗示说,它是"为了一个目的"的知识,被一个控制着的动机所局限着的知识。实在的全貌及其原来的性质,只有通过一种直接接触,如对生命的感觉或感触,才会被领悟。我们现在就必须来检验一下这种实用主义的主张的根据。换言之,我们必须追问,为什么理智的知识是有局限的,不恰当的和次要的。

第一,他们主张说,居间状态蕴涵着直接状态。在这个观念和它的对象之间的居间关系,总是蕴涵着关于这个观念,关于这个过程,以及后来关于这个过程的对象或结局的直接的呈现。杜威说:

---

① "实在即经验",《哲学、心理学与科学方法杂志》,第 3 卷,第 256 页,《达尔文对哲学之影响及其他论文》,第 228、229 页。

"一切关于事物之理智的或逻辑的结晶的根据或线索都包括在被经验到的具体事物之中。"詹姆士说："感觉乃是心灵的基地、停泊所、坚固的基石、最初的和最后的限制、出发点和归结点。"或者,如他所更为强调地指出的,"这些知觉、这些终结点、这些可感觉的东西,这些单纯熟识的事情,乃是我们所直接认知的唯一的实在,而我们思维的全部历史乃是我们以其中之一代替另一,以及把这个代替物归结到一个概念记号的地位的历史。"①

因此,间接知识不仅仅为直接状态所检验,而且永远只是一个次要的东西,在没有直接状态的情况之下所采用的一种知识的样式。最好的观念就是那样的一个观念,即由它所导致的"一种实际上把我们自己和对象融会在一起的这种情况,由它所导致的一种完全互相会合和同等的情况"——"一种完全圆满的熟知状况",而使得这个观念本身的存在都成为不必要的了②。这是从观念的功能所产生的自然结果。观念的用处在于它们的代表性和暂时性。它们是超越于直接状态的限制的认知活动的手段;但是只有当它们涉及直接状态的可能性时才是有效的。如果说,根据非理智主义的理由,只有当实在是现实地或潜在地呈现着的时候它才是被揭示出来的,这并不是不公平的。至于这个被解释为一般知识的限制或仅仅是代替另一种知识的一种知识,这只是字句上的问题。直接的、当前的、立即的经验,即在这样的经验里面实在本身就在心灵之中,知者与被知者合而为一,它较之间接的、代表的、中介的

---

① 杜威:前引书,第 235 页;詹姆士:《真理的意义》,第 39 页(着重点是我加的)。

② 詹姆士:《真理的意义》,第 156 页。

经验,即蕴涵着它,涉及到它,而由它而形成的这种经验则是更为全面、根本而深刻的。

在进一步考查实用主义对于理智主义的控诉的理由时,我们就立即要涉及概念的问题。理智主义被申斥盲目地和过分地使用概念,而且绝对地依赖它们,不管抽象性和人为性怎样使之失效。这种对概念的控诉暗示出了它们所具有的一些突出的标志。一个概念乃是抽象的,意思是说,它是对于一个较为广泛的经验的某些有限部分所作的一种区别、分隔和注视。由于它是分析的产物,概念是清晰的和分明的。一个概念是不含糊的,只要一经识辨出来,这个概念就正是它被识辨出来是存在的那个东西而绝不能是其他的东西。它是孤立的和不变化的,不同于感觉和感触具有无限的丰富内容、边缘的模糊状态和不断流变的情况。但是这些优点由于它的人为性而被抵消了。一个概念乃是一个工具,由于它的用处才有它的存在和形式。作为一种人为的产物,它是它所由创造和它所要应用的原始经验以外的东西,而且从某种意义上讲来,是虚伪的。换言之,一个概念乃是一个实用主义的所谓观念。[①] 我们现在必须回过头来讨论这种把概念轻视为抽象的和人为的说法。

§4. 概念的抽象性。"恶性的理智主义"　詹姆士对于概念的批评主要是根据它们的抽象性。他反复地强调它们的选择性或片面性。如果理解到这一点,而且给予它以应有的默许,它也不致使

---

① 是否一切观念都是概念,乃是不清楚的;就我们当前的目的而言,并没有必要去决定这一点。见本书第249—250页。关于这个问题最好的讨论见詹姆士:《几个哲学问题》,第48页等。

它们成为假的。但是理智主义者们习惯把概念用来似乎已经把它们的对象包括无遗了，而且对于不包括在这个概念中的东西就不承认是这个对象的。这就是詹姆士所谓"恶性的"理智主义或抽象主义。他把它描述如下："把一个具体情境中的某一突出的或重要的特点挑选出来并且把它列入那个情境之下，我们就是这样来理解这个具体的情境的；然后，我们并不把理解这个情境的新方法所产生的积极结果赋加在它原有的特征之上，而继续私自地运用我们的概念；我们把这种原来丰富的现象缩减为那个抽象出来的名称单纯暗示的东西，把这种现象当作只是那个概念的事例，而别无其他，对待它时似乎这个概念所从中抽象出来的那些其他的特征都被消除掉了的一样。"①

换言之，"恶性的理智主义"把关于一个事物在概念上的真实性当作似乎就是关于这个事物的唯一的真实性了；而事实上，只有在它的活动范围以内它才是真实的。因此，这个世界可以真实地理解为永久的和统一的，因为在某一方面它是如此的。但是这一点，不应该使我们，像使某些理智主义一样，也去假定说，所以这个世界就不是变化的和多元的。我们必须不把我们的世界和关于这个世界的某一个概念等同起来。在其具体的丰富情况之下，它使它自己适合于许多的概念。这对这个世界中很少的一点事情来说，也是如此。它有许多的方面，其中没有一个方面是包括它的全部的。它可以进入许多的关系或秩序之中，因而相应地被给与不

---

① 《真理的意义》，第240页（着重点是我加的）。见同上书，第147页，《多元的宇宙》，第218页。又见本书第396—397页。

同的名称。在它直接的呈现中它包括着所有这一切的方面,正如在思维的鉴别活动和抽象活动中包括着许多潜能性一样。因此,"恶性的理智主义"乃是基于我在前面所指的"排他的特殊性"和"根据原始的断定进行界说"的错误的;即错误地假定说,因为一个事物具有一个可以界说的特征,它就不能也具有其他的特征;因为它已经首先由于它的某一个方面而命名,其他的方面就必须归纳到这一个方面或从它之中推演出来。[①]

在这儿,"恶性的理智主义"的错误很明白地在于它对于概念的误用,而不在于这些概念本身的性质。没有什么东西能阻止我们假定说,单个概念的抽象性能够由于增添了更多的概念或由于在一个概念的系统中特殊地提供了许多概念及其相互关系,因而得到补偿。在这种情况之下,对于概念的缺陷的弥补将会是增添更多的概念。但是实用主义所发现的对于理智主义的控诉远较这一点严重得多。它被责备说,概念乃是这样的,它们永远不能用来作为认知实在所具有的原有的和显著的特征的手段。要把握这些,我们必须完全废弃概念不用,而转向直接状态的启示和灵感。我们现在必须转到说概念中有一种在认识上不可救药的瑕疵的这个责备来进行讨论。

§5. 概念没有掌握着实在。极端的反理智主义　　在属于广义的实用主义学派的卓越的当代作家中,柏格森是最激烈的"反理智主义者。"[②]根据他的意见,理智不仅分裂和隔开了实在,因而以

---

①　见本书第135—137页。

②　虽然他的观点曾为詹姆士在其《多元的宇宙》第 6 章中以显然赞同的态度进行过阐述。

抽象出来的，片面的方面来代替了它的具体的丰富性；而且不管它的活动进行到多远，它是注定要失败的。总之，理智不能纠正它自己并为它自己的缺陷进行补偿。

这种无法挽救的失败的原因在于这个事实：即理智在本质上乃是行动的工具。为了行动的目的，有必要突出和重视到环境中的某一呈现的方面。行动的目标必须为注意所突出和掌握。通过重复这样的态度，理智精密地构成了一种图式，把分析开出的几个项目在这里面相互关联起来。它们始终是分明的和外在的，但为各种关系所交织成功的一个系统，它和它的构成项目一样是处于一种定型的和固定的状态之中的。所有这类系统的模式就是几何学，它是分析法最完善的表达。理智的手艺的标记就是空间上的"并列"和安排，一些区分开来的因素的静止的配合。于是理智要想纠正自己是徒劳无益的——因为它愈是向前推进一步，它愈是彻底地把实在缩减成为这种形式了。

而且就是这种形式本身而不是它的任何特别的或不完全的部分，是和实在的原始本来的性质不相符的。后者不是在固定状态之中，而是在流变之中的；不是轮廓分明的，而是轻描淡写的；不是外在的排列，而是连续不断的；不是在空间，而是在时间之中。理智无法避免它自己这种积重难返的习惯，这一点最突出地表现在它对于时间的处理上。因而它甚至于把时间也空间化了，把它当作是一种直线形的一系列的瞬点，而真实的时间乃是一种"绵延"，一个连续的和累积的历史，一个"不断生长的旧东西"。而这个真实的时间，我们是不能思考得到的；我们必须"生活于其中，因为生命是超理智的"。[1]

一种激烈的反理智主义可以用来作为攻击科学的根据，如法国实用主义者里乐伊(Le Roy)和意大利实用主义者柏比尼(Papini)的观点就可以说明这一点。"科学仅仅包含一些约定，而它之所以有明显的确定性就是因为这个条件；科学的事实乃是科学家的人为产物，更不必说它的法则了；所以科学不能教给我们一点关于真理的东西；它只能作为行动的一种规则。"[2]但是还有一个后果。因为在里乐伊和柏比尼看来，和柏格森一样，科学的失败已为一种对生命力量的直接感觉所补偿。科学制成了概念，它歪曲了实在，但是科学所服务的生命、制造和使用这些工具的这个有创造性的动作者通过本能和信仰而认识到它自己。

§6. 反理智主义没有理解理智的方法。作为功能和作为内容的概念　这种对理智主义的方法的全盘批驳，我深信，乃是基于对于这个方法的一个误解。值得我们来搞清楚一下这个问题。第一，如在前面所已经暗示过的，[3]柏格森和詹姆士都没有搞清楚，概念是为它的功能所辨别出来的还是为它的内容所辨别出来的。"概念"是和"观念"一样的呢？或是观念的特别的一类呢？这个问题是具有决定的重要性的。因为如果概念只是"观念"的另一名称，如果观念本质上是一种功能或职能，而不是一种内容，那么概念的失败必然只是意味着思想的意念的或中间活动的失败。但是

---

①　柏格森：《创化论》，第 xiv 页，第 46 页。见第 1 章以后。

②　引自彭加勒："科学之价值"一书中他对里乐伊的阐述和批判，(赫斯特英译本，第 112 页。)也见本书第 100 页。至于柏比尼，见本书第 287 页。

③　见本书第 245 页。

按照实用主义的说明，这种活动本质上乃是一种接近于直接状态的样式。它愈是完善，它就会愈没有错误地导致我们遇见它的对象。证明理智本质上是具有工具性的，然后又为了它所以有用的来对它进行攻击，这真是一个奇怪的行动。事实上，反理智主义者完全在这种意义之下运用理智，乃至涉及"实在"。他利用了字句和品词，而且他希望这些字和词会引导读者或听者得到直接经验，在这里面"实在"便被揭示了出来。一个实用主义者不能有任何根据来主张，有任何不能表现出来的实在，因为他所谓表现只是一种指引，这对任何东西都可以用得上。凡所经验到或所感触到的任何东西都能在这个意义下表现出来，因为这只需要它有一个人们将被导致的场所或范围。

于是我们便可以设想，反理智主义者所攻击的不是观念本身，而只是某一类的观念；例如逻辑的和数理的观念，"词""线"，等等。但是"词"和"线"只有在某一种方式之下被采用时才是观念。它们本身只是一些独特零星的经验。它们可以被直接认知或被呈现出来，也可以在间接的思维中被利用。乃至"抽象的东西"也可以为一种直接的鉴别活动所领会，而且也只有在这种直接的领会中使它所特有的特征揭示出来。不能说，这些零碎的经验如"词"和"线"特别不宜于作为观念，因为如我们所知，一个观念的内容乃是不相干的。任何一点经验都行，例如文字就是最好的说明。总之，毛病，如果有的话，不能是在于对这些因素在理智上的利用；它必然不在把它们当作观念来运用，而在于它们本身所固有的特点。反理智主义的争论必然意味着说，实在并不是跟"词"和"线"一样的；或者说，这些特点似乎跟实在的主要特点，如连续性和生命等是矛盾的,而且是为它所统治的。

§7. 符号的关系和符号化的关系之间的混淆　但是这个争论,我认为,又是基于另一误解。有一种久远的倾向,易于把一个符号化了的关系和一个符号间的关系两者混为一谈。通常总是这样的设想,即当一个复杂的东西为一个公式所代表时,这个复杂物的因素也必然有跟这个公式的各个部分之间所潜在的关系相同的那种关系;而事实上,这个公式是作为一个整体代表着或描述着它本身以外的一个复杂的东西。如果我描述说 a"是在 b 的右边",那么会不会因为在我的公式中 a 是在 b 的左边而发生什么困难呢? 如果我说 a 大于 b,我是否就假定说因为我的符号是彼此相外的,a 和 b 也必然是彼此相外的? 这样一个假设就会意味着最朴素地接受那种为实用主义所十分严厉责备的关于认识的"摹本论"。然而这样一个假设却似乎到处暗藏在这个反理智主义的责斥中。理智被描述为"用真实事项的符号的地位安排去代替它们本身的相互渗透";似乎由于分析而发现了事项,然后又把以它本身所具有的关系赋加上去。然而,正如詹姆士自己曾经十分沉痛地指出过,事项与关系具有同样的身份地位。事项是在关系中被发现的,因此,也就可以这样来描述它,正和单纯地论及一个单个事项一样,在这里没有什么人为的因素,没有什么为心灵所赋加在它的内容之上的形式。①

隐藏在反理智主义者认为连续性是不能描述的这个主张背后

① 柏格森:《时间与自由意志》,坡格生英译本,第 134 页,詹姆士:《一个多元的宇宙》,附录,A。

的就是这样的一个误解。詹姆士说:"因为你们不能从不连续的东西中构成连续的东西,而你们的概念乃是不连续的。你们把一个变迁分析成为许多阶段,阶段乃是静止的状态,而变迁本身却是在它们之间进行的。它是处于它们的间距中的,居住在你们的界说所没有聚集起来的东西中的,因此,也就使得概念上的解释成为完全不懂的东西了。"①

如果我要能够懂得这个论点,除非这位作者假定理智主义者试图用概念加上概念的办法来解释连续的东西。于是断续的和不连续的理解活动的动作便被认为是同连续的内容相反的。但是这个假定是不正确的。例如,一条线可以被理解为一类具有方向和距离的相互关系的地位。这个概念可以用 a……b……n…… 这个公式来代表。然后可以再附加上一句话:在任何两个地位,如 a 和 c 之间,还有第三个地位,它在 a 之后和 c 之前;这就公开地否认在这条线的各地位之间和这个代表的各符号之间有同样的裂缝。a、c 等符号的运用指明这些地位的众多和成系列的顺序,而这句话则是说明它们的"结实性"。② 通过这样一个公式和这样一句话,人们可以指连接性而言,尽管事实上这些符号和字眼是分散的。这个"蓝"字可以指蓝色而言,虽然这个字并不是蓝色的。同样,连续性也可以是为字眼和符号的一种不连续的安排所指明的一种安排而言。

§8. 说概念必然是私有的这种假设　第三,反理智主义的斥责是基于这样一个误解,即当概念被运用时,它必然是按照詹姆士

---

① 詹姆士:《一个多元的宇宙》,第 236 页。
② 见罗素:《数学原理》,第 296 页。

的所谓"私下地"去运用的。换言之，把这一点视为是理所当然的，即一切理智主义都必然是"恶性的"，或盲目地对待它自己的抽象性。如我们所知，詹姆士认为这个观点乃是理智主义的一派。把一个东西理解为 a，然后再假定说，它只是 a，这是"恶性地"理智的。①

　　但是很明显，假定一个人承认，是 a 并不阻碍一个东西同时也是 b、c 等，那么他就可以是无辜地，乃至是仁慈地理智的。而对于这个可能性，无论如何，看来柏格森是忽视了的。因此，他经常辩论时似乎对关系逻辑的运用就包括着把每一件东西都归结为关系逻辑。分析法就意味着说，实在包含有事项和关系。然而它并不意味着说，这个单纯的事项与关系的特征就是它的全部了。因此，蓝不同于红，乃是 $t^1(R)t^2$ 的一个事例。但是在具体事例中，这个单纯逻辑的事项特点 t 首先跟一个性质结合起来，然后跟另一个性质结合；而 R 不仅是一般的关系，而且也是"差别"的特别的关系。而且同样，数学、力学、物理学的公式，由于它们都是逻辑体系的事例，每一门都有它们特别的外加的和显明的特点。

　　抽象的逻辑体系是没有时间性的；但是如果把这个时间特点加进去的话，一个有时间性的体系却可以成为逻辑体系中的一个事例。所以，像柏格森那样的说法是矛盾可笑的，即"当数学家在 t 时间的末尾计算一个体系的未来状态时，他就可以假定说，这个宇宙从这个时候开始消逝，一直到那个时候又忽然重新出现。这里所计算的只是这个 t 次时候——这只是一个瞬间。至于在这

————————

①　见本书，第245—247页。

个间隙中继续流动着的东西,即真实的时间,却并未计算在内,而且不能计算在内。"①在这里我看不出有什么意义,除非作者把 t 只当作是一个数目字。但是事实上,t 乃是关于时间单位的数目,所以其间有一个间距或继续流动着的东西;而把这个因素扩大到这个公式里面去,这就是说,整个过程乃是通过那个间距而连续着的——这就是说,时间的消逝已被计算在内,而且也是要公开地计算在内的。

或者来考虑一下同一作者的主张:理解时间即是把它空间化。他又弄错了,他假定说,因为时间被理解为有秩序的,所以它不是别的,只是秩序。这样一种理智主义的确是恶性的。单纯的逻辑秩序乃是静止的;而且它本身不能表达时间。但是把时间,正如空间和数量一样,当作是秩序的一个事例,在秩序的特点以上和以外还具有特殊的时间性,这是完全不同的另一回事情。在这儿,"地位"、"间距"、"在前"和"在后"都是从时间的意义上来运用的;而这个系列中的诸事项不仅仅是逻辑上的项目,更不是空间的点,而是一些瞬间,具有它们自己所特有的时间性。

§9. 对于分析的误解 总之,极端的反理智主义表现出对于分析法的一种误会。这个方法只是指对经验细节的鉴别和说明而言。它已导致我们发现一定具有特别高度概括性的因素和关系,如逻辑的和数学的因素和关系。但是这些因素和关系,由于它们的概括性,使事物在一个广泛的度量上成为等量的东西,而且结果在知识中具有特别的重要性,但同时这并不是说,理智主义想要废

---

① 《创化论》,第 22 页。关于柏格森时间论的较详细的讨论,见本书第 277—283 页。

弃一切其余的东西。凡具有逻辑形式的东西并不是纯粹的形式。

　　而且，如果假定说，分析就是不管什么内容而把关系上和秩序上的安排强加上去，这完全是错误的。分析法既不是一件偶然的事情，也不是一种偏见。它起源于这个事实：即科学和哲学所涉及的课题乃是复杂的。而这一点，每当反理智主义的作者涉及它时，事实上总是被承认的。"连续性"、"绵延"、"活动"和"生命"，即使在可能得到的关于它们的最直接的经验中，都无疑地呈现出许许多多的特征。它们是可以被分裂开来的，而它们的一些特征是可以被抽象出来和依次被命名的；而这只是因为它们确实包含有多样性。反理智主义者显然是准备承认它们的多样性的，但又突然停顿下来，而只承认它们的"清晰的多样性"。[①] 但是"清晰性"和"不清晰性"乃是心理上的而不是本体上的差别。一个"不清楚的多样性"只是一个尚未完全认知的多样性，——一个清晰的多样性，具有不完全的鉴别的性质。

　　或者，反理智主义者是否还被这样的一种考虑所苦恼：即关于分析的这个概念并不是十分确切的；这些概念试图借助一些广泛的类型来表达它，因而把自然过分简单化了？因此，可以这样争辩说：物体的界线永远不是绝对直的或圆的，或者说，没有一个轨道是完全椭圆形的。但是要注意这个批评的涵意。它或者是根据这个事实：即在严格的科学中所赋予自然物体的形式和这些物体的实际形式之间有一个可以感觉到的差别；或者是根据于这样一个假设：即如果我们的研究方法有所改进，就会出现这样一个差别。

---

　　① 　柏格森：《创化论》，第 xiv 页。

无论在哪一种情况之下所谓差别乃是一种分析上的差别,乃是一种具有和被比较的事项同样明确特点的差别。如果自然的界线或轨道并非属于比较简单的几何特征的,那么它就必然是因为它们乃是属于一种比较复杂的几何特征;如果不是一条直线,那么就是一根虚线;如果不是圆形的或椭圆形的,那么就是在某种其他方式下的曲线。所以这一些考虑丝毫也没有说出什么理由来反对分析法,或怀疑实在所具有的关系性的结构。

§ 10. 对分析前的直接状态所假定具有的优越性　　但是反理智主义又被牵连在一个更为严重的错误之中。它不仅误解了它所攻击的这个观点;而且它还提出了它自己的一个没有根据的主张,即主张有一种对一个模糊含混的统一体的直接领悟。它利用普通"假象的简单性"的错误。如我们所已知,这种错误在于把一种文字上的或主观的简单状况投射到对象中去。例如,这个单字"生命"用来指这种复杂的东西——生命。于是就假定说,在生命的各种特征的背后,或把它们融会起来,必然有一个相应的统一体。或者说,在探讨的开始,生命是一个有问题的统一体,一个赤裸裸的"那个",一个要被认知的东西;于是就假定说,这个简单的"quale"[①],这个尚有待于辨别的诸因素的融合,就必然在某种方式下在于这些因素本身之间。

有两种方法把经验结合起来。一种方法就是进行分析到底,而且在发现部分间的联系和这个整体的统一结构。另一种方法是把这个操作过程颠倒过来,向后分析上去,一直到它的消失点——

---

①　quale,拉丁文,意为"什么样的"。——编者

到这个赤裸裸的字眼或单纯的注意的感觉。在第二种情况下,经验被简化了——通过这个对象消逝了的办法!在对象完全被除掉的这一点上便达到了一个完全的简单状态,一个不可言状的统一体。但是这时候知识没有了;而所有关于它的经验就完全没有任何认识上的意义了。

因此,柏格森说:"我们愈成功地使我们意识达到我们在纯绵延中的进步,我们就愈感到我们的各个不同的部分彼此渗入,而我们整个的人格都把它自己集中在这一点上。"①我深信,柏格森在这儿所描述的乃是把认识消失于一种经验之中,而这种经验却不是一种关于任何东西的经验。这样一种统一状态可以由于熟睡或自我催眠而获得。它对于说明任何事物的性质没有丝毫的帮助。我对于生命的经验已经融化了;但接下来关于生命的性质却什么也没有了。我对它只是闭上了眼睛。我已经把我对于生命的知识抹杀掉了;但是生命却并未因此而被抹杀掉。在黄昏的时候,一切东西都是灰色的;在无知状态中,一切事物都是简单的。柏格森把这个"对于绵延的感觉"说成"实际上是我们自己和它合而为一了";而且他说,这容许有程度上的不同。但是当我现在感觉到这种绵延时,我并不比我过去在思考着它的时候更为清醒些。区别在于,从前我认知绵延或对它有所认知,而现在比较起来我对它是一无所知了;我只是绵延了。绵延本身较之它以前并没有变得更复杂了,或没有那样复杂了;我的知识只是已经被简化了——一直到消逝之点。柏格森曾论及一种本能的同感,而这种同感,如果

---

① 《创化论》,第 201 页。

它"能扩延它的对象而且也能反省它本身","就会给予我们一把从事生命活动的钥匙。"①但是我相信,这样说是妥当的;即对本能愈有反省,它的复杂性就愈明显;本能愈是简单,它就愈是不为人们所经验了,而且从认识方面讲来,它就不成什么东西了。

§11. 对直接主义的主观主义的看法　实用主义对于理智主义的批评,好像实用主义的真理论一样,倾向于采取两种形式中的一种。用杜威的所谓"直接主义"这个名词积极地而不是消极地来表达这个实用主义主张,我们可以说,对直接主义有一种主观主义的或唯心主义的看法和一种实在论的看法。

区分对直接主义的唯心主义的和实在论的看法的带有关键性的争论点乃是:理智的活动是创造性的还是选择性的。是理智产生概念呢,还是它发现它们呢? 如果从"创化论"来判断的话,柏格森是把理智当作是一种人为的东西。换言之,观念、事物和对象所表达的并不是环境,而是这个主动者。这是否与柏格森的观点是一致的,理智是否一种适应的手段,这一点并不清楚。如他自己所说的,"如果有生命的东西所具有的理智的形式是在一定物体及其物质的环境反复的作用和反作用的基础上逐渐形成的,那么它怎会把这些物体所由构成的本质对我们揭示出来呢?"但是这个问题并未阻止柏格森从理智本身去派生"理智的形式"。它的来源要从"我们的理智的结构中"去寻找,"而我们的理智结构的形成是为了要从外部作用于物质并且它成功地在实在的流变中构成了一些瞬间的切片,而每一切片在其固定的状态中变成了永远可以分解的

---

① 《创化论》,第 200 页,176 页。

东西。……这个复杂状态乃是悟性的产物。"①换言之,关系的组织物,事物的颗粒,乃是为理智所产生的。现有的,尚未被理智化的物质,在它本身的实体中,乃是纯粹的流变,它和作用于它的生命是同样的简单、平淡而含混——它只是生命的"逆"运动。于是,按照这个观点看来,去理解就是去产生所谓概念的这个东西。概念上的区分乃是从纯理智的活动中演化出来的,而并不是包括在理智所作用着那个东西之中的。

§12. 对直接主义的实在论的看法　　在另一方面,按照直接主义的实在论的看法,理智是发现,而不是创造概念。从整个讲来,这是詹姆士一贯所主张的观点。概念不仅仅是理智的功能,而且也构成实在的一个"对等的领域"(Coordinate realm)。"如果我们占领了这个几何关系的世界,π 的千分之一的小数仍是躺在那儿,似乎没有人乃至试图去计算它一样。""因此,哲学必须承认有许多互相渗透的实在领域。数学、逻辑、美学、伦理学的概念的体系,就是这样的领域,每一领域是贯串在某一种特别的关系形式之中的,而且它们都不同于知觉的实在,因为在它们之中没有一种是所表现出来的历史和事变。知觉的实在含蓄着和包括着所有这一切观念的体系而且是大大地超过它们的。"②问题的关键在于最后的这句话。实在并不是在概念的秩序以外的而是多于概念的秩序的。理智是一种"识别的器官",而不是一种构成的器官,是人们所具有的一种力量,"它把在他们面前所经过的东西中最流动的因素

① 《创化论》,导言,第 xi 页,第 250 页(着重点是我加的)。
② 詹姆士:《真理之意义》,第 42 页(注),第 203 页;《哲学问题》,第 101—102 页(着重点是我加的)。也见同上书第 56 页;《多元的宇宙》,第 339—340 页(注)。

挑拣出来,一个方面又一个方面地,一个性质,又一个性质地,一种关系又一种关系地挑拣出来。"①

当我们这样理解实用主义对理智的说明时,它就和它的一般的自然主义的基础是一致的了。概念发生着作用,是因为有环境呈现在面前而且在它们之中表示出来。既然自然具有逻辑的和数理的特性,那么按照它具有这些特性的情况从事活动,这就便利一些;虽然不幸注定要歪曲环境的理智,它本身既会是任意的和无意义的,而又会对行动发生错误的指引。而且这个对概念的实在论的解释同对它们的那种盲目地和无批判地加以运用的严格责备是完全一致的。因为自然是逻辑的和数理的,这并不是说它只是逻辑的和数理的。这样的一种理智主义诚然是恶性的。把实在的某些特征抽象出来,这就会为一种独特的危险所缠扰,这个危险即是无视其余的东西。从这个事实所得到的是这样一个结论:理智是选择性的,它丝毫也不意味着说,理智是创造性的。

这也是真实的,从一种意义上讲来,知觉的世界较之概念的世界丰富些,因为后者是从它所抽绎出来的,还留下有一个剩余的部分。不错,詹姆士比这还要进一步,而且跟柏格森一样主张还有某些实在的特性,即动力的和有时间性的特性,它们是不能被理解的。但是我想这是由于一个误解。② 如果去理解并不是去改变,而只是辨别,那么理解就不是同任何特性对立的;带着一种指出其不可理解性的观点来论及一个特性,这也是在理解它。而且就中

---

① 詹姆士:《哲学问题》,第 51、52 页。
② 同上书,第 81、104 页;见本书第 252 页以后。

介的功能而言，一切特性都占有同等的地位。一切都可以被间接地认知；但是间接地去认知它们只是直接地认知它们的一种间接的方法。对于一个借助于这些字眼、间接可认知的数学上的三角形是如此，对于颜色、生命或任何其他东西都是如此。

詹姆士的实在论的反理智主义经过这些研讨的纠正之后，便避免了"恶性的理智主义"的咬文嚼字和抽象无物的毛病，而又不至于不信任分析而陷于无批判的直接主义——那种把秩序融解为混乱的情况——而后者甚至是一种尤为厉害的恶性的直接主义。

第十一章　多元论、非决定论和宗教信仰

§1. 作为经验论之后果的多元论。知识的附加特征　跟作为一种认识论——一种对于真理的界说和对于理智主义的批评——的实用主义相联系的还有一种或多或少清晰明白的形而上学。虽然这种形而上学并不是系统的,它却明显独特足以提供出一种对生命,乃至对宗教的解释。既然实用主义,同唯心主义和实在论一样,原来是一种认识论,而只是从含义上来看,是一种形而上学,我们也就同样按照在我们的论述中的这个逻辑秩序来进行讨论。

为了为一个形而上学和宗教哲学提供基础,最好用"经验论"这个术语来概括实用主义。实用主义是经验论的,首先,因为它把"认识"一词限制于人类知识之可以置于观察之下的那种特殊的情况。它的认识论乃是对于你和我在这种或那种具体情况中去认识事物的方式的一种描述。这既是唯一可能从事于有益的讨论的知识,因为它是唯一可被检验的知识;而且又是唯一能为我们所说明的知识。每一种可被建立起来的理论乃是某一个特殊的人的特殊理论。即使有关于无限的或神灵的知识的理论,也首先是你的或我的理论。而且接着就要承认,除非相信人类的知识,否则我们就必定是怀疑论者。换言之,如果我们不选择怀疑论这条道路,而说,我们所谓知识不是别的,而只是所能获得的最可靠的知识,那

么我们就必须把知识同人类的知识等同起来。无论是好是坏，——这就是知识。假设的知识同那个说明它、证明它和相信它的人类心灵的过程一样，是无误的或是确定的。这就是说，在我们尽可能充分地认知的范围内，我们有可能去认知实在的一个有限的部分。如果有人说，不认知一切事物，就不可能充分地认知任何事物——那么那个说法本身就是靠不住的。它本身就是片面知识的一例，而且并不享有任何特别的权利。

如果可能不认知实在的一切而只认知它的一些部分，接着就要承认，这些实在的部分乃是自足的。如果认知是能够积累的，如果事物能够每次被认知一个，那么被认知的事物就必然独立地具有它们的性质。因此，一个人能够认识数目的法则而不知道拿破仑的生日。关于后者的知识，获得之后，就只是附加在前者的知识之上而不改变它。但是这就等于说，拿破仑的生日并不是数目的本质的一部分。这并不是说，它们彼此是不相关的，而只是说，它不是近亲的关系，并不进入到它的界说中去。而这一点，概括起来说，就是所谓多元论。按照它的对立面，或一元论的观点，一切的关联(the *all*-relationship)，即每一个对一切的关系，是确定的；按照多元论，它是偶然的。按照一元论，普遍的关系决定着每一存在事项的本质性质；按照多元论，一定限度的关系足以决定每一事物的性质，其余的关系是多余的和不必要的。按照一元论，总体较之部分更为统一些；按照多元论，部分分别地较之这个总体更为统一些。①

_____

　　①　关于实用主义对于多元论的界说，见詹姆士：《实用主义》第 4 讲。关于"真理的一元论"，见本书第 239 页。

因此,实用主义信任有限的知识,而且肯定说,知识是从部分向整体成长的。知识是积累的;无所不知将是知识的总和,是关于 a 和 b 的知识,在这里,关于 a 的知识和关于 b 的知识分别开来乃是先于它们结合起来的知识而存在的。而且实用主义推论说,在这种情况成为可能的一个宇宙中就至少也有一些不相干的情况或偶然结合的情况。

§2. 多元论与外在的关系　但是经验的方法为多元论在这方面提供了更为直接的证据,即这样的偶然结合是实际上被知觉到的。尤其是詹姆士,他曾经强调了"外在的"关系的存在。①

唯理论提出和强调了逻辑蕴涵和有机统一的关系。这些关系是不容否认的;只要是在它们能被发现的地方,知识的兴趣就是要去发现它们。诚然,甚至于可以说对于这种关系的发现就是思维的主要动机。但是一种彻底的经验主义将会承认这种关系,除了伴随着其他的关系而来以外,是永远发现不了的。詹姆士说:"凡你所能想到的每一件东西,无论是多么巨大或广泛,根据多元论的观点看来,总是有着属于某一种类或某种程度的一个真正的'外在的'环境。事物在许多的方式之下是彼此关联着的,但没有一个东西包括着每一事物或者统治着每一事物。'和'这个字眼总跟随着每一个句子。"②换言之,内在的,确定的关系,是从偶然的关系中鉴别出来的。科学,在和任何研究的题目联系着的时候,总是把那些必然相关的或在机能上相关的,所以也必然要参与在解释之中

---

①　例见《多元的宇宙》,第 313—318 页,第 348—353 页。
②　同上书,第 313 页。

来的东西,从那些在那儿并从某种意义上讲来是相关的,但又是可以忽视的东西区别开来。每一个定义,每一个决定的体系的获得既要经过内包,也要经过排斥。灵巧的科学心灵总是毫不犹疑地抓住有密切关系的东西,而排除掉那些不相干的东西。而经验论只是接受事实的这种意愿,至于这些事实是联结的或是分离的它是不管的。它承认在理智上对统一性的偏爱的背后,还有更为根本的认识上的要求,即事物应该按照它们本身那样来加以接受——至于它们是满足那个偏爱或是使之失望的,那是无所谓的。

于是,从经验上讲来,这个世界乃是一与多、相干与无干、分离与联结、本质与偶然的一个混合体。在经验的依据上,没有其他更可靠的解说了。而这一点事实上甚至也是被多元论的反对者所承认的。一元论并不是从现象上判断,作为是对于这个世界的一个忠实的描述而被提出的,而是当作一个不管现象怎样,必然要对这个世界加以肯定的必需的理想而被提出的。于是争论之点便转向到在关于绝对主义的讨论中所已经提出的那些考虑的问题方面来了。[①] 绝对的世界体系是一个明确的理想吗?而且能否指明出来,在认知的活动中就蕴涵着这样一个绝对的世界体系,因而怀疑它也就是在肯定它吗?如我们在以上所被导致的结论一样,实用主义结论说,这样一个体系不仅是一个武断,而且是一个空洞的武断。作为一种情操,它是可理解的,但是作为一个假设,它不仅是未被证实的,而且是不可以证实的。如果它万一被陈述出来的话,由于它被陈述时所用的措辞的极端的抽象性,因而不能设想一种

---

　　① 见本书第八章。

有决定性的实验,决断地去确定它的真实性或虚伪性。不被陈述出来时,它是一种追求统一性的感觉,一种对秩序的爱好,一种"宇宙的情绪"。因此,这个"绝对体"或者是一个肤浅的常识,只是说,这个世界是一个东西而且是相互关系着的,它就是它现在的这个样子;或者它就是一个关于神秘的敬畏的符号。

要找到这个世界本来的和明显的特征,我们就要离开逻辑的和神秘的统一体,而从它的独特的外貌上去观察它。这个世界不能用最高格来加以总和,而不致陷于过分简单化或混淆不清。它有统一性,但也有多样性;它是有秩序的,但只是在一定的程度上;它是好的,但在部分上也是坏的,和不好不坏的。无论是好,是坏,它就是这个平常的、熟悉的旧世界,其中带有着一些节奏和理性,但也带有着很多臆断的和没有后果的东西。它所提供的机会和希望是有限制的;但是不能用夸大它们的办法来更多地享有它们。理性的生命和真正的宗教的开端跟自然的生命的开端一样,并不是由于把这个世界当作最好的东西,而是由于照其原样加以对待,并使它变得最好。

§3. 作为一种宗教哲学的多元论 很明显,多元论是容易转变成为一种宗教哲学的。作为一个世界观,它激起了一种独特的实用反应和启发了一种独特的信仰。

首先,它直接应用到关于恶的问题上。根据一元论的理由,这个世界必须作为一个整体来被嘉许或被贬责。它是什么,它自始至终就是什么;它所表现出来的每一个特点就被蕴涵在每一其他的特点之中。部分的意义必须要在整体中去寻找。这样一个理论胜过了作为行动之指导而对自然和事物所作的那种在经验上的估价。在实用中所区别出来的在善恶和不善不恶之间的差别，在这种理论中，便被模糊了。在一种一元论的哲学中，真正的善本身就蕴涵着恶；真正的恶本身就蕴涵着善；而且真正的价值和真正的漠然无关乃是相互蕴涵着的。换言之，每一个东西的真实本质是在它与其他的东西的联系中显现出来的。但在另一方面，实际上，每一个东西的真实本质却是它本身所固有的，而对其他东西的关系则是偶然的、附随的或损毁性的。

而这种对事体的实际的看法却构成了对恶的多元论的哲学。并不否认，善、恶和无关三者是相关的。并不否认，价值可以来自无关，或者甚至于说，善来自恶。但是却不承认，这些关系界说和解释了这些事项。不承认，必须把价值界说成是包含着无关；或者必须把善说成也提供了恶。所以善并不是由于伴随着它而来的恶而受到责备或被判断。纯粹善的本质，由于把恶的排除得愈多，而愈被领悟到。一种用排除恶来说明善的做法，的确对生命是不合适的；但是它对于善的性质却会是合适的。诱惑与斗争、灾难和锻炼、罪恶与忏悔——这两者的混合，从存在的历史事件而言，是真实的；但是善的性质本身，只能由于与它的对立面的混合而被混淆不清。

说善必须用生命来加以界说，而生命必须用普通的实在来加以界说的这个假定除了一元论的武断外是没有根据的。它基于这个更为根本的假定：即整个的具体联系都必须包含在对每一事物的界说之中。因为善跟恶和不善不恶是对立的，因为善的环境在一定的情况下是受恶和不善不恶所制约的——于是便推论说，善之中就必须包括有这些东西在内。甚至于还可以这样辩论说，因为实用主义者赞赏自然的人化和对恶的胜利战斗，曾把自然归结到人事，把善归结到恶，所以他是一个好的一元论者。[①] 没有任何东西比这一点更为无疑地导致一元论的偏见的了。对一个习惯于一元论的人看来，一件事物，如不包含在对所谈的主体所作的界说和解释中，而能与这一主体有任何关系，或即使可在关系到这一主体时被提到，那是不可理解的。但这是不是要归结说，因为自然能够被人化，这个后来的结果就正是它所以存在的秘密；或者说，因为一个美德能够为必然性所构成，所以必然性的产生就是为了要去构成一个美德呢？用货币去解释黄金，也是同样有理由的；或者辩论说，因为一个人可以从泥沼中拖起来，所以泥沼本质上就是人可以从中拖起来的那个东西，而且所以它是较高级的生命的一个条件。

在这儿，就是这个区别最后使得实用主义和一元论的唯心主义站在完全对立的地位，然而这个区别却是如此易于混淆不清并且也似乎是十分微小而无足轻重。在实用主义看来，善事实上是跟恶相关联的，但是它并非必然如此；它并不是从这种关系中派生出它的意义来的。在一元论的唯心主义看来，恶的条件对善而言是本质的东西。而从这两个学说中所产生的宗教是比任何两个宗教都更为不调和和更为不相容的了。从一个学说产生了实用的乐观主义或改良主义，它把它的希望委托在这个世界可以被改善一些的机会上；从另一个学说产生了冥想的或静观的乐观主义，它包

---

① "唯心主义的宗教把实用主义当作是一个在构成中的唯心主义"，这就是从这个意义上来说的。见吉布生：《上帝和我们在一起》，第189页和第10章以后。

括着这个世界，就是最好的这样一个信仰。在前者看来，善的实现是一件未来的偶然事情；在后者看来，它是永恒的和必然的实在。在实用主义看来，这个世界的完善化是用缩减的办法，必然有"实在的损失和实在的损失者"；在一种一元论的唯心主义看来，这个世界的完善在于它的无所不在的整体。在实用主义看来，"恶就是抗拒世界的进化和在反对事物之趋向中打败仗的那种东西"；在一种一元论的唯心主义看来，恶是调味品中的一种香料，或戏剧中的一个角色，它是居于从属的地位，但却是不能缺少的。①

　　这个对比在对上帝的相应的概念中最后和最生动地显现出来。在实用主义看来，上帝是一个部分而不是整体。他是仁慈的，但不必用一切自然和生命的产物来判断他的仁慈。"上帝并不是一切的事物，因而他能够是一个不断地创造正义的永恒的（即不休止的）趋势，而无需乎，像根据一切其他的学说说他是必然如此的那样，是对恶的负责的创造者。"②总之，实用主义认为宗教意识的通常程序是合理的。因为宗教意识通常是有选择性和有鉴别性的，是在专门的和独特的意义之下用善来解释上帝的性质的，而且是通过诉之于某些，而不是一切实在的证据来证明他的。在另一方面，从一种一元论的唯心主义看来，上帝就是一切，而对他的善必须作相应的解释。③他本身就是那机械的自然、恶以及与它们

---

　　①　詹姆士：《实用主义》第 269 页；见第 8 讲以后；和《决定论的进退两难》和《生命是值得活的吗?》，在《信仰意志》一书中；席勒：《斯芬克司之谜》，第 3 版，第 353 页。一元论见本书第 196 页。

　　②　席勒：《斯芬克司之谜》，第 3 版，350 页。

　　③　例如见吉布生：《上帝和我们在一起》，第 10 章。

相对立的善一起所证明的那个东西。他是普遍的生命,事物混杂
的总体,上升而成为一个崇拜的对象;但是,如柏拉图可能说过的
那样对于道德意志是不无不忠之处的。因为归根到底我们不可能
敬畏一个东西而服侍另外一个东西。而赞扬关于"精神生活"、关
于"斗争"和关于"胜利"的中立的中间世界,并且把它建树成为一
个最高的敬佩对象的这样一种崇拜,归根结底,就势必把道德上的
努力变成一种有意识的装腔作势,而把它的"永存的不"变成舞台
上的英雄人物。

§4. 作为多元论的后果的非决定论　　实用主义蕴涵着多元
论,而这一点,如我们所知,又提供了对于恶和上帝的一种独特的
见解。但是实用主义者们不仅是多元论者;他们也是非决定论者,
而且在他们的非决定论中为一种宗教哲学找到了附加的根据。如
不久就要指出的,非决定论乃是一种比多元论尤为含糊可疑的学
说,而且是可以用几种方法来进行探讨的。

首先,非决定论可以被看作只是多元论的一个方面。后者的
主张既强调多样性,又强调各不相干的情况;非决定论挑出和强调
各不相干的这一方面。这就是说,有许多的关系是不可以决定的;
有许多事物和事情的安排是真实的、但不是必然的。从狭义上讲
来,非决定论的意思是说,个人和人的行动,相对于它们的环境或
整个具体的背景而言,既是结合相关的,也是脱节无关的。在一个
人或在他的事业中,有些东西不是从任何超越的东西所能推论出
来的。它是跟其他的东西一样,伴随着它们,在许多方式中和它们
相关系的,但又无需乎是追随于它们之后的。

我想,这就是詹姆士的所谓"真实的可能性"的意义。[1] 这原来是否定这样一个对立面的主题:即这个世界是被蕴涵所渗透的。有必然的变化,也有随意的变化。换言之,有 a+b+c 这种类型的情境,在这儿 c 并不蕴涵在 a+b 之中,也不可以从那儿推演出来。在这样的一种情境中,如果说,就 a+b 而言,c 以外的某些东西,如 d,是可能的;或者说,c 或 d 是和 a+b 是一致的,这是对的。根据这个事实 a+b+d 和 a+b+c 是同样合理的。这不能说,只有 c 或 d 才能被 a+b 所决定;虽然可以说,某种更为一般的特征 m,而 c 和 d 仅仅是它的一些事例,是这样被决定着的,以致这些可能性是仅局限于 c 和 d 的。从这个意义上讲来,多样的可能性是从多元论而来的结果。

§5. 非决定论与时间的实在性　　非决定论,从一种更狭义的方面讲来,乃是把这个一般的原则应用到时间上的结果。在讨论实用主义的形而上学与时间概念的关系中,弄清一种区别是很重要的。因为在这儿实际上涉及两个争论之点。

首先,实用主义,像自然主义一样,像一切经验哲学一样,主张时间是存在所具有的一个根本性质。因此,实用主义是跟一切主张把时间从其他事物中推演出来的学说相反对的;例如从人类心灵的无知和相对性来加以推演。按照这样的一种看法,事物所具有的时间性乃是由于有限的主观状态的变化而来的。求得真理,就是说要避免这种限制,而把事物当作是永存物的亚种（*sub*

---

① 见"决定论的两难"一文,载《信仰的意志》一书第 155 页,156 页;席勒:《人本主义之研究》,第 404 页;柏格森:《时间和自由意志》,第 189—190 页(参见中译本,商务印书馆 1960 年版,第 129—130 页。——编者)。

specie eternitatis)来看。因此,按照巴门尼德、柏拉图、斯宾诺莎
和其他人所主张的这个观点来看,时间是不真实的;从这个意义看
来,它是反省的知识所减去的现象特征。或者说,时间是可以从某
种较高级的逻辑的或伦理的范畴所推演出来的,如某些现代的唯
心主义者所尝试的那样。在这种情况之下,时间是真实的,但只是
作为某种较高级的原理的体现。连续发生之事物对思维的辩证或
对道德的演进而言,乃是偶然的。

　　在另一方面,实用主义既坚持时间在存在中的特殊重要的地
位,也坚持时间所具有的原始的和不可归结的特征。时间较之辩
证法和演进更为原始些,而不是更少原始些,因为后者包含有连续
发生之事情和变化的特性,而且时间还对他们附加了更多的特征。
而且存在是在时间中的多杂物,不管它是否显现出这些其他的特
征。因此,不是说存在是一种包括有时间性的辩证的或伦理的统
一体,人们必须说,存在乃是一系列的有时间性的事情,关于辩证
的或伦理的统一体的什么东西也会偶然地附加在它之上。于是这
是第一个争论之点;而实用主义的主张在这一点是毫不含糊的。

　　但是产生非决定论的问题的不是这个争论之点,而是第二个
争论之点。这一系列的有时间性的事情在多大范围内是被决定
的?刚才所列举的这些讨论对于这个问题没有提出答案。主张时
间在存在上的先在性的,同时也是一个有力的决定论者,这完全是
可能的。显然这样一种混合的主张是自然主义的特色。实用主义
肯定有“一个真实地演化着的,因而尚未完成的实在”。[①] 但自然

---

　　① 　席勒:《人本主义之研究》,第 392 页。

主义也是如此。而且后面这个学说也毫无困难地把这个肯定同进一步肯定，与此问题有关的这种演化乃是被严格地决定着的说法统一起来。将来的宇宙尚未存在；但将按照物理学的法则完全跟随着时间的流过而展开。

柏格森作过很多这样的主张，即"深藏的心理状态在意识内只发生一次，而决不能发生第二次。"①显示在内在生命的真实的时间之流，乃是一个不断生长的旧东西，其中没有任何时相能再发生，因为每一时相都是过去的一个梗概。但这个描述可以完全适用于一个严格的机械的自然。这一点跟主张时间为一个"独立的变数"的机械论是完全一致的。力学的公式中包括有时间变数，即指（柏格森似乎是不承认的）时间之消逝，和其他的作为时间之函数的变数。当时间变数的价值增加时，这个体系的其余部分，则按照说明它对时间数变之关系的法则而发生变化。换言之，它按照法则而变陈旧了。这样一个过程可以在最简单的可理解的机械体系中找到事例，如在无限的空间按照一定的速度运动着的这样一个单个的物体的体系。力学并不假定周期性或重复性的可能性，而只是承认在变数中某种抽象的关系的持续的可能性。②

因此，实用主义者肯定，存在的时间性跟它的决定性的问题是完全不相干的。一个有时间性的存在可以是一些分散的事情的一个单纯的连续，或者是许多相互渗透的时相的一个没有法则的流变；或者它可以是一个服从于一个法则的秩序。至于它是这些情

① 柏格森：《时间与意志自由》，第219页。（参见中译本，商务印书馆1960年版，第149页——编者）又见《创化论》，第1—7页。
② 见本书第60页以后。

况中的哪一种,这必须以它的单纯的时间性以外的其他证据来加以判断。因此,我们又回到以上所说明的这个一般的多元论的主张。既然在世界上有分散的东西,这些东西可以在连续的事情之间发生,也可以在其他的地方发生。换言之,我们可以把 a＋b 说成是在时间上先于 c 或 d,而这两者是同样和它一致的。于是我们可以说,这时,即当 a＋b 是由于把 b 加到 a 上而完成的时候,有两个将来的情况是可能的;这就是说,当 m 被蕴涵着的时候,这种蕴涵并不决定它将是 m^0 或 m^d。仅就 a＋b,或任何其他伴随的条件而言,这两种情况都行。

从这个意义来讲,说世界上有一个真实的偶然性和新奇性,这是可理解的,而且根据多元论的理由,是正确的。

不仅有些过去未曾发生过的事情发生了,而且有在过去所发生的事情中未曾蕴涵着的事情也发生了。"宇宙间已经奠定的那些部分"并不"绝对地指向和决定着其他部分将是什么。"[①] 不能从过去推论出来的事情发生了。要预测它们,就必需预见它们。对同时发生的事情的单纯知觉和它们的分散是矛盾的,而这种预见的可能性和它们的偶然性并不比这有着更大的矛盾。本质之点在于:它们并不蕴涵在任何其他事物之中,而只能根据这个事实而被认知。一个全知的心灵只能由于认知它们中的每一个东西或者由于在一个经验的集合体中包容着它们,才会认知它们。

我们要注意,到此为止,非决定论对多元论并没有任何增添。它证明了相信多种的可能性是合理的,而使得心灵得免于必需用

---

① 詹姆士:见前引书,第 150 页。

世界上的一切其余的东西去判断世界上的每一个东西。它证明了崇拜某些事物和不调和地敌视某些其他的东西，这是合理的；而且它不强迫人不论好坏把这个世界当作是一个东西。它证明了，相信未来是包容在一堆不能从已经发生的东西中推论出来的事物之中的；所以希望这个世界比它所指望的还可以更好一些，这是合理的。它证明了一个冒险的和大胆的乐观主义是合理的，并且把这种厌世的和默认的宗教列于陈腐的迷信之中。但是不管这一切，非决定论从这个一般的多元论讲来，对证明人类的自由并无贡献，这一点仍然是真的。这样的非决定论对于人类和对于实在的任何其他部分一样是无所附着的。说人不如星球自由，这和它是完全一致的。它证明了，存在创造了奇怪的伙伴而且事物的进程是可惊异的。但是在这种分散和新奇的情况中它并没有赋予人类，这个道德的行动者，以任何独特权益；也并未曾予以任何特殊的权力去指挥它，或从而获得利益。在生命中有一种机遇的因素，但它是一个机会，人成了它的主人，同它是一个灾难，人成了它的牺牲品是同样的。

§6. 作为反理智主义的后果的非决定论。意志本身是决定论的创作者　　但是还有别的实用主义的论点来支持非决定论，也许从而可以获得一种比较正面的自由。因此，有一种跟随反理智主义而来的非决定论。它包括有这样一种说法：既然决定论乃是理智的一种设计，它是跟推动理智的兴趣有关的，所以它不能被强加在生命本身的身上。意志本身是不为其他东西所决定的，它本身就是这个决定原理的创造者；这个原理不是它的主人，而是它的创造物。因此，按照席勒的说法，"决定论是科学的一个不可缺少的设定。"它本身"原来有一种道德上的意义；它是一种鼓舞，而不是一个启示"。而且"十分容易把它当作是一种方法论上的假设来接受它，而无需乎主张它有任何本体论上的效用性"。我们是否接受这个设定或"这个伦学上的自由的设定"，这终究将是根据它们相对的可用性来"自由选择的一件事情"。①

　　像这样的一些考虑是支持非决定论的学说的，但还要作两个进一步的假定。首先，必须假定，陈述和运用一定范畴的主动者本身不能从属于那个范畴。如我们所知，这个假定在唯心主义哲学②中——在一切企图区别和分隔认知的主观和多杂的对象的哲学中——占有一个显著的地位。他们是这样辩论说，被知的对象蕴涵着能知的主观，而且要使这个主观本身成为一个对象，那就掉换了它和伪造了它。真实的主观乃是在任何认知的情况下都作为是一个主观而发生着作用。这一点应用到决定论的问题上是明显的。他们这样的辩论说，事物是由于被客观化了才是被决定着的，而且因此这个客观化的活动本身便得免于决定。

　　但是这并没有理由说为什么认知的主观就不应该转过来成为所知的对象；或者说，为什么在它是认知的主观的同时就不应该（相对于另一主观而言）是认知的对象。这只需假定说，同一事项可以建立两种或更多的不同的关系而不致丧失它的同一性。而且除非我们是完全不信任知识，否则我们就必然要假定，任何事物的真实性质当它成为认知的对象时便被揭露出来了，而且认知愈是

---

　　①　《人本主义研究》，第 395、396、397、394、406 页。
　　②　见本书第 147 页；并见本书第 321 页。

反省的和批判的,它愈是如此。因此,使其他事物客观化而使它们成为确定的东西的这个主观本身也势必可以同样被对待;而且也只有被如此对待时,它的真实性质才被揭露出来。于是只有在一定的时候它只是认知而不被知时,这个主观才是不被决定的。从这个意义讲来的自由只是一种方式的无知而已。

§7. 决定论是理智主义对时间实在性的曲解　完成这个论点所必需的另一假定就是假定说,法则是人为的。应用在这里,就是说,决定论乃是一种理智的捏造,而且是强加于一种可塑造的物质之上的,它歪曲了这个物质的真实的内在状态。

在这些根据上对决定论所提出的最显著的批评就是柏格森所提出的。它构成了他的最根本的和原始的主题的主要应用之一,结果,乃至说,理智把时间空间化了,因而把它表达为一种"安排的多样性"就必然歪曲了每一个时间过程。实在的时间(真实之绵延)是"复杂的"和"连续的",实在的时间过程是一种多样化的"相互渗透"。行动,作为一个实在的时间过程,由于机械主义、最后主义,乃至大多数的非决定论,而被空间化和被伪造了。行动被所有这一切的"理智主义者们"表现为一个分散的过程,其组成因素和相续的时相彼此之间处于一种外在的安排状况。时间被表现为一个直线的系列;而行动的条件、选择的时机和行动的结果都是和这个系列的诸事项相互关联着的。但是这样一个图式既是分隔的,也是静止的;而实在的行动则是流动的和绵延的。这种理智主义的表述必然排斥了自由,因为它是对于一种完成了的行动的表述,而不是对一种正在进行中的行动的表述。不可能在这种方式之下表述不同选择的可能性;因为这种表述或者包括着这两种可能性,因而与事实相反,或者包括其一而排斥其中之另一,而这又与选择的假定是矛盾的。而这种最后主义的图式跟机械主义的图式是同样死板的。因为无论我们把一个系列的后来的事项理解为早先事项的后续,或者把早先的事项理解为后来的事项的预兆,在这两种情况之下所有这一切的事项都在那儿,同时而且相互排斥地在空间中。①

以我们所见,柏格森对理智主义对时间的见解的反对乃是建立在一种对理智的或分析的方法的错误理解之上的。② 把时间用空间来代表乃是意图代表一种秩序,而且是在时间是有秩序的条件下,仅仅在这样的条件下,才是时间的代表。这既没有意图要暗示说,时间只是秩序,也没有意图要暗示说,时间跟它的代表一样是空间的。无论是在空间、在数目上、在色谱上、在字母上,或在时间上,秩序的特性是一样的。在一条直线上的许多点为了证明的目的提供了一个方便的关于秩序的事例;而这些点的用处无疑地反映出想象中的空间化的特性。但是如果柏格森是一个较好的实用主义者,他就不会,像他所似乎要做的那样,假定说,代表仅是它们的对象的再生。他就会承认用空间影像去指非空间关系的可能性。他就不会,如他所做的那样,坚持说,我们是用"描画"它来认知数目;说我们不能避免于图式想象的特点。他就不会陷于对"理解"一词按照一种不精确的常识的用法,把它当作是描画;而且因此,不断地把作为工具的影像的安排同它使我们能以去认知的

---

① 柏格森:《时间与自由意志》,第 121、128、129、172 页和第三章以后。(参见中译本,第 81、86、87 页和第三章以后。——编者)

② 见本书第 249 页以后。

那种安排混淆不清。[1]

诚然,如果不可能运用空间的形象去认知非空间的事物,柏格森本人乃至会比那些为他所批评的人们尤为感觉无能。因为他自己得意的表达方式本质上就是空间性的。这些字眼如"流变"、"连续"、"相互渗透"、"根深蒂固的"、"互相关系"、"组织"和"混合",等等,如果不是空间的形象,又暗示着什么呢? 而且柏格森还假定说,这些形象可以具有这样的功能,即提供关于那些本质上非空间的事物的知识。如果一种修辞有这样的功能,那么为什么一个几何图形,或代数公式就不可以这样呢? 总之,柏格森武断地把一种他为了自己的利益而否认的朴素地把对象和符号等同的这种情况归罪于他的理智主义的对手。

于是问题不是把逻辑的或数理的符号的安排特点强加于时间之上,而是把可以借助于这种符号而被认知的一定的特性赋加于时间之上。时间是不是一种秩序呢? 绵延是不是一种广延的量值呢? 在这儿,时间的秩序性是蕴涵在一切柏格森所曾谈到的东西,例如在其连续性中和在其"感觉"或方向的两元性中。同时,它的多样性,即使它被说成是"质量上的"而非"地位上的"的标志,也是有秩序的,即是说,如果任何一个时相,a,是后于或老于另一时相 b,而 b 又是后于或老于第三个时相 c,那么 a 就是后于或老于 c。至于时间乃是一个广延的量值的问题,柏格森的论点似乎指出,时间的过程不仅仅是广延的量值;关于这一点,我想,没有人会来否认的。例如,速度是一种内含的量值。但这丝毫也不妨碍它成为 d

---

(距离)和 t(时间的间距)这些广延的量值的一个比率。乃至可以
承认这一点：即每一时间的过程或变化，每一时间功能，具有内含
的量值；而这也并不跟作为一种广延的量值的时间本身这个概念
相矛盾。换言之，一个内含的量值可以是诸广延的量值的一个功
能，而且因此而是可以计算的或预测的。

　　情况确是如此，这一点是为科学实际能够作出的预见所证明。
柏格森对于天文学的预测的批评关键在于这个断言：在天文学的
公式中的符号 t"并不是代表一种绵延，而只是代表在两个绵延之
间的一种关系，代表一定数目的时间单位，总之，代表一定数目的
同时发生"。① 换言之，科学上的 t 是为某种标准的变化，如时钟指
针的运动所测量的。因此，如果一个"恶作剧的天才"宣布这个宇
宙的一切运动都加速一倍，科学的预见也不会有什么影响。现在，
即使承认这一点，也只能得出结论说：科学不能绝对地而只能相对
地预测。然而这丝毫也不损及预测的明确性以及其对于未来的涉
及。的确，反对的陈述本身也要假定说，时间乃是一种广延的量
值。因为如果宇宙的运动可以"加快一倍"，那么就必然可能在一
半的时间内包括同等的距离。

　　后来，柏格森大胆地说出这样一种主张：即时间本身"将会十
倍、百倍、千倍地加速。"显然，实在时间的频率是被一种对经验的
"延续"或"延年"的直接感觉所测量的。如果这样的话，柏格森能
够不用纯广延的时间的概念来解释所谓"数秒钟的心理的绵延"

---

① 《时间与自由意志》，第 193 页。(参见中译本，第 132 页。——编者)

吗?[①] 或者说,时间的量值怎样是可以计算的? 例如,两个具有不同经验的生命怎样被认为是同时期的呢? 或者说,一天怎样被认为比另一天更为丰满些? 事实上,任何关于时间过程的数量上的判断都不能不运用一种简单的,有广延性的(非空间的)时间量值的概念。而科学的预见乃是借助于这种变化的组成因素来形成的。力学公式中的 t 即指这个组成因素而言。

　　如我们所已知,柏格森经常把符号跟它所意味的东西混淆起来。在一个陷于这种混乱的人看来,似乎一个等式不能涉及时间,因为这个等式本身的结构是没有时间性的;因为这些符号在这个等式中同时显现出来。但是如果 t 是这个等式中的一个项目,而且 t 即指时间而言,那么这个等式就是指一个有时间性的过程而言。而且一个等式可以说明一种在时间数量上的关系,如 $=$、$<$,或 $>$,在这种情况之下,这个等式的完全的意义仍是有时间性的。因为变化、事情乃至纯间距,都可以进入如上所述的那些非时间的关系之中的,而丝毫也不损及它们的时间性。说一个说明一种关系的等式只能指所说明的这个关系而言的这个假定已被每一个科学公式所否定。$c^2 = a^2 + b^2 - 2ab. \cos. \gamma$,这个公式并不仅仅意味着相等,而且意味着在一个三角形的边和一角之中的一种相等的关系。这个公式还借助于其构成的变数的意义意味着三角形,而不管所说明的这个关系乃是非空间数量等值的关系这个事实。同样,力学中的一个公式,如 $v = gt$ 也意味着关于一种时间过程的某些东西。

─────────────────

①　《时间与自由意志》,第 193、194 页。(参见中译本,第 132—133 页。──编者)

还有另一个事例说明柏格森没有正确地表白他的决定论的反对者的主张。这个问题是关于保尔预测彼得的选择的能力，如果他知道了"彼得行动的一切条件的话"。[①] 柏格森辩论说，为了绝对地知道彼得行动的一切条件并且知道一切有关于这些条件的事情（包括它们所导致的什么在内），保尔就会变成是彼得，一直包括他作出他的决择的那一瞬间——这就不是预测这个决择，他就会是他自己作出这个抉择了。

但是决定论并不把它的事例建立在认知一件事情的一切条件的可能性的基础之上。在任何事件中也从未达到过这样的知识。决定论是把他的事例建立在这样的事实上面的，即它有时曾证明可能发现正是这件事情所依赖的那些特殊的条件。预见总是不仅是抽绎原因，而且也是抽绎结果。它发现了有关于一些特别的，被鉴别出来的事项被一个法则所联系起来的前项和后项的事例。它的预见是基于特别的前项而且限于特别的后项。它假定每当这样那样的条件发生，而不管会有什么其他的事情，这样那样的后果就将产生，而不管还会有什么其他的事情产生。而柏格森却没有提出任何理由来假定其他有时间性的事情是如此，而人类的行动并不也是如此。事实上却正是如此。人类的行动在一定限度之内是可以预测的；只要这类的法则，如生理学、病理学和心理学的法则等，曾被发现和被证实的话。因此，柏格森的反对只是说，人类的行动并非在所有的方面都是可以预测的，而这对一切其他具体的事情来说，也是如此的。

---

① 《时间与自由意志》，第185页及以后。（参见中译本，第126页及以后。——编者）

因此,建立在反对理智主义争论之上的非决定论,和建立在多元论之上的非决定论一样,仅仅意味着说,世界上有法则,同样也有分散、无关和新奇。这样的非决定论不仅为生命和道德的行动所享有,而且也为其自然的环境所享有。到此为止却没有理由赋予人类以任何自由的特权,从而使他的本性突出和高贵。于是,从这样一种积极的和颂扬的意义讲来的所谓非决定论便完全依赖于进一步的一种主张:即人类具有一种独特的活动,一个属于另一种秩序的真实原因,通过这样一种活动,他可以成为事物的原始的和自然的创造者。

§8. 作为创造性活动的自由　实用主义对于自由的正面解释乃是从与"机械论"相对立的"动力论"这个设定而来的。"动力论是从为意识所给予的随意活动的观念出发的",因此,"在理解自由力量时它没有困难"。从这个观点看来,"自发性的观念无疑地比惯性的观念要简单些,因为第二个观念只有借助于第一个观念才能懂得和加以说明,而第一个观念却是自足的。"同样,席勒说,意志是"原始的和比较确定的原型,而原因是关于它的一个派生的,比较模糊的和淡薄的外形"。①

柏格森曾经清楚地陈述过这个争论之点。他的观点的实质是:意志的创造性的活动应被当作是一个简单的和自足的经验。不错,在这儿也暗示着有另一个观点。据说自由的动作乃是这样的一种动作,即"唯有自我是它的创造者";是这样的一种动作,它

① 柏格森:《时间与自由意志》,第140—142页(参见中译本,第96—98页。——编者);席勒:《斯芬克司之谜》,第3版,第443页。见附录Ⅰ,及以后。詹姆士对同一见解的一个比较批判的和有限度的接受,见本书第379—382页,第403—405页。

表示着"自我的整体"而不同于"反射动作"。① 但是在柏格森看来，自我之整体并非其部分之总和；因此，不可能把它的行动解释为一个比较复杂的或庞大的反射。"整个人格"是不可分割和不可分析的；只有当意识状态融化为一个较高的统一体时，它才出现，而且它的行动只能被感触到，而不能追索其原因。

而且这种自我直觉的活动成了柏格森形而上学的第一原理。它把他的认识论跟他的意志论联系起来了。真知乃是"蕴含在动作机能中的那种视觉机能"。而且活动乃是普遍的实质。严格地说，"没有事物，只有行动"。活动不再仅是有机体的属性而有异于环境。前者是造成它自己的一个实在，而后者乃是"毁坏它自己的一个实在"。如果生命是一个运动，"物性便是一个逆运动"。它们是两个"不可分开的"流动，两个"简单的"运动，而它们是彼此对流的。而且"在这样界说之下的上帝便没有现有的东西；他是不停留的生命、行动和自由。在这样理解下的创造不是一个秘密；当我们自由动作时我们在我们本身便经验到它"。② 因此，继"动力论"的设定而来的便是一种形而上学的"行动主义"或创造主义；而且就实用主义承受这种形式的范围看来，它是把它本身同唯心主义的唯意志论和浪漫主义的形式联合在一起的。

这种形而上学和宗教哲学的唯一支柱便是动力论的设定。如果，确实，因果的本质是在活动的经验中所揭示出来的，那么就势

---

① 《时间与自由意志》，第 165、166、168 页。（参见中译本，第 113、114、116 页。——编者）

② 《创化论》，第 250、247、248、249 页。关于行动主义的唯心主义的形式，见本书第 161—165 页。

必结论说,物理的因果关系只是意志的一种投影或倒置。于是批评就必然要向这个设定挑战。而首先就要指出,因果观念的来源乃是一个与讨论的问题无关的事情。意志所发挥的原因动力可以曾经是首先引起注意的事情;但是这并不能得出结论说,原因动力是首先在意志的情况中被认知的,或者说,意志乃是原因动力的最清晰的事例。作为第一个和最熟悉的事例,它可以是最原始的和难以领悟的。它也可以是这样的一个事例,即原始的和无批判的思维方式,通过习惯的作用,最紧密地跟它结合在一起的。这个意见从这个事实得到了支持,即活动的经验被认为是跟它不被分析的程度成正比例地揭示出一个简单的、自由的和自然的"力量"所起的作用。"自我,当它肯定他的直接经验时是不会犯错误的,它感觉到它自己是自由的而且也这样的说;但是只要他一开始试图对它自己解释它的自由时,除了运用一种通过空间的折射作用以外,它就不再知觉到它自己了。"①

这就是柏格森承认无论结果好坏,经验是能加以分析的——的方式。在这儿曾被指出,在分析以前的简单性和继分析之后的简单性之间是有着一个很重要的差别的。第一个是尚未充分发掘和掌握其对象的知识的简单性;第二个则是这个对象的简单性。关于无论什么东西的知识在其开始的一刹那间总是简单的;它开始于零,或者说它是从单纯指向其对象的这一点上开始扩散的。把这种偶然的和主观的简单性归之于对象,这便陷于我所谓"假象

---

① 柏格森:《时间与自由意志》,第183页。(参见中译本,第125页。——编者)

的简单性"的错误。① 动力主义依靠于这个错误。它把作为一个
过程的活动所具有的多样性(这种多样性即使在最草率的考察中
也是为它所揭示出来的),跟尚未开始进行分析的认识阶段联结起
来了。这种对于一个复杂事物还只是简单的知识却变成了一个具
有一种复杂的简单性或简单的复杂性的东西了。

　　这并不等于说活动是不可说明的。它并不是被显示出来是简
单的,就是说,经过测验而被发现是不可分析的。它并不是一个最
后的事项。事实上,活动无论在心理学方面和在物理学方面都已
证明是可以说明的。实用主义者们,如詹姆士,乃至进而倾向于说
明主观的努力;②而且合理的动力学包括着关于物理学中的所谓
"力"和"能"的确切陈述。不,——一个人不必试图去说明它,它本
质上就是一个尚未被界说的东西。总之,它是呈现在对实在的揭
示中的无知。无意中从有知变为无知总是可能的——无论是神或
人都没有禁止它的法规。但是把无知作为对任何事物之本性的证
明,为了认识的目的,把无知列为高于有知,这是用放弃发言权来
避免批评的办法。

　　因此,实用主义对于非决定论提出了两种解释。一方面根据
多元论来辩论说,必然性并不是普遍的。在宇宙间有些脱节的地
方,使得有可能独立地判断它的一部分——如它的善、它的恶和它
的漠然无关。有可能为了善而攻击恶,而不致意味着说辩护委托
人犯了复杂性的过错。实在并不是一个预谋;游戏并非"固定的";

---

　　① 见本书第 137 页。
　　② 见詹姆士:"活动的经验",载《多元的宇宙》一书中,附录乙。见本书第379—
381页。

所谓包罗万象的世界乃是许多新奇事物的一种接触,许多独立的力量的一种震惊;生命的冒险乃是一场真正的战斗。

在另一方面,激烈派的实用主义者们又辩论说,在人类中有一种不确定的、不可计算的和创造性的活动力量。但是对于它的证明需要废弃掉一切尝试过的认识方法——无论是"理智主义者"的逻辑的方法和为实用主义者自己除此以外曾在任何时机十分成功地加以实用的观察、实验的方法。这种类型的极端主义非但是不可理喻的和不可证实的,而且它还破坏了实用主义的首创性和特殊性,而把它跟浪漫主义、神秘主义和非理性主义的势力联合起来了。[①]

§9. 应用于宗教信仰的实用主义真理论　在一个对实用主义的概述中,柏比尼把它对宗教问题的态度指为"虔信主义"(Fideism)。[②] 这就是说,它把实用主义的真理论应用到了宗教信仰上去。在这里我们又发觉在为詹姆士所代表的比较温和的实用主义和在这个问题上为柏比尼、里乐伊和席勒所代表的比较激烈的实用主义之间加以区别是很重要的。

在詹姆士的《信仰的意志》和较近的《信仰和信仰之权利》的论文中阐述了他的观点。[③] 他主张在宗教方面,我们有理由采纳那样的信仰,即它虽然尚未被确切地证明,但和我们的希望是相符合

[①]　多元论的非决定论还有一个积极的后果,它不包含有这些过分的东西。见本书第 368—369 页。

[②]　见柏比尼:《哲学的黎明》;詹姆士:"柏比尼与实用主义运动在意大利"载《哲学、心理学与科学方法杂志》,1906 年,第 3 卷。

[③]　作为《几个哲学问题》一书的附录表发的。对詹姆士进一步的参考见本书第 399—400 页。

的,而且是使得道德的意志具有最大的坚定性和勇气的。詹姆士并非在一般的根据上提出这个观点,即我们可以相信我们所愿望的东西,而只是就宗教信仰所特有的特别条件为依据而言的。为了清楚地叙述这个争论之点,我们还需要回想一下实用主义的真理论。①

　　观念和信仰本质上是意义的工具。如果它们提供了到达它们的对象的门径,它们就是良好的工具,而测验它们在这个意义下是否良好就是去尝试它们;即把它们用来作为到达的手段。如果它们呈现给心灵以它们导致心灵所期望的东西,它们就是真的。但是通常一个人并不仅仅为了测验它们才去利用观念;他假定它们的可靠性而在生活中运用它们。而且如果它们在这儿是有用的,它们就增添了证实性;因为如果它们不是环境中某些部分的良好的代替者,它们就不会和环境的其余部分相适合。但是观念还由于它们直接令人惬意,或由于它们具有给予行动者以精力的力量,而获得了第三种价值。换言之,它们具有一种情操上的或情绪上的价值。这种情操上的价值,不像它们的功用上的价值,并不把它们的原始价值当作是事物的代表或到达事物的手段。一个高度令人惬意的或使人鼓舞的观念,或一个使人心宁静满足的信仰也许是在一切观念中最不适合于使心灵准备去接受它所遭遇到的东西。换言之,这种情绪上的价值,严格讲来,是和真理价值无关的。但是也有这样的一些情况,即在这种情况下这种情绪上的价值也可以用来考虑和决定是否接受某种信仰。而宗教便是如此。

---

　　①　见本书第 217 页及以后。

因此,在这儿,观念不能用其他的手段具有决定性地来加以测验。严格讲来,不可能证实或否证它的真实性。证据是不确定的。如果一个人仅为"理论的"考虑所控制,他就不得不暂时停止下判断。但这是不可能的。必须采纳对于整个世界的某种行动的计划,无论它是使人产生希望或失望。这是一种"强迫的选择"。如果他小心翼翼地不敢采取一种有希望的观点,他就势必陷于自制或失望。但是从理论上讲来,这些并不比希望更有理由;的确,它们的理由还要少一些,因为宗教方面的可能性还要多一些。于是容许一个人"在逻辑上小心翼翼"以致迫使他走向自制或失望之道,这会是愚蠢的。如果一个人的宗教信仰是涉及未来,而且如果这个信仰促使他去行动,对它的接受这个行动本身便倾向于到达它的真实性。富于希望就会导致希望的实现。

在这种见解中,在真实性在理论上的测验和信仰在情绪上的合理之间的这种区别在每一步骤上都被重新提出而加以强调。情绪上的价值并非作为真实性的证据而提出的,而是在真实性可疑的地方来说明信仰是有道理的。但在另一方面,第二个或极端的这个观点却把这两种测验,即狭义的真理测验和情绪上的测验合而为一了。这两种测验都是"实用的";两者都是属于"工作"方面的;两者都是这样一种情况,即由于它产生的"满意"状态而说服这个观念是有道理的。在这种广义上讲来,真理即是和全部生活"协调"的那种情况。从这个意义讲来,凡悲观主义的体系都不能是真实的,因为它留有"一种对存在中具有最后的不协调的感觉"。于是宗教的最后测验乃是它是否上升到"那种成为我们最后愿望的我们全部生命之完善的协和状态。"①

在这儿像这样的一种见解是具有十分严重的含意的而且它证明某一种偏见,即反对实用主义、把它当作是一种空洞无物的哲学和反复无常的非理性主义是合理的。因为如果真理的标准就是这样一般地与兴趣吻合,而认识的兴趣只是其余兴趣中之一种,那么狭义的所谓证实和情绪上的协调就必然被视为等量的了。而且就势必结论说,在任何一定的情况下,后者可以更重于前者。甚至于这也是可以理解的:即一个宗教信仰,虽然通过理论的手段已被决然否证,却是十分令人喜悦和激动,以致也成为真实的了。在詹姆士看来,理论上的测验是最后的和有权威的,只要是在它能被应用的范围之内,而没有任何主观上的满意是能够胜过它的。信仰的权利是限于缺乏证据或证据不足的情况的。但是如果接受了这个极端观点的全部含意,那么不管有没有证据都会有一种信仰的权利。这就会终止了辩论,而只有欲望的冲突了;而在这里追求理论上的真理的欲望则堂皇地为其余的欲望所击败。

§10. 实用主义与时代精神　　实用主义,无论是为詹姆士和主要的为他的美国的同盟者和后继者所代表的这个比较温和的一派,或是为柏格森、席勒、柏比尼和里乐伊所代表的比较激烈的这一派,对当代而言都是特别重要的。消极地讲来,它的重要性在于它反对长期在学术上和其他正统派的领域内占统治地位的绝对主义所起的反作用。它意味着说,绝对主义长期对于这些好奇的和

---

① 　席勒:《人本主义》,第50、61页。又见第39页及以后各页,第189页。又见本书第226—227页、第229—231页。

年轻的思想家的心灵所起的那种诱惑力已经丧失了它的威力。比较积极地讲，实用主义标志着对于曾经长期激发欧洲思想的一些观念作了一种成熟的和公开的陈述。

首先，实用主义为了哲学上的目的运用了我们可以称为"生物学的"想象，以区别于物理学的、内省心理学的想象。实用主义把知识和宗教当作是生活的式样；而它所理解的生活并不是任何模糊的带着颂扬的意义的东西，而是从自然主义的意义上讲对漠然无关的，和最多只是难以塑造的环境所作的一种强迫的适应。知识和宗教起源于生活的迫切需要，而生活的迫切需要是实在的、危险的和可疑的。

其次，实用主义强调了人类努力的决定性的重要意义。它教导说，在人类和自然的平衡之间——在人的理想和它们所势必要与之对抗的那些抗拒力、残酷性、和吸引力之间的接触点上便正在形成着精神的生活。这些目前正在产生良好的事物的力量的继续活动就产生了对更好的事物的希望。文明，不是自然的总和，也不是任何较高级的综合和谐，而是上帝的产物。这是培根式的预言的再版。知识就是力量，而它是为人对于更好的事物的欲望和希望所指导着的。人类通过知识就可以征服自然和镇压恶魔的暴乱。

第三，既然人类的效能在于他的集体的而不是个人的行动，实用主义强调社会的重要性。它是非泛神论的和非神秘论的。对人和一个统治者的神之间的直接关系，它是较少重视的，而对人和他的同胞之间的关系则予以较多的重视，那种关系可以把一个人变成集体生活中的一个仆人，因而使他产生了一种新的上帝的概念，把它当作是共同事业的领导者。

第五部分　实在论

第十二章 一个实在论的心灵论

一 导言

§1. 作为一种论战的实在论　　在以上所述的内容中实在论主要地曾经作为一种论战的姿态而出现。这种论战可以方便地用它所发现的在其敌对倾向中所犯的那些一般的错误来加以概述。[1]

"根据自我中心的困境进行论证",即从在一切被知事物中必须普遍地有一个能知者呈现的情形来进行论辩,这是唯心主义所特有的。"根据原始的断定进行界说",即假定一个熟悉的或偶然的关系必须具有先在性,这是基于一个所谓"排外的特殊性"或假定同一事项只能在一种关系中出现的这个更为根本的错误的。这两种错误在一切排外的哲学,如二元论和物质或心灵的一元论中一同出现。事实上废弃了分析的《假象简单性》的错误,以及作为是它的后果的"不确定的潜在性"这个概念,都是"实体"哲学,尤其是一切形式的"活动主义"("activism"),无论是自然主义的、唯心主义的、或实用主义的"活动主义"所特有的特征。"冥思的武

---

[1]　关于这些错误的完全的陈述特别见本书第 69—73 页、第 135—141 页、第 181—184 页。

断"，即假定有一个全遍的、自足的第一原理，乃是"绝对主义"中的原始动机。最后，"文字上的暗示"或"语义含糊"的这种错误乃是隐讳其他错误真正一无结果的情形的一种手段，而运用它的哲学却被给以一种俗不可耐的赞许和被认为是一种时髦。

如业已表现出来的，实在论在许多重要的主张方面和自然主义、唯心主义和实用主义是一致的。例如，跟自然主义一样，它主张科学的被证实的结论具有一种无可指摘的真实性，而物理的自然是离开认识而独立存在的；跟唯心主义一样，它主张逻辑的和道德的科学是具有实用性和不可归结性；以及跟实用主义一样，它主张认识具有实用性和经验性而对宇宙则假定具有多元的结构。

一个新的运动总是作为对传统的一种反抗而兴起的，而且把它的希望建筑在对一定既有的思维习惯进行修改所达到的有建设性的成就之上的。实在论还是处于这样一个阶段，即这种批判的动机还在统治着和提供着对原始的一致性的最好的希望。但是战争已经发展了一种阶级意识，而且这个时间，如果尚未到达的话，也已近在咫尺了，即在这时，一个实在论者可以承认另一个实在论者。这种共同协作的黎明曙光，伴随着一种获得更好的了解和更为有效的合作的愿望，[①]说明了我们有理由来试图把一种具有建设性的实在论哲学的中心主张予以概述。

§2. 心灵问题的根本重要性　　当代哲学的关键性的问题就

---

① 见霍尔特、马尔文、蒙塔古、培里、皮特金、斯鲍尔丁："六位实在论者的纲领"，载《哲学、心理学与科学方法杂志》，1910 年第 7 卷；以及这些作者合著的《新实在论》。又见本书作者："作为一个论战和改革纲领的实在论"，载《哲学、心理学与科学方法杂志》1910 年第 7 卷。

是认识的问题。其主要的趋势就在这个问题上产生了分歧，而这些趋势对生命的特有解释便是从对这个问题的几种解答中所派生出来的。所以，要对实在论的哲学作一个简明的概述，我将不得不主要地涉及实在论的认识论。不过，我却建议采取一种新的程序。认识的问题在最后的分析中归结为在心灵和与心灵相关的心灵对象之间的关系问题。这个关系中的经常角色就是心灵。所以，我建议不首先涉及认识问题，在这里对心灵不仅仅不是偶然地加以说明，甚至不去说明，而首先去发现心灵是事物的怎样一种状态，希望我们可以借助于这样的发现而在我们对认识的研究中有所裨益。①

关于心灵的各种解释，按照它们是根据对自然和社会中的心灵的观察或根据内省而各有其独特的区别。历史学家们、社会学家们、比较心理学家们所说的心灵，以及在专门的哲学家们中特别显著地为柏拉图和亚里士多德等人所说明的心灵，主要地或完全地是根据于一般的观察的。心灵是处于公开的经验领域的，有它自己典型的活动形式和式样；但就其所涉及的知识而论，它是和星辰的运动或城市的文明一样，对一切的外来者一般地都是容易接近的和开放的。另一方面，宗教导师、现代学派的人类心理学家们，无论是理性派的或经验派的，以及在专门哲学家们中，如圣奥古斯丁、笛卡尔和贝克莱等人所说的心灵乃是根据自我意识的。研究者是从他自己独特的考察来概括心灵的性质的。

---

①　见我的论文"认识论问题的一个部门"，《哲学、心理学与科学方法杂志》1909年第6卷。本章其余部分是从下列文章部分地重印的："心灵的神秘性"、"心灵对它自己的熟悉"和"心灵内部和心灵外部"，同上杂志，1909年第6卷，第2、5、7号。

　　这两种探讨形式的结果是如此显著地不同,以致它们看起来似乎是各不相干的,而且通常辩论说,它不能够是在这两种情况下所直接领悟到的心灵。而且也有人假定说,一个人自己的心灵,或内在的心灵必然会被认为比外在的心灵要较为真些。继而就结论说,后者并非心灵,而只是心灵的外部,只是作为一种推论的根据而已。因此,我们就得到了这种广泛流行的见解,即心灵乃是包含在一个非心理的和不可渗透的壳层之内的,它可以在这个壳层之内抚育它自己精蕴的秘密而不为探索秘密的侵入者所骚扰。在这儿,人们很容易提出一些使人为难的问题。很奇怪,如果它的外部是不可侵入的,心灵却能对它自己有如此显著的证明,可以最可靠地推论出它在内部的呈现状况。也很奇怪,这样一个内向心灵会向它的周围突围而出而不致在它退回时被人捉住或追踪而至。它显然必须设置一个阻止入内的出口,一个不使人们从外面向内看而能从里面向外看的小洞口。但我将不再加重这些困难,而试图来避免它们。只有对这两个心灵,内在的心灵和外在的心灵给以这样一种解释,即证明它们实在就是一个东西时,这才是可能的。要把这两者统一起来,就必须用整个的心灵来代替它们,而它们看起来只是它里面的一些部分。传统的盾牌一面看起来是凸出的,另一面看起来是凹入的。如果从这个盾牌的全部的性质以及从几种对待它的方式来看它,它之所以看起来一面凸而另一面凹的这种情况是完全可以理解的。当原来的偏见被克服时,这个全部的盾牌是可以从两方面去认知的。同样,我建议把内在的心灵和外在的心灵描述成为心灵的两个部分,而按照认识上的出发点可以把这两个方面的任何一个方面突出出来;至于整个的心灵从含意上讲来是处于一般的经验领域之内的，在这儿任何原来的片面性都可以加以克服。

除了这种方法上的差别以外，还有另一种区别，即意识的活动和内容的区别，这种区别将证明不仅是便于运用的，而且是要加以重视的。每一种类型的意识都呈现出这种两面性。有"思维活动"和"思想"，有"知觉活动"和"知觉"，有"记忆活动"和"记忆"。在感觉活动和感觉内容之间的同样的两面性说明了"感觉"一词的含糊不清。在以后的讨论中，我将先用内省法，然后再用观察法；用每一种方法先来考察心灵的内容，再来考察心灵的活动。

二　内省的方法

§3. 为内省所揭示的心理内容　众所周知，要发现在我心里有什么东西的最方便的方法就是向我来询问。我能以高度的安逸和确定的状态来肯定这个事实。同时，当然，我也可以对于这个事实的意义处于绝对无知的状态。当一个心理实验的受试者对于他的心灵的性质毫无观念时，他是最合格的了。他被要求去肯定或否定对一定对象的觉知，记录他觉知的时间，或者报告他所觉知到的对象（它未被绘与）。因此，内省对心灵内容提供了一个验明证和目录单。

假定我的心灵是一个研究的对象。首先，必需收集我过去的经验。为了这个目的，内省的方法是方便而有结果的。我曾自动地对我的经验保持着一个记录，而且借助回忆的功能我能随意去回忆它们。这个方法是为原来已有经验的心灵之用而保留着的。

这并不意味着说，这些事实除了只有被我所记忆起来的以外就不能被知的了。如果说我在1903年看见了萨克逊王这个事实，除了只有能为我回顾而记忆起来以外，就在知识中消逝了，这是矛盾可笑的。一个旁观者会在这时候认知到它，或者它可以成为一件一般认知的事情。但为我的记忆所提供出来的方便是明显的。因为我可以用这个方法来回忆和证实有关的经验，而且可以获得与它在经验上的呈现近乎相等的那种东西；而且我的记忆不仅保留了这一点，而且也保留了同样为我所有的其他的经验，并且是业已按照对我的特殊心灵所作的研究而加以选择和类集的。

或者，假定说，对我的心灵的研究需要认知它当时的内容。按照这个事例的性质而言，我一定在心里有这个对象，因而我能够同时在我面前还附加有它是在我心里的这样一个事实。这样一种内省的经验，通常是可以得到的，而且虽然它并不是关于这事实的一种渗透的或确切的知识，但同时它却是对于这个事实的发现。

因此，无疑这是真的，即对心灵内容的一种记录是最便于通过内省而获得。一定事实对一定观察者具有这种较优越的或独特的可接受性，这不是不平常的；的确，它是观察法的一个必然的结果。每一个自然的对象都具有其可以称为认识上的定向，指明有利的观察之点。关于地球表面的材料特别易于为人类所接近；而有关二十世纪的材料便特别易于为生活在这个时代的那些人们所接受。但是这意思并不是说，人认识地球认识得最好，或者说，生活于二十世纪的我们对于二十世纪认识得最好。它的意思更不是说，我们的认识是唯一的。它只是意味着说，我们是处于一种享有一定的归纳上的便利的地位上。如果一个人在他积累他的财产时就把它加起来，他就总会处于一种立即把过去加上现在的数量报告出来的地位；但是如果因而辩论说，所以财产就是只能为它的所有者所认知的一种东西，这是不会有什么益处的。任何个别的心灵也是这样最易于熟悉它本身的经验的，无论是过去的和现在的。它的历史和组织的条件是这样的，即它是不费什么气力，或者乃至没有任何理论上的兴趣而熟悉这些事实的。但是这并不是对任何独特的或重大的事物有所辩护。也容易有这样情况，即内省是收集关于心灵内容的事例的最好的方法，但同时它却是说明它的性质的最坏的方法。

§4．心理内容的中性元素。需要一种统一的关系　当我试图发现为内省所揭示出来的内容所具有的一般特性时，我立即就遇见了一件最重要的事实。就其分配情况而言，这些内容是和许多其他的东西，如自然、历史和其他心灵的内容相吻合的。换言之，若就我把它们分成元素的范围而言，我的心灵的内容并没有显现出任何一般的特征。我发觉"蓝色"这个性质，但我也把它归于放在我面前这张桌子上的这本书所具有的性质；我发觉"硬性"，但我也把它归于物理的铁石；或者我发觉数目，而我的邻人也在他心灵中发现它。换言之，这些内省的多样的元素本身既不特别是心理的，也不特别是我所有的；它们是中性的和可以互相掉换的。

只有在它们的聚集和互相联关的方面，心灵内容的元素才显示出一些特点。[1]当我的注意力指向这一点时，我便发现，心理的

---

[1]　对于这个问题的较为详细的讨论见我的"关于意识的概念和误解"，《心理学评论》杂志，1904年第9卷。

内容,例如跟物理的自然比较起来,便具有一种独特的片断性。并非一切物理的自然,也并非任何自然物体的一切方面都在我的心灵里面。而且在我心里的这种特殊的抽象物和我的邻人心里的这种特殊的抽象物也不是完全吻合一致的。而且,进入我心的自然片断还因而获得一种特别的交相关系并且组成了一种特殊的模型。

所谓"意识的关系论"曾经强调这个事实,即突出心理内容的并不是它所由组成的原料或元素,而是这些元素被组成的方式;换言之,而是它的组合关系。伍德布里季(Woodbridge)教授说:"在意识中我们只有事物联合存在的一个事例,……意识仅是对象联系的一种形式,在它们之间的一种关系。"如詹姆士所表达的,"意识系包含着一种外在的关系,而不是指一种特别的材料或存在的方式。"①然而这二位作者对于这种特别的关系或联系的形式到底是什么却并未给与一个清晰的解说。詹姆士有时把它同"认识的功能"等同起来。当一个东西意味着或代表着另一个东西时,它因此而获得了观念的身份,它就变成了一个意识的元素。但如伍德布里季教授所指出的,这个关系很难能够成为一般的意识的关系,因为它所关联的项目已被"经验"到了。而且詹姆士本人也明白地承认无需观念的媒介而有直接经验的可能。"意义"就似乎是推论的意识所特有的而不是一般意识的关系。关于这类一般的关系,总起讲来,结果是否定的。詹姆士指出,它不同于物理型的关系

---

① 伍德布里季:"意识之性质",载《哲学、心理学与科学方法杂志》,1905年第2卷,第120、125页。詹姆士:"意识存在吗?",载同一杂志,1904年,第1卷,第486页。又见波德:"晚近对意识的几种定义",《心理学评论》杂志,1908年第14卷。

("心理的火是不会烧坏真棍子的东西")。伍德布里季教授"比较
着重意识看起来不是什么,而不是那么着重它在对象间所构成的
那类联系。"①

　　在这儿,这些结果对于心灵的性质说明了一些什么呢? 这一
点在我看来是明白的,即它们仅仅提供了一个初步的归纳。它们
无疑地对于对象的一种特别的和重要的聚集提供了毫无错误的证
据;但它们却并未揭露出说明这个群聚的原理。人们承认,心理的
内容在分布上或一个元素对一个元素地同自然的各部分是相吻合
的。于是,重要的就是要指出,自然的部分是怎样变成心理的内容
的。自然的对象并不是整个地进入心灵的。那么什么东西决定着
它们的缩小和节略的呢? 一个个别的心灵在它本身把特别的一堆
自然片断结合起来。这是在什么条件下发生的呢? 当事物在心里
时,一个东西可以意味着或代表着另一个东西。什么东西组成了
心里的内容呢?

　　在这类问题没有被答复之前,实在论就不能自以为比唯心主
义有很大的进步。纳托尔普教授说:"意识是不可解释的和难以描
述的,然而一切意识经验都有这样一点是共同的,即我们称之为它
们的内容的这个东西特别涉及一个名为'自我'的中心,只有在这
样涉及的情况下,这个内容才主观地给予或呈现出来。"从唯心主
义者讲来重要的是要指明,他所谓"这样特别涉及的一个中心"是

----

　　① 伍德布里季:"意识之性质",《哲学、心理学与科学方法杂志》,1905 年第 2 卷
第 120、125 页。詹姆士:"意识存在吗?",载同一杂志,1904 年,第 1 卷,第 478、489 页。
实用主义关于推论的意识的观点。见本书第 194 页以后。詹姆士较完备的观点见本
书第 377—382 页。

什么一回事,而从实在论者讲来,也同样重要的是要指明,他所谓"联系的形式"是指什么而言。①

§5. 心理的活动。所谓一个纯精神活动的自我直觉 我们将会发觉,不可能发现事物的共同联结是属于心理的,除非我们废止了内省法而按照心灵在自然和自然的公开领域中的活动来看待心灵。但是在我们采取这个途径之前,我们还有另外的两个选择。

在第一个而且是比较流行的这个可能选择的见解中,承认不可能在心理内容中发现一个独特的性质,或者甚至于在它们之间的一种特有的相互关系。它主张,事物是从作用于它们之上的那个东西中派生出它们的心理内容来的。我的内容乃是我的主动的知觉、思维或意志活动的被动的对象。这种心灵的活动本身并不是内容,而是一切内容所具有的共同的和统一的相互关联。我认为,到此为止,这个看法实质上是正确的。心灵的这种具有说明作用的关系乃是一种活动,而在它所说明的内容中是会找不到它的。但是在当前的这个见解中,它还主张:然而心灵的活动内省地在一种特别的方式之下是可以接触得到的。

我是指这个久受敬仰的理论,即心灵的活动在一种直接的直觉中在这个活动者本身面前被揭示出来。贝克莱说:"这就是精神的本性,或这个活动的东西的本性,即它不能知觉到它自己……虽然同时必须承认我们对于灵魂、精神和心灵的活动是具有一些概念的。"意识的内在活动就是"那种直接的实在所具有的生活形式";"如果心理学的抽象把它变成了一个可以描述的对象,它就消

---

① 纳托尔普:《心理学中的因素》,第 14、112 页;詹姆士在前书中所引用,第 479 页。

逝了。"①

贝克莱的看法在休谟那里受到了它的古典式的驳斥。他指明,最彻底的内省分析并没有揭示出这样的"创造的力量",但只是一堆内容和它们的联结。布拉德莱说:"从心理学上讲来,这种启示是骗人的。对任何像活动这样的东西,是没有原来的经验的。"说有这样一种启示的假设是可能的,但要有一个条件,即不要把一定的经验分析成为它的因素。当所谓对心理活动的经验被如此分析时,就发现不了活动因素。拒绝去分析那能够分析和业已被分析的东西,这是不能用任何严格的理论程序的规则来加以辩护的。② 换言之,关于心理活动的直觉论乃是"假象的简单性"的错误的一例。康德说:"然而对于一个主体之代表的简单性所以并不就是对这个对象的简单性的认识。"直觉论的论点是基于一种在对题材的认识中没有复杂性和题材本身中没有复杂性之间的混淆不清。③

在自我认识的情况之下,哲学由于对"自我"非常熟悉而特别易于陷入这个错误。没有人如我对我自己这样熟悉我自己的了。原来这只是说,我曾重复地认知我自己,而且也许在相当长的间距内连续不断地认知我自己,而别人只是曾经间断地认知我或者毫不认知我。我在我自己看来乃是一个十分陈旧的经历,以致我很

---

① 贝克莱:《人类知识的原理》,第 1 卷,第 272 页(参见中译本,第 30 页。——编者);明斯特贝格:《永恒之价值》,第 393 页。

② 休谟:《人类悟性之研究》,第 7 节,第一部分;布拉德莱:《现象与实在》,第 116 页。

③ 康德:《纯理性批判》,马克斯·缪勒尔英译本,第 289—290 页(参见中译本,第 292—293 页。——编者),见本书第 283—287 页。

容易对我自己发生厌倦。不过,我对我自己发生厌倦,不是因为我是如此熟悉地认知我自己,而是因为我和我自己在一起生活得如此之久。对于一些我绝难懂得的事物,我可以熟悉到厌倦的地步。因此,我对于在我家的书房里的一本书从未翻阅过它里面的内容,但对它却是非常熟悉的。的确,认知的程度和熟悉的程度是成正比例的,也同样是成反比例的。熟悉好像一切习惯一样是任意的,而且没有任何东西阻止它固定和肯定一个错误的或空洞的意见。这个我每天在街上遇见的人是一个熟悉的对象。但是我们并未很好地去认知他。反之,我们的意见是偶然的和片面的,而且同样也是不变动的。每一个人对这位总统典型的面部表情都是熟悉的,但是谁会宣称这种熟悉的情况使他对他有了认识?同样,我对我自己的熟悉实际上可以妨碍我更好地认知我自己。因此,我也许会太容易满足于我对我自己的认知,而且几乎不可避免地会相信,我通常所认知的我的心灵就是我的心灵的实质。于是就不能说,个人的心灵对它本身的特别熟悉必然意味着说,它对它本身的认知乃是唯一的或者乃至是优越的。反之,它意思是说,每一个心灵对于它本身的认知是特别易于陷于过分的简单化——乃至假定说,这种认知是完备的,而事实上它还未曾开始哩。

　　这些考虑,我想,也否定了如此经常赋予自我意识的好处。我倾向于相信,这种经验在传统对心灵的解说中占有显著的地位,因为事实上哲学家们对它是特别熟悉的。除了偏见以外,还有什么能导致以自我意识为心灵之典型的这个意见呢?的确,没有任何东西比这距离真理更远的了。如果自我意识具有任何意义的话,它是指在一种极其复杂的方式下作用着的心灵。在这儿,我们可以把一个定义应用于复杂的和派生的形式上,从而去测验这个定义,但是我们却是从对它的简单形式的研究中学会了去隔离和识辨一个属类的。于是它就会跟这样一个正确的程序一致了,即只有在一个人对心灵的一般性质和认知的特殊功能具有了一种基本的知识之后,才能期望懂得认知它本身的心灵。的确,至少在这一方面,哲学在传统上就缺乏曾经指导过科学的这种健全的本能。

但是放弃了方法论上的考虑之后,对我的自我意识在认识上的价值将有什么可说的了呢? 假定我同这位最肯定的哲学家一样是习惯于自我意识的。是否我因此对我自己就具有一种专门的知识了呢? 在我看来,这显而易见是把习惯误认为领悟了,经过检验,我的自我意识主要地便分解成为一些熟悉的影像和包含有我的名字或第一人称的代名词,如"我是"、"我愿"、"我想"、"我干"等熟悉的语句。但是这些语句乃是完善地代表这种固定的和定型的特性,而这种特性可以是由于一种混乱的经验所获得的,或者,的确也是由于一种仅仅是对一个问题的文字上的陈述的经验而获得的。而且这样的经验愈是固定和定型,它们的混乱或空虚的情状便愈被忽视了。我认为,这就是对于自我意识问题中心灵之正常状态的真正的解释。你们的所谓平常的人"当然"认知他自己,而且会急于抓住那些说他具有一种对灵魂的神秘知识的字句;但是他不能对它作出任何可理解的解释。他也始终未曾企图那样做;只有当他是在那些和他自己一样容易满足的人们当中时,他才是确有把握的。

谁跟农民那样熟悉农事呢? 但他藐视理论家的新发明,因为习惯已经封闭、限制而且同时加强了他的意见;结果,虽然没有人比他更为亲切地熟悉农事,但同时也许也没有人比他更是不可救药地无视于它的真正的原理的了。在这儿,我便注定要成为一个自我意识的心灵。我已经习惯于从事自我意识,而且确实没有人像我对我自己一样这样熟悉的了。但我用来表现我自己的东西却是少得很;对于我的名字的声音影像,对于我在社会上的出现的视觉影像,和几个贫乏的语句。确有一种复杂的状况存在着,当我愿意时我就能够转向到它,但它是须要反复地加以阅读的一页书。而且如果我未曾在不久以前变成了虽然是能言会道的,但对自己的无知却是一无所知的,而置身于那些冒充深奥而制造混乱,以提问题为名,而自夸精通是实的人们之列,那么我就幸运了。不——到此为止,我还不能看到,导致对自我活动之认知的御道已经越过了自足的泥沼。或者是诉之于每一个人所"当然"认知的东西,或者诉之于单纯的熟悉的武断,否则,便是严肃地培育定型的咬文嚼字和其他混乱的经验,似乎哲学胸襟的温暖能以在某种方式下授与它们以生命。

§6. 作为对机体动作的感觉的心理活动　我深信,心理活动的性质既不是为一种对心理内容的分析所可以发现的,也不是为自我的直觉所可以发现的;我深信,总之,必须完全抛弃掉自我认知的方法,而代之以一般观察的方法。但是为了彻底起见,还想检验一下那种初视之下,似乎是提供了一种合理的调和的东西。我所指的是这样的一种见解,即把心理活动解释为一种奇特的内省的复合体(peculiar introspective complex)。这个见解通常是为那些拒绝了前一种方法的人们所主张的。对"人的活动"或对一种"活动本身"的直觉根据内省的分析是被否认了的。但同时分析又揭示出一种独特的活动过程,为对于机体的运行和紧张状态的感觉,或对于"倾向、障碍、意志、紧张、胜利,或消极的放弃"的感觉所组成的。詹姆士曾暗示说,这个过程还能够归结为更小的部分。"每当我的内省的眼光得以迅速地抓住动作中自发性表现中的一种表现时,它所能清楚地感觉到的东西只是某种机体的过程,大部分是发生于头脑之内的。""这就会得到这样的结论,即我们关于精神活动的全部感觉或通常用那种名称所表达的东西,实在就是对机体活动的一种感觉,至于它的确切的本性则为大多数人所忽视的。"①

　　对于这种对心理活动的解释有几种反对的理由。第一,显然,动作的感觉乃是属于心灵的内容范围以内的,所以它不能够是那种为事物所借以变为内容的一般的动作。它不是一般的内容的相关物,而只是某些其他的内容如知觉和观念之类的相关物。还需要有一种心理的活动用来说明这种动作复合体本身呈现在心灵之中的道理。

　　而且在把对动作的感觉本身当作动作的看法中,有着明显的混淆不清。如唯灵论者和先验论者们所曾正确地主张的那样,有必要假定有某种动作,它把内容结合在一起,而且给予它们为它们所具有的那种特别的在心灵之内的统一体。对于 a 和 b 的意识并不是一个对 a 的意识和一个对 b 的意识。而这种对动作的感觉跟任何其他的内容一样,是不能影响这个结合的。一个对"大脑内部

---

　　① 詹姆士:《多元的宇宙》,第 376、380 页;《心理学原理》第 1 卷,第 300、301—302 页;见本书第 382—384 页。

运动"和外在机体运动的意识,即一个这两者同时存在的意识的统一体,不能单独从任何一方面产生出来。这两种运动必须被某种联合地作用于它们的动作所包含。詹姆士认为对机体动作的经验是具有特别重要意义的,这是正确的。它构成了一个内容的核心或轴心,它较之其余部分是经常一些。它构成了一个持久的背景,在前景中比较突出的对象变动的同时,它是持续下去的;因此,从个人的同一性的这个意义上讲来,它是一个重要的因素。但是它绝不是内容,因而不能用来作为一个说明内容本身并给予它以独特统一体的行动者。

解决这个问题的办法是近在咫尺。如果不用对机体动作的感觉来说明心理的活动,而用机体动作本身来说明它,如他有时似乎这样做的一样,这些困难就会迎刃而解了。[①] 但这就会要求废弃内省的方法。因为这时候这些变成了最重要的机体动作,如果是被有意识的行动者所感觉的话,那也仅仅是偶然地被感觉而已。一个"被倾听"或"被听到"的声音,借助于那种活动而成为心理的内容。被联合地听到的几个声音组成一个心理的统一体。但是倾听或听见的性质确切地是什么呢? 这个倾听或听见的人是没有资格来说明这个问题的。他所感觉到的这种倾听或听见的方式和这个问题很少有什么关系。因为倾听和听见乃是一个活生生的有机体的动作,或者说是神经系统的特别活动,而这是处于一般的观察领域之内的。正如没有必要假定说呼吸的性质是揭示于呼吸者前

---

① "只要我们是'人'而是和一个'环境'相对立和相反的,在我们身体中的运动就代表我们的活动。"(《多元的宇宙》,第 379 页,注)

面的,也没有必要假定倾听和听见的性质乃是揭示于倾听者和听见者前面的。

三　一般观察的方法

§7. **所谓不可能观察别人的心理内容**　在把心灵当作和其他事物一样,似乎是在一般观察之下的东西而进行讨论的同时,我将设法来答复通常反对这个程序的一些看法。大多数哲学家们认为一个心灵的基本特征就是只可以为它本身接触得到。这个命题是很难用证据来予以支持的;普通认为只要对它引起注意就够了。因此,便肯定说,"一个人的本质并不是他在别人看来是什么,而是在他自己看来是什么。就在这儿发现了他的个性原理(*principium individuationis*)——即发现从内部看他时他是什么。"①如另一位作者所表达的,"每一个人的心灵形成了一个领域,它除了它的占有者以外是不能为任何人所接触得到的,这是反省的许多常识中之一。"②

这些是一种差不多带普遍性的假定的陈述。我相信,这个假设跟它是普遍的一样,也是说明得很坏和没有理由的;它是目前对清楚地和有结论性地来说明心灵的一个最大的障碍。区别对心灵的"内在"观和"外在"观,这无疑是正确的;强调自我认识具有实用的或其他方面的重要性,这是不能怀疑的。但是我不相信这种区

---

① 拉喜戴尔:在斯特尔特编:《人格唯心主义》一书中,第383页。

② 沃什伯恩:《动物之心灵》,第1页。

别和强调会恰当地导致我所曾引录的那些结论中的任何一种;我也不相信,它们根本上对心灵的界说会有所贡献。

心理内容是私有的这个见解,主要是根据于"排外的特殊性"的错误。同知觉与观念一样,附属于个人心灵,这是心理内容的特征。我的观念是属于我的;于是在某种意义之下,它就落在我的心灵之内了。从这一点便急于结论说,所以它只是属于我的。我的观念不能脱离我的心灵而不陷于矛盾的,这是很清楚的。不能把它属于非我的心灵,这是分离的二元法中的另外一端。但是这不能结论说,我的观念就不可以也是你的观念。有许许多多这样的事例。朋友,实质上,就是属于朋友们的,而我的朋友的的确确是我的;但他也可以是你的朋友,而不发生什么矛盾。同样,我的家,我的双亲、我的国家,虽然必须为像我这样的人所占有,而成为它们现有的情况,但是也可以毫无逻辑上的困难而为你所分享。

但是我也许似乎忽视了一个重要之点。虽然一个东西能够既是属于我的观念的对象,也是属于你的观念的对象,但是我的观念本身能够也是你的观念吗? 我的观念的整个存在不是就在它与我的关系之中吗? 无疑地,海王星可以变成我的观念,也可以变成你的观念;但是我对于海王星的观念能够会变成你的一个观念吗?现在这一点清楚地依赖于,决定海王星成为我的观念的因素本身能否也服从于同一类型的,一些别的决定因素。任何一种先验的反对都会陷于有关的亏辞的错误。在这里还有从别类对象中所得到很普通的事例。3 与 3 的总和本身还可以加 3;你可以在画我的模特儿的动作中画我;将军可以惧怕他的军队的惧怕。而且同样,一个东西成为我的观念而和我发生的关系,也可以和你发生另外的这样一种关系而成为你的观念。单单是我的观念和你对于我的观念的观念，由于到达了后来的这种认识上的关系而将会不同，而且从这个意义上讲来，我的观念和你的观念并非完全一样的，这毫无疑义仍是真实的。但是即使在陈述这个平常的命题时也不可能不承认你可以认知我的观念，而这正是争论的所在。

于是单纯的这样一个事实，即观念总是包括在某一心灵之内的，因而是排斥于完全不属于那个心灵的东西之外的，并没有提供任何证据来证明心灵是绝对私有的。不管任何东西的一群都是私有的，这是从这个意义来说，即凡在它里面的东西按照定义就不能是在它外面的，而在它外面的就不能是在它里面的。但是这并不妨碍在它里面的东西也是在另一些其他的东西的里面的；也并不妨碍整个的这一个群是在另一个同样的群的里面的。每一个东西都依靠于有关的这些群的特殊性质。而且我们业已发现有必要把心灵在交叉的体系而不是在孤立的体系中加以分类。的确，这样一种分类看来必然会在关于社会交往的一般概念中蕴涵有这个意思。那么我们又怎样来解释把心灵当作是排外的东西的这个广泛的倾向呢？

首先，我们很容易把在关于我们的身体的这个事例中所具有的这种群的关系推广到我们的心灵方面来。事物是在心内和心外，这是有一种特别的意义的，但这个意义自然地倾向于跟事物是在身内和身外的这个意义混淆起来。这个倾向部分是对于图式影像的误用，部分是对于心灵之机体的方面有一种实用上的偏见。在这儿只要注明一下，我们的身体的相互排斥性是如此高度地强调着，以致即使说我们的心灵是在我们的皮肤之内的这样一个最模糊的假定也足以引起它们也全部是在彼此之外的这样一个概念。这样的一个假定一般地承认是错的,但是它却仍然留恋不去;而且不仅误解了心灵的群性,而且夸大了从一般观察去认知心灵的困难。

第二,各种不同的动机,方法论上的、宗教上的、和社会上,曾经如此强调心与心之间的差别,或个人心灵与外在世界之间的差别,以致使这种差别倾向于变成了一种排外性的关系。心理学的内省,在肤浅的解释之下,划出了一个脱离自然和社会的领域。宗教的内省加深了内在生活和世界生活之间的差别。在复杂的社会条件之下,关于个人道德的问题,倾向于加深个人生活之间的差别。如"没有别人能够了解我"这样一个命题,只要是变得很熟悉而在实际上被加强之后,就很容易转变成为一个绝对的原理。因此认识别人心灵的某一方面的困难便易于误会为一个心灵进入另一个心灵的不可能性。文字上的困难容易变成逻辑上的不可能。要避免粗糙的混淆不同,便有必要根据具体的情况和条件来考察一下这些困难;指出它们所由产生的条件和它们所要隐蔽的这些心理的因素。

§8. 观察心理内容的困难。以知觉为例　　没有问题,一个人的心理内容在任何一定的时间可以成功地被隐蔽起来而不显露在一般观察之下。但这一点本身并不是意味着结果可以得出这样一个一般的命题:即一个心灵在本质上是绝对地同这样的观察割断的。可以是这样的,即你不能发现我正在想象着的、思考着的或记忆着的东西,这仅仅好像估税员不能发现我的财产数量一样;而没有人曾经肯定说,财产本质上只可以被它的所有者所知道。且让我们考察一下情况。

　　首先，显然，在有利的条件之下，你可以不难了解我的心理。例如，我们参与这样的一种交往，这其间在身体上跟一些物理对象有所接触，我们就可以互相知道各人心里的事情；这是既容易，而又是不可避免的。这些对象的本身在这里就提供了这样一种可以互相接近的内容，以致是不会有什么错误的。一个清楚而适当的例子就是以币易货；但是要举尽经验的例子是徒然浪费精力的。这种在你和我心里的物理事物的互相领会乃是一切在我们之间交往的条件；没有它，我们就不会握手。

　　你很容易地了解我的心理的另一种方法就是通过我的口头的报告。我们往往并不坐下来有意地彼此表白我们的心思；比较通常的是我们运用语言，以便于我们可以共同地想到同一些事物。但是如果你是一位心理学家，或者是一位解梦者，我就可以把我心里的事情"告诉"你。在这儿，有玩弄诡辩的人常常假定说，当我如此在口头上表露我的心理时，你并不直接知道它。认为你只是直接知道我的语言。但我不能理解这样一种假定，除非它只是说，你只是在听了我的语言之后和通过听到我的语言，才知道我的心理。如果在你能发现康德生辰之前你必需从书架上拿下一本书并且把它打开来看一下，或者，如果在你能发现你的邻居的门牌号数之前，你必需走过路去看一下，那么当你知道了它们时你不是就因而直接知道了这些事情吗？而且如果在你知道我心里有什么影像之前，你必须等着我来告诉你，那么当你知道了它时，你不是因而就直接知道了它吗？如果不是的，那么当已经断定了这件事情时，你直接知道了什么呢？当然不是语言；因为当它完成了自己的任务时就不再为人所注意了。所沟通的并不是语言,除非完全在这样一种例外的情况之下,即语言不为人所理解,因而没有尽到它的职能。在我们以后一切有关于影像的行动和交往中都确实意味着说,我们是联合地接触到它的,正像我们对我们的金钱和我们的土地一样;你现在知道它,就正像我知道它一样。

　　要在对语言的一般功能没有误解的情况下进行工作,这是很重要的。语言并非作为一个内在观念的外在表现而发生的,而是作为固定和识别经验的抽象方面的东西的手段而发生的。如果我想使你注意我手指上的戒指,我只要指着它或者把它递给你就行了。在你看见我这样处理这个戒指时,你就知道它引起了我的注意,在这儿就发生了互相沟通的一刹那,这时候,我们的心灵便在这个对象上联系起来了。这个戒指在你心里呈现出来,正像也在我心里呈现出来一样;的确,这个戒指在我心里呈现出来的这个事实并不为我所想到,但这时候却可能为你所想到。不过,如果我想要你注意这个戒指的黄色,仅用手去摸触它,那是办不到的。整个的对象作为识别它的因素的手段,将是不够的。所以需要有一个足够复杂的符号系统来适应于在鉴别上的这种精巧的程度。在这儿要注意的一件重要的事情就是,正如在实用上去处理物体便构成一种粗糙的沟通,同样,语言便构成了一种精密细致的沟通。在这里没有客观性或主观性的差别。在这种情况下,和在另一种情况一样,心与心是互相沟通的,才有可能对一个共同的对象有内容上的会合和行动上的吻合。

　　为了进一步的说明,考虑一下伪装的知觉的事例。我"从眼角里"来注视你,希望使你不知道我的真实思想。如果策略是成功的,它就证明了我能够把你通常所依靠的凭据弄得模糊不清。但谁又曾严肃地假定我的思想的方向,在与你的身体相通的这个视网膜和神经过程之中,以及在我的欺骗的意图之中是不可能被发现的呢? 当我的心理成为被知的对象时,我能够困惑观察者,因为我能控制这个对象。我甚至于能够把我的心理伪装起来和隐蔽起来。当你想要知道我的思想时,我可以加速我的思想或加速我的进程而使你追赶不上。但是如果你是一位估税员,想要知道我的财产,我也同样比你占优势,而在这两个事例中都没有证明:事实不在那里,不可以为你知道,而只能为我知道。当我们描述隐蔽的心理时我们不能不涉及一些特别的限制条件,的确并未使人对于这一点发生怀疑,即,在这种情况之下的困难,本质上同阻碍任何认识活动的困难是相似的。有些事物比另些事物更难于观察,而一切事物在一定的条件下都是难于观察的。在心理方面,确实是如此,其中并没有什么神秘的或独特的地方。

§9. 本部感受的感觉 对于机体的内部状态的感觉本身提供了一种特殊的事例,它具有足以为我们单独进行讨论的重要性。对于我身体以内所发生的事情,如通常所说的,我就是唯一的见证人。这种情景在赋予心灵所有的那种独特的自我认知中起着一种很重要的作用,而且对于刚才为我们所考察过的这种自我意识和内省经验,我认为尤其似乎具有一种重要意义。首先让我们来确定在这种情况下的一些一般的事实。

一位有权威的生理学家写道:"位于有机体的表层中有一些受纳细胞,组织起来以适应于为环境的媒介所投射的刺激物。〔作者把这些受纳器称为外受纳器〕但这个有机体本身,和它周围的世界一样,乃是一个不断变化的场所,在这儿,内在的力能不断地放射出来,从而呈现出化学的、发热的、机械的和电力的效应。在这个小宇宙中和在它周围的大宇宙中一样,有起着刺激物作用的力量在工作着。深处的组织……有它们所特有的受纳器。位于有机体深处的这些受纳器乃是适应于与在机体本身中,尤其在它的筋肉和它们的附属器官(筋腱、关节、血管等)中所发生的变化相吻合的刺激的,既然在这个场合对受纳器的刺激物是为有机体本身所给予的,它们的场合就可以称之为本部的受纳场野(*proprio-ceptive* field)。"①

　　在这儿我的身体是在任何其他别的身体的周围以外的,所以一般地仅仅能够为外受纳器官,如视觉、触觉等器官所观察得到。但在我也可以以这样相同的方式观察到我自己的同时,我们"本部感受器"能使我单独地以另一种方式认知我自己。这没有什么神秘的理由;它是一件属于生理组织上的事体。我可以在一种为别的观察者所不可能做到的方式之下感觉到内部的压力和张力、我的肢体的运动和筋肉控制,因为没有别的观察者和我一样在神经上是跟它们联系着的。只有我才能特别感觉到失去了平衡,因为我的半规管虽然可以为别的人所看见和触到,但只有跟我的大脑才有着连续的神经联系。更重要的是这个事实,即我可以在一种很复杂的方式之下感觉到在我的内脏系统、循环系统和呼吸系统中的各种状态和变化。在这里我又是具有一些和其他观察者隔绝的感觉,因为他们并不具有把这些器官仅仅和我的中枢神经联系起来的一定的神经纤维。

---

　　①　谢灵顿:《神经系统的统一活动》,第129—130页。

现在从这些事实推论出来的是什么呢？首先，要注意到：这些感觉构成了对于身体的知识，而不是对于在传统意义下的心灵的知识。我对于我身体的内部有一种认识上的接近，而这是其他的认知者所没有的。我觉得我的心在跳动，而其他别的人就不觉得我的心在跳动。但是因为从来没有人曾经辩论说，一个物理的有机体乃是一个只被在它里面的心所认知的东西，我们不妨用另一种方式来表白这件事情。我的心灵具有感觉内容，而这是不能同样呈现于任何其他的心灵的。只有我才能"具有"这些感觉。但是这是否结论说，你就不能认知它们呢？第一，在感觉中没有任何东西是你所不能认知的。心跳的特别性质在其他事例中是为你所认知的；使它成为是属于我的这个在身体上的位置是直接为你所知觉到的。不错，你必须把这些因素结合在一起，但是其结果却成了知识。第二，关于这种感觉没有任何东西你不能比我知道得更好一些的。如果我要追索这种感觉的单纯的表现，再进而求得一种对它的恰当的知识，我就必然要依靠一些解剖学上和生理学上的方法，而这些方法却一开始就是对你敞开着的。的确，在这里我是严重地感觉到一些苦恼的；因为正如你是和对我的身体内部的本部感受的感觉隔开着的，我大部分是和外感受的感觉隔开着的，而这种外感觉对于感觉结构和功能的知识却更是不可缺少的。总之，有些东西只是在一种独特的方式下呈现于我的。只有我对我自己的身体才能有本部感受的感觉。为了便于让你认知我的身体的内部，你就有必要利用你的想象或其他比较精密的手段。

说心灵只能为它本身所认知，是否就是指这个意思而言呢？如果是这样的话，那么那个主张便失去了它所有的一切重要性。

因为这只是很大的一个类别中的一个事例，甚至可以这样地争论说：一切存在的事物乃是只对于一群有特权的认知者在一瞬间简单地呈现出来的东西。就空间而论，事情只能被那些享有一定明确的邻近性的人们所感知，而就时间而论，则只能被那些同时期的人们所感知。但是这并不使它们从一般的认知领域中退缩出来。我必须利用我的想象来认知东印第安人睁开眼睛来就可以认知的东西；但是我的知识可以并不超过他的知识。而且抑有进者，即使承认本部感受的感觉只能用内省去认知，我也难以相信那些强调心灵具有这种独特的内在特征的人们是意味着说这个心灵包含有对这个物理身体的内部的一种混杂的和片面的知识！

有必要再说一句话来说明这个问题的全部重要性。我所大部分赖以认知我自己是一个心理的活动者或主观者的那些经验包括着许多本部感受的感觉的一种交杂物。这个自我意识活动本身就伴随着由于身体姿势和呼吸变化而产生的独特感觉。但是尤其重要的，关于自我活动和努力的经验，大部分是为对内部运动和张力的感觉所组成的。这些经验是定型的、晦暗的，而且大部分是偶然的。然而却有一点，即把本部感受的经验（在它所及的范围之内）当作是真正对于自我的一种认知，这是恰当的。因为我的本部感受的经验大部分是关于我对环境的有机动作的知识，而这种动作在一定方式的解释之下就真正构成了心理的活动。①

---

① 见谢灵顿：前书"在（本部感受的）场野中刺激的另一特征，我们认为，就是：这些刺激物较之在外表的感受场野中，乃是更多地为这个有机体本身的动作所供给的，特别是为它的各部的集合运动所供给的。……在深处感受器上所发出的反射的直接刺激物因此便是作为主动者的有机体本身的某些部分所提供的"（第336页）。见本书第324—328页。

§10. 欲望、记忆和思维的内容　至于我的心理内容可以为你的观察所能达到的这种情况，最重要的一般事实就是：当我对我的心理内容所采取的行动并不是在外沿的时候，你的观察就将会受到阻碍。和一种普通的哲学见解相反，我的目的、意图或欲望是难以逃出你的观察的。我的心灵的这个因素即使在我的粗糙的动作中，在我整个身体的运动中都被显露出来。你对它所见和你对你所注意到的物理的对象的所见一样，是确实的，也是对社会关系所不可缺少的。我的目的的内容，即所建议的要实现的东西，以及我或多或少地一贯致力于它的这种情况，乃是在你的全部观察之内的，无论你是一个研究人物的历史家也好，或是一个熟悉的朋友也好。于是逃出观察的不是在心灵中所希求的因素，也不是任何这一类型的因素，而是当心灵对它所采取的活动并非到达可以看得见的身体外部时的一切内容。但是这个陈述中所蕴涵的意义是什么呢？

首先，我们意味说，有关的内容，如果我们能识别它的话，是可以为我所认知的。普通存在有怀疑的地方就是：在全部为你所明白认知的几件事物之中有哪一件是当时为我所认知的。我可以告诉你，而且当我这样做时，选择了某一个而放弃了其他。或者说，你可以猜测，而且如果你猜测得对的话，你就占有了这个内容，即使你还没有确定它对我的心灵的关系。

但是第二，（而且在这里我预料到有人会责备其中有严重的遗漏）这个内容对我的心灵的关系必须假定是客观地在那儿的，而且是可以发现的，即使这时我在口头报告中不承认它。例如，不可能陈述一件记忆的事例而不肯定在提供这个内容的过去事情和正在回忆它的这个当前在此地的心灵之间的联系。如果事实上我是在此时此地回忆在 1905 年到伦敦去的一次访问,这就说明了一件复杂的事情,而它的本质事项是你所明白看到的。这个像它过去那个样子的过去的事情,当我站在你面前时,必然为我所涉及或处理着。换言之,原来所知觉的反应必然继续到现在。但只有经过神经系统的识别这才是可能的。这个联系过去和现在的在回忆中的联结是在我的身体所具有的一种追溯既往的功能之中的,而这一点则只有用它的历史来加以说明的。而这是和任何自然的或道德的过程一样是可以为我们所接触得到的。当你知道我在看着月亮时,这些显著的事实是摆在你的面前的,如我的身体和它的视觉器官的这种集中于焦点的姿态,我的动作的这种凝神和一贯的神情,以及尤其重要的是这个月亮。在我回忆伦敦的这个事例中,事实是比较复杂些,而且甚至于有部分是不可接触得到的,但和刚才叙述的这些事实一样,它们是在你可能认知的范围之内的。它们包含有这样一些因素,如我的集中注意的过程、我的大脑的一定持续的变动,我原来对伦敦——对伦敦本身的,无论在实用上和神经上的一些对待的情况。

　　同样的这种一般的考虑也将应用于思维的问题上。当我正在思考一些抽象的东西时,我的心理内容,即这些抽象的东西的本身,也正是你可以思考着的。它们并不是仅是为我所占有的。它们是我的内容,这个事实意味着说,它们在某种方式中是跟我的神经系统的历史关联着的。这些内容以及使它们成为我的东西的这个联结同样是共同的对象,它们是在一般的观察和研究的领域之内的。

§11. 所谓不可能观察心理活动　　当心理的内容是如此通过一般的观察而不是通过内省所达到的时候,这种与它相关的动作,这种给予它以一种新的地位并以一种新的方式把它结合在一起的动作也同时被揭示出来了。你以寻索我的目光或我的语言而观察到我的心理内容;因此,在你观察这些内容的同时,你也可以观察到这种动作,即我在视觉上或语言上对于这些内容的反应。但是我们必须在这里处理这样一个传统的反对理由,即假定心理的活动是能够同其他的事物被观察得到一样,被观察得到的,这是荒谬的和矛盾的。他们论辩说,心理的活动是主动的;而在被观察的情况中它就会变成被动的,因而丧失了它的独特的性质。或者说,心理活动是主观的,因而是不能成为客观对象而不丧失其同一性的。

这个反对的理由显然是建筑在这种"排外的特殊性"的错误之上的。它预先假定说,主动的东西就不能也是被动的,或者说,主观的东西就不能也是客观的东西。他们肯定说,认知总是具有这样一种形式,即(S)R(O)(主体认知对象)。而在这个抽象的图式中,S 不能改变其地位而不损及其性质的,因为,好像一个直角三角形的弦一样,它的地位就是它的性质。但是这并不能结论说,同一个具体的实质就不可以改变它的地位,既然曾经一度成为 S,而现在就不可以变成 O;正如同一条直线,既然已经成为一个三角形的弦也可以变为另一个三角形的边。同一灵魂或神经系统,或任何完成主体的职能的东西,也可以完成客体的职能。或者说,在一个现有的实质与一个对象发生关系之中正在完成主体的职责的同时,它也可以在对第二个主体的关系中在完成着客体的职能。而且在第一个主体的事例中,主体的职能的性质因此能够在平常的方式之下为第二个主体所认知。因此，没有任何东西阻止我们来假定说，我所用来对待事物而使它们成为我的对象的身体动作，它本身也可以同样被另一个身体的动作者所处理而变成对象；或者假定说，在我自己的经验中作为心理活动而作用着的而并不作为内容而显现出来的身体上的过程也会成为另一个心灵的内容。而且根据这个假定，人们自然就会同意这一点：即最有资格报导关于我的心理活动的性质的人并不会是我自己，这个利用它的人，而是对它处于旁观者的地位的生理学家或道德家。

§12. 作为神经系统的心理活动　　现在我们作好了准备用一般的观察来陈述心理活动的性质。而且首先要注意到，心理活动乃是物理的有机体所具有的一个特性。这个看法包含在马赫这样一个见解中的原则中：即当一个要素在功能上依赖于他所谓KLM 的特殊的一组要素时，这个要素便是心理的……；这些要素相当于一般所认为是神经系统的东西。① 在马赫的这个见解以外，还必须加上所谓意识的运动论，而这个理论在不断地赢得心理学家的一般赞同。麦塔格教授说："我们不得不相信，大脑的神经过程乃是属于脊髓的反射过程的这个类型的，而且包括着物理的冲动通过极端复杂的路线从感觉的到达于或倾向于运动的神经的传递，而且不得不相信，一切心理的过程都伴随着具有这个特点的神经过程。"②因此，我们便被导致这样一个观点，即当要素在为中枢神经系统所特有的这种特别的方式之下被反作用着的时候，这

---

①　见本书第 89—91 页。

②　麦塔格：《心理心理学》第 7 页（着重点是我加的）。又见明斯特贝格：《心理学基础》第 525—562 页。

些要素就变成了心理的内容。[1]

这个结论是接近于至少两个晚近有着广泛影响的作者的主张的。阿万纳留斯,这位德国的所谓"内在学派"的创立者,运用过他自己所特有的一种特别的术语。[2] 他把中枢神经系统称为"C系统"。他按照自然主义的方式,认为这个系统乃是位于它所由接受刺激("R价值")并它又对它给以一种独特的反应("E价值")的这样一个环境之中的。经验或心理的内容包括着这些E价值或C系统的反应。然而阿万纳留斯使我们怀疑,C系统的这个反应是否并不创造内容。看来E价值是多于动作的;它们包含有不为环境所给予的心理的结构。

正确的观点是比较接近于柏格森的纯知觉论。这位作者结论说,"一般地讲,这个有机的身体,特殊地讲,这个神经系统,乃是运动传递的通路,它以刺激的形式被受纳,而以反射的或随意的动作的形式而进行传递。那就是说,给予大脑实质以产生表象的特性。"它的功能是有选择性的;而它用它的动作所选择的环境的那些部分,无论是实质的、在发生中的或实际的,便是知觉的内容。"如果我假定一个广延的连续体,而且在这个连续体中,即在为我的身体所代表的这个真实动作的中心中,它的活动将会显出照明每一后续瞬息中它所能涉及的一切那些物质的部分。"换言之,心

---

① 见本书第 331 页注。

② 见布什:《阿万纳留斯和纯粹经验的立场》,第 39 页以后;阿万纳留斯:《人的世界观》,散见各处。"内在学派"当前的领袖是培左特,见他的《纯经验哲学导论》。

理的内容包括有为机体的动作所"照明的"周围环境的一些部分。①

§13. 作为兴趣的心理活动 柏格森的观点作为一个彻底的心灵论还是不够的,因为它仅限于知觉。心灵在它的其他活动中还保留有一种有创造性的功能。② 但他以惊人的清晰性叙述了一个原理,而这个原理能够很容易扩充到心灵的高级功能方面去。而且他对这个原理的陈述还具有一个附加的优点,即强调心理活动所具有的本质上是目的论的特征。他说:"有意识的知觉并不包容全部的物质,因为在它的有意识的范围之内它分散地或'分别地'包括着物质中那个使我们的各种需要感到兴趣的部分。"③神经系统的活动乃是有机体的一种机能,而且像有机体一样,它显示出对兴趣的控制。因此,对心理活动的一种生理学上的说明还必须以一种道德上的说明来加以补充。而心理的内容必须界说为被有机体用来服务于它的兴趣的那一部分的周围环境;神经系统,从生理学上讲来,就是被运用的机制。

当心灵出现在自然和社会中时,它原来就包括着感到兴趣的行为。这种行为是难以立即而且无误地同最原始的理智区别开来的。的确,进行这样一种区别的能力乃是生存的条件之一。在最低社会交往的水平上,一个心灵就是在机体上有可能接触的潜能

---

① 柏格森:《物质与记忆》鲍尔和帕穆尔英译本,第 81 页、309 页。(着重点是我加的)。

② 见同上书,第 2、3 章和本书第 258—259 页,第 283—287 页。

③ 同上书,第 78 页(着重点是我加的)。类似的观念包含在阿万纳留斯把"E 价值"理解为为"C 体系"的努力所决定的维持其平衡的这个概念中。见布什前引书,第40—41 页。

性,而且它是按此而被标志出来和予以对待的。但是即使在比较低的水平上,还要承认在心灵和其他机体的东西之间的差别。心灵表现出自发性和方向性,在它们自己的兴趣中有一定隔离的控制。个别的讲来,它们表现出持续的敌对性,这是在它们之中为人害怕的;或者表现出持续的友谊,这是在它们之中为人喜爱的。当心灵对发怒或对一个遗传的敌人有一种鉴别的反应,指着一个显著的或经常的危险的来源时,就已经表示承认有了心灵。

在社会关系更为微妙和间接的地方,兴趣的因素倾向于把心灵的物理的和机械的因素完全挤掉。在我和我的邻居来往时,我最关心他的欲望或他一贯的行动计划。我能由于挫折了他的兴趣而损害着他,或由于把我的兴趣和他的兴趣联合起来而使他得到益处。最重要的是我要知道他一贯所追求的是什么。如果我要跟他和平共处或从事战争,他就是一个活的鹄的,我必须获得它的关键性的动机。

我对我自己的癖性也是熟悉的。只要在我反省思考的范围内,我的冲动和理想便重复地成为我的思索和研讨的对象。每在道德的紧要关头,它们就被说明着,采纳着、拒绝着或重新肯定着。但是如果我的兴趣在最深刻的意义之下是属于我所有的,这一点是真的,那么它们对任何有理智的观察者看来是明显的,这一点也同样是真的。它们是说明我的生活的一些形式。只要它们在推动我,它们就不能在我之内隐讳着。它们在我的伙伴中成了我的标志,而且在公开的历史领域内它们使我具有了我的地位,无论是卑下的或微贱的。无疑的,可能强调了欲望的内省因素。但是当欲望成为内容时,就不单纯地是欲望了。作为道德的,作为一种决定的形式的欲望,就不是属于本身内部的心灵,而是属于一般的在自然和社会中的心灵。

§14. 作为为感到兴趣的行动所识别的心理内容　　而且显然当心灵的兴趣在一般的观察之下是明显可见的时候,它感觉兴趣地作用着的对象也是如此。如果我要接近地和我的朋友或敌人进行交涉,显然我就必须跟他一起进行思考或者在一定的范围内总是跟他一起详细地考察在他的视野中的对象。在较高级的交往水平上,在论述的,在坦率的和友谊的讨论中,另一个人的心灵比任何其他东西包括着更多的对象。它的身体的方面的特点消失了,即使它的带有强迫性的兴趣也倾向于为人所忽视了。但是要改变这个景象,只需要转移一下注意力就行了。我可以有意地努力发现和提供一个心理的对象。要这样做,只要观察心灵从它的环境中所选择的那种东西就行了。

　　例如,这不就是研究动物心理的学者所做的事情吗?他告诉我们说,阿米巴有四种属于有机类型的一般反应。其中之一被描述为正面的:"一个假的垫石向着刺激物的方向推动,而这个动物向着坚实的东西移去。"身体的坚实性成为这个动物实用的经济因素"这个正面的反应在获得爬行支持的接触中是有用的。"[①]在这儿有一个环境因素,它为一种表达有机体自我生存冲动的反应所突出出来和孤立开来。于是我们不就知道了阿米巴的心灵吗?如果把我自己的心灵缩小到阿米巴的比例,我会不会更好地理解这件事情呢?我承认,当我模糊地描述这件事情时,至于阿米巴的区

---

　　① 　沃什伯恩:《动物之心灵》,第40页。

别作用到底有多少，这还存在着很多怀疑，但是在比较心理学家对感觉的区别作用的研究中，他曾经设计了一些方法，能够获得较大的准确性。[①] 可以安排这样一些条件，使得这个动物觉察区别，而且可以不断地把这些条件弄得更精细些，一直使这个动物达到其可感知性的限度。在这些测验之后，达到了这样的结论：即这个动物感觉到坚实的东西或者看见了蓝色，这时候还可以用"解释"的办法来说些什么呢？[②] 的确，阿米巴不像我们一样地感觉到坚实性。所以让我们来观察阿米巴而不是来说，如果我是阿米巴，我就会怎样感觉。于是通过阿米巴所感到兴趣的行动，我们将会发现呈现在阿米巴面前的东西乃是不同于摆在我们面前的较为完全的环境的。

我觉得一定还会有这样一种信仰：即心理的内容永远不能在这样的方式之下被认知。这样的信仰，在我看来，至少部分地是由于思维的一种好奇的偏向。人们习惯于在身体以内去寻找内容，然后严肃地宣布说，它是发现不了的。虽然在理论上久已不为人所相信，这个"皮下的"心灵仍然影响着每一个研究这个问题的人的想象。但是为什么不在它所属的地方和它可以易于接触得到的地方——即在环境中，来发现这个对象呢？事实上它不就是阿米巴或其他有机体所正在感觉到的环境吗？于是如果我是在寻求内

---

① 沃什伯恩：《动物之心灵》，第4章。

② 我在这儿系涉及如下关于方法的这样一些陈述："关于动物心理的知识，如关于在我自己心灵以外的人类心灵的知识一样，必须通过对行动的推论来达到。于是有两个根本问题摆在比较心理学家的面前。第一，他将用什么方法来发觉动物是怎样行动的？第二，他将怎样解释那个行为的有意识的方面？"（着重点是我加的）。同上书，第4页。

容,为什么我却努力背向它而向从界说上讲它必然是无法利用的地方去寻找它呢?我想这个程序只是由于没有把行为和为行为所选择的那些环境因素结合起来——即没有把反应和刺激结合起来。的确,行为乃至行动都不是心灵;而只是因为心灵乃是行为或行动和它们所运用和所分隔出来的对象两者的结合。

§15. 对心灵的一个概括的定义　　总之,我们不妨来简单地概述一下为这种分析所揭示出来的心灵所具有的这几个部分。

(1)第一,心灵乃是一个复杂体,它是在迫切感到需要地或感到兴趣地活动着的条件之下被组织起来的。在这里,我的意思是指活生生的有机体所特有的那样一种特征,它原来具有自我生存的本能而又在它的发展过程中获得了各种各样的特殊兴趣。我所用的兴趣这个名词是指它原来在生物学上的,而不是指它在心理学上的意义。一定的自然过程一贯地向着这样的方向活动着,使它们自己孤立、得到保护和重生。(2)但是偏向于它们的一般形式的这样一些过程具有独特的工具作用,显著地,是一个机体的神经系统,它固定了兴趣的地位而且制约着它同它的环境交往的范围和细致的程度。(3)心灵包括着环境的一定内容或部分,它通过它所具有的有工具作用的东西,而且为了它的兴趣而和环境的那些内容或部分打交道。

因此,在此时此地存在着的这个自然的心灵乃是一个组织,它具有兴趣、神经系统和内容,而这几方面是可以区分的,但又是互相补充的。或者,如果兴趣和神经系统结合在一起构成了心理的活动,我们就可以把心灵概述为活动与内容。

心灵的进化一方面表现在控制它的这些兴趣的增加和相互协

调,而另一方面表现在它由于加强了区别作用和扩大了活动范围而丰富了内容。后者又回过来意味着,它的已被提高了的能力使它能够加以考虑的那一部分环境也有了扩大。人类的心灵在区别作用和范围方面都是优越的。换言之,它在抽象的东西和原则上、在无数的各种各样的复杂对象上以及在空间和时间上遥远的领域中都从事着活动;而所有这一切都是超越于动物的实用经济之外的,动物在感觉、记忆、想象和思维方面都是比较不完备的。

这恰只是承认,从内省所观察到的心灵和在自然和历史中所观察到的心灵是特别不同的。但这并不证明,在这两种情况之下它都不是被直接认知的,或者说,被认知的东西并不是实在的心灵。每一复杂的对象,当在不同的方式下被探究时,乃是在一种不同的秩序中呈现出它那些部分的,但是在被全部认知的对象中,它的各个部分乃是彼此配合和相互补充的。正如内省法隐晦了心灵的具有工具作用的因素和活动因素,一般观察法则隐晦了它的内容因素。但是当这些因素被结合起来时,它们便组成了一个完整的心灵,它具有一个结构和一种机能,而这是可以为任何认知者所认知的,不管他原来有什么偏见。

〔注(见本书第 325 页)——自从这本书写成以后,作者所业已表示受过益处的霍尔特教授的观点已经发表出来了。霍尔特的《意识之概念》和在《哲学、心理学和科学方法杂志》,第 12 卷,第 14 和 15 期中所发表的《反应和认识》一文现在构成了上述学说的最有力的陈述,特别着重在它的生理学的方面。〕

第十三章　一个实在论的认识论

一　内在说

§1. 旧实在论和新实在论　　新实在论就是所曾经涉及的所谓"离开与心灵的一切关系而论及存在本身的这种陈旧的形而上学"[①]的复活。但是,除非认为这个学说完全是陈旧的,否则,指出它对早期形式的实在论的明确关系仍然是重要的。在休谟作为他对心灵之分析的一个自然后果而提出的一个理论中,可以发现在过去所提供的这种最显著的类似情况。这种类似的内容对我们是十分有帮助的,值得把它全部摘录下来。

休谟写道:"我们可以看到,我们所谓心灵只是一堆不同的知觉,为一定的关系所联结起来,而且假定它具有一种完善的简单性和同一性,虽然这个假定是错误的。在这儿,因为每一个知觉是可以彼此区别开的,而且可以被认为是分别存在的;这就明显地结论说,把任何特殊的知觉跟心灵分开;那就是说,跟构成一个思维存在物的那一堆联系着的知觉断绝一切关系,这是没有什么不合理的。……如果知觉这个名称不致使这种与心灵的分离成为荒诞和

[①]　豪伊森:《进化的限度与其它论文》,第21页。

矛盾,那么代表同一事物的所谓对象这个名称也绝不会使它们的结合成为不可能。外在的对象被看到和被触到,并且在心灵中呈现出来;那就是说,它们跟联系着的一堆知觉取得了这样的一种关系以致对它们有很大的影响,可以从目前的思考和情感来增加它们的数目并储藏着观念的记忆。所以同一连续而不间断的存在有时呈现在心灵,而有时又从心灵中消逝,而不致在这个存在本身中有任何实在的或本质的变化。"①

将会注意到,休谟在这里把事物当作不仅具有独立于心灵的存在,而且当它们呈现在心灵时,也是和知觉等同的。的确,他首先深信它们和知觉是等同的,而且只是作为一个反省,而建议它们是具有独立性的。在这一方面,要把休谟的观点跟里德和汉弥尔顿的苏格兰学派的"自然实在主义"区别开来。这些作者本来是想避免那种把外在实在融会于心灵观念的"理想哲学"所具有的那种可疑的和可笑的后果。他们试图恢复传统的实体,即内在的心灵和外在的自然;而且认为这两者都是跟"暗示"它们的观念不同的。关于"第一性"的物理性质,"广袤性、坚实性和运动",的确,他们陈述了一种"实在的表现主义"的主张。但是他们并没有解释物体是怎样能够"被暗示""被表现"或"被理解"而不变成观念的;或者说,怎样没有观念的中介功能,心灵就能够认知物体的。换言之,他们

---

①　休谟:《人性论》,第 207 页。见本书第 147—149 页。蒙塔古在一篇名为"休谟哲学中被忽视之一点"的论文中叫人注意休谟的这一方面,见《哲学评论》,1905 年,第 16 卷。

是加重了而不是减轻了两元论的困难。①

　　现代的实在论比较地接近于休谟所建议的"观念"的一元论的实在论,而不接近于苏格兰学派的心物二元论的实在论;虽然事实上苏格兰哲学派本来是以"实在论"的名义来反对休谟这个最后的和最荒谬的唯心主义者的一种论战。新实在论,它跟一切实在论所必然坚持的一样,在坚持事物是独立的同时,也肯定,当事物被认知时,它们就是心灵的观念。它们可以直接进入心灵,而当它们进入心灵时,它们就变成了所谓"观念"。因此,观念只是在一定关系中的事物;或者说,事物,在它被认知的这一方面,就是观念。

　　所以在阐述一般的实在论的认识论中,很重要的是要区别两个组成部分的理论。第一个组成部分,我将称之为"内在性"的学说。这就是我在另一个地方称为"认识论上的一元论"的同一个理论。② 这就是说,当一个所与的事物 a 被认知时,a 本身便进入了一种关系,这种关系把它构成了心灵的观念或内容。第二个组成部分我将称之为"独立性"的学说;而这就是说,虽然 a 可以这样进入心灵而具有了内容的身份,但是它的存在并不依赖于这个身份。在讨论这两个研究认识与其对象之关系的问题的学说之后,我将主要地把它们应用到真理的问题上去。

　　§2. 作为一种在组织上的差别的心身二元性　　二元论有两个流派;在心灵和身体之间的二元论和在思维和事物之间的二元论;而内在说使它有可能来避免它们。内在说是应用关系这个概

<hr>

① 　里德:《对于人类心灵的研究》(1764),第 1、5、7 章;哈密顿编:《里德哲学文集》,附录注解 B、C、D;特别是第 8 版,第 825 页。见穆勒:《哈密顿的哲学》,第 2 章。

② 　见本书第 133—135 页。

念代替实体这个概念来避免这两种二元论的。①

如我们所已见到的,心灵和身体之间的二元论在笛卡尔哲学中获得其古典的陈述。它本质上是"实体-属性"哲学。心灵和身体被理解为两个自我包含和互相排斥的领域,为两种属性,"思维"和"广袤"可标志出来和区别出来。这两个属性是笛卡尔所认为最后不同的,而且在它们所属的实体之间是完全脱节的。这种笛卡尔学派的二元论引起了一些最使人惶惑的困难。如果心灵和身体从定义上就是脱离的,怎样来解释它们联结着的这个经验的事实呢?因为那些在哲学中有着这样的显著证实的事实,例如知觉和随意行为的过程既非完全心理的,也非完全身体的,而是两者的混合。在知觉中,从作为心理的活动开始的一个过程,却作为身体的活动而结束。虽然是有这样一些困难,这种笛卡尔派的二元论仍然为常识的习惯所不断地肯定;而且仍然是似乎最为人所赞赏的和在表面看来最合理的主张。因为把一切二元性,如物体或非交叉的空间的二元性,认为是互相排斥的,这乃是习惯的和本能的。姿态和符号——总之,每一种感性表现的方法,都显示出同一类型的二元性;因此,要避免它的普遍性的这个假定,就需要超过通常的思维的精密性。

然而人类的经验却遭遇到另一类型的二元论。例如,社会的集团并不是为它们的内容的内在本性所区别开来的,而是为某种

---

① 有人建议,实体、性质与关系三范畴代表思想演化与精确化的三个阶段。见斯坦因:"当代新唯心主义"一文,见他的《系统哲学文献汇编》,1903 年,第 9 卷;并参见蒙塔古:"关于意识及其现实含义关系的理论",《哲学、心理学和科学方法杂志》,第 2 卷,1905。

联合的关系所区别开来的。因此,合众国的居民被分为不同的性别、政治党派、种族、年龄以及无数其他的集团;而这些集团乃是重叠和互相交叉的。它们并不单独地占有它们的成员,而是共同占有它们的成员的。在任何两个集团,例如民主党和无产阶级之间的区别并非在成员上的一种区别——因为可以理解,它们的成员会完全吻合,而是一种在组织原则上的区别。在一种关系中,成员们构成了一个集团,而在另一种关系中,同一些成员构成了另一个集团。

内在说就把这个类型的区别应用到心灵和身体的二元性上。在我们承认心灵和身体两者都是可以分析成为较为原始项目的复杂体时,这种应用就变成可能的了,的确,也成为必然的了。心灵和身体都不是简单的;虽然常识和传统哲学曾经共同图谋使它们看来似乎是如此的。[①] 而当它们一被分析时,看起来,它们所由组成的这些比较原始的项目,至少在大多数情况之下,是可以互相变换的。有两者所共有的可感觉的性质和逻辑的范畴。的确,不可能找到理由来肯定说,在身体这个复杂体中有任何项目是没有资格进入心理的复杂体中去的。

这个观点在马赫《感觉之分析》这本小书中最好地被提出了,这本书值得列入现代实在论的经典著作。[②] 按照这位作者的意见,物理的和心理的要素乃是一样的。但在物理学研究一种类型的关系,例如一个颜色对于光源的关系的同时,心理学却在研究它

---

① 见本书第 52—55 页、第 304—308 页。

② 有一种威廉士的英译本,在本书第 84—86 页已经作为参考。又见马赫:《决定和错误》。

对一个感觉的有机体的网膜或神经系统的特有的关系。颜色本身则既非物理的,也非心理的。[①]

虽然马赫对这个学说的陈述在原则上是正确的,但它却为这位作者对自然主义的偏爱所渲染了。他忽略了知识的逻辑方面。物理的和心理的复杂体不仅在可感觉的性质上,而且在一定的更为根本的形式关系上,如蕴涵、秩序、因果、时间等等上,都有其共同之点。这些关系在它们的纯粹状态中只有用超越于可感觉的区别作用范围以外的分析才能够被发现。总之,它们需要逻辑的分析。[②] 那些恰当地承认逻辑的重要性的人们,在他们这一方面往往又曾忽略了心身关系的这个特别的问题。只有在我们承认了同样的要素既包括心灵,也包括身体,才显现出内在说的全部范围。于是,不把实在理解为在两个互不渗透的领域之间是绝对分隔的,我们可以把它理解为许多互相渗透的关系的一个领域,在这些关系中那些为物理学和心理学所描述的关系是最熟悉的和典型的,而那些为逻辑学所描述的关系是最简单的或普遍的。

当我们这样理解心灵和身体时,在对物体对象的知觉中便不再包括有什么特殊的困难了。[③] 因为给予事项以一种物体特征的关系并不预先占有它;因此,在它借助于一种关系而成为物体的东西的同时,它也可以借助于另一种关系而成为知觉的内容。当我感知火星时,这个太阳卫星(物体)便是我的知觉(心灵);这和我们假定我叔叔是我父亲的兄弟一样,是没有什么矛盾的。

---

① 见本书第 301—304 页和第 395—397 页。

② 见本书第 116—118 页。

③ 在机体活动的随意控制中也是如此。见本书第 368—371 页。

§3. 作为一种内在关系的表象　内在说所可能避免的第二个二元论就是知识和事物之间的二元论。这个二元论不仅基于为不同的属性所界说的不同的实体的这种隔离的状态，而且基于所谓知识的"自我超越性"，似乎知识乃是"关于"它本身以外的事物的。这曾经产生过为知识所指点或所参照的"物自身"这个概念，而这个"物自身"总是知识内容"以外"的东西。困难是明白的。一切性质和特征，在它被认知的情况之下，便是为知识所附加的而且是退出实在的范围以外的。这样和一切内容区别出来的物自身便被归结成为一个赤裸裸的 X，完全没有任何性质和特征。因此，思维的自我超越性便似乎蕴涵着不可知论。认知只能指向实在，它永不能把握到它。这是失败的一种自白。

内在说肯定知识与事物之间的区别，正如心灵与身体之间的区别一样，乃是一种关系上的和机能上的区别而不是一种内容上的区别，这样便纠正了二元论。首先，我们必须区别直接知识和间接知识。在直接识知的情况之下，事物和知识，除了关于它们的关系方面以外，是同一的。因此，a 借助于它对神经系统的关系，以及它在同样关系下的其他因素的关联中的出现，就成为知识。但是 a 借助于它的内在性质或借助于它所保持的不同于刚才所指出的这类关系的关系，就成为"物自身"。当我感知火星时，借助于它对于我的知觉活动和我的其他知觉，我的记忆、计划、感触等的关系，它成为知识；但借助于它的容积和它与太阳的距离，它也就是"物自身"。

然而，第二，必须承认，在间接知识中或推理的思维中，在知识和事物之是却有着一种比较完全的区别。甚至于还有一些事例中,知识和认知的事物很少具有同一内容。一个人可以用 b、c,等等来思及 a,正如用"火星"、"太阳"等字眼来思及火星一样。内在说解释这些事例说,所思及的事物和思维两者都是为我们所经验到的。事物超越于思维但是它仍然是可以知觉的,或在某种这类的方式下可以直接接触得到的;而且它具有为这样一种为直接认知所揭示出来的性质和特征。詹姆士说:"在这样的一些熟悉的知识片断中我们的一切关于什么的知识就必须终止。"或者如杜威所表达的,"意义是一回事;被意味着的事物是另一回事,而且是……一个被呈现出来的事物,它并不像有意义的事物一样,是所给予的。"换言之,事物并不超越于知识,但所思及或"所代表"的事物乃是超越于表象的;同时整个这个超越过程是在直接呈现的事物领域以内的。①

因此,内在说承认有两种超越性;第一,一个事物由于它具有一种它自己所固有的内在性质,或由于它具有其他的关系,例如物理的关系,而是超越于认识关系的;第二,事物在认识本身的领域以内超越于它的表象。

二　独立说

§4. 半实在论。有限知识的独立性　　内在说不仅没有建立实在论,②而且由于它把超越的东西直接带入心灵之中,反而似乎

----

① 詹姆士:《真理的意义》,第 39 页;杜威:《达尔文对哲学之影响及其它论文》,第 103 页注(着重点是我加的)。

② 内在说在某种方式下几乎是为一切当代哲学家所主张的。

否证了实在论。现在就有必要来指明,内在的东西同时可以是独立的。如果说,新实在论的基本原理乃是内在的东西的独立性,① 我想这会是近乎真实的。为理解这个原理作好准备,有必要首先来处理两个学说,它们是十分接近这个原理,以致经常被混为一谈。

第一个这种半实在论就是客观的和绝对的唯心主义所发表的主张,即实在是独立于有限知识之外的。实在是一个规范或理想,它不能依赖于有限的知识,因为有限的知识要先假定有实在。超验的唯心主义"既不是在那个存在的本身中,也不是在一个超越的实在中,而乃是在一个能知的主体所必须实现的超越的理想中,发现每一内在的存在物的最后的根据。"这个超越的理想乃是独立于一切与它相近似的东西之外的,"因为'应当'(Sollen)对'是'(Sein)而言,是具有逻辑上的先在性的。"

但是这个观点(不管是用唯意志论或理智主义的名词所表达出来的)乃是非实在论的,这有两个理由。第一"它除了直接在观念中所给予的东西以外,不承认有任何存在"——它完全是在经验的限度以内活动的;而第二,"和这个进行判断的主体相对立的,它提出了一个'应当'而把它作为主体所应服从的对象",但这个"应当"离开了思想活动是不能有任何意义的。② 总之,事物是依赖于经验的,而经验是依赖于思维的;而这两种形式的依赖性都会给予实在论以致命之伤。

---

① 在"实在论的独立性理论"一文中我曾比较详细地讨论过"独立性"这个名词。见《新实在论》一书。

② 里克特:《经验之对象》,第 165 页。

§5. 间接知识的独立性　　有一个很接近于实在论的主张，即实用主义所主张的经验独立于思想的学说。的确，许多实用主义认为这个学说构成了实在论。按照这个学说，思想乃是一种特别的中间过程；它产生于经验之内，运用它的事项，但并不预先占有它们。主客关系、意义的关系，真理的判断，这些以及其他理智过程对经验而言都不是本质的；它们是经验由于一定的实际需要，如习惯的被中阻或直接知识不充足等原因而作出的一些安排。理智过程的项目仅仅偶然地和借助于它们所进入的一定的特别关系而成为理智的。

但是关于经验本身，我们将有些什么可说呢？事物本质上就是经验吗？或者说，这也是一种特殊的和偶然的关系吗？在这一点上，实用主义，和大多数当代的思想一样，是极其模糊的。例如杜威似乎是使得实在免于依赖理智的，但同时，他又乐意使它落入那种较为普遍的经验范围之内，而这种比较普遍的经验乃是"有关于机能和习惯、主动的适应和再适应、协调和活动的事情，而不是有关于意识状态的事情"。[①]　无论如何，这个争论之点是清楚的。一个彻底的实在论必须不仅肯定思想的独立性，而且肯定无论任何种类的经验活动的独立性，不管这种经验是知觉也好，感觉也好乃至有机体对它的环境的本能的反应也好。

§6. 彻底的实在论。经验或意识的独立性　　现在我们已经为对实在论的独立说进行最后的陈述作好了准备。它就是说，事物是可以而且已经被直接经验到的，但是它们的存在或它们的性

---

① 杜威：前书，第 157 页。见本书第 242 页。

质却并不是由那种条件而产生的。

· · · · · · · · · · · · · ·

这个主张的激烈性在跟当代对"经验"一词的使用的联系中显得最为清楚。按照实在论的看法,经验可以表达为(a)R$^\theta$,在这儿a是被经验到的东西,而R$^\theta$是这个经验关系;而且在这儿a是独立于R$^\theta$之外的。在这儿,"经验"这个名词可以含糊地用来指a,R$^\theta$或(a)R$^\theta$。但是如果我们要把经验当作是包容最广的多杂体,那么区别这个名词的这些用法是具有关键性的重要意义的。把它用于最后的这两种意义,在这里它都包括有R$^\theta$,结果就要达到一种现象主义或泛灵论,在这里面,实在的最后组成因素便是经验。[①] 把它用于前一种意义,即指已被经验或可被经验但不一定要被经验的东西而言,这就将会导致实在论。

但最好实在论在这个最后的应用中完全不用"经验"(或者乃至"纯经验")这个名词[②]——因为它不相称地强调了事物的一种偶然的特点。既然对事物来说R$^\theta$并不是必需的,那么乃至就没有理由把事物限制到能被经验到的东西。这样一个条件是没有根据的和错误的。蒙塔古教授曾经建议用"泛客观主义"这个名词;[③]但这并不是完全令人满意的,因为它暗示着在对象和主体之间有相互关联。"中立实体"这个表达方式也许会较好地用来强调经验的这些事项不仅对它们的主观的关系来说是漠不相干的,而且对

---

① 见克利福德:《原始感觉本身就是一个事物》,《演讲和论文集》,第283页及以后。

② 见詹姆士:"一个纯经验的世界",载《激进经验论论文集》。詹姆士对经验这个名词的用法见本书第241—243页和第395—397页。

③ 蒙塔古:"当代实在主义与知觉问题",《哲学、心理学和科学方法杂志》1907年,第4卷,第377页。

它们的物理的关系来说也是漠不相干的。我们需要用某种这样的表达方式来指明存在的次序，使它区别于它的因素所组成的任何和一切熟悉的组合。

总之，实在论者必须抵制为经验的因素提供一个藏身之所，即使是把它置于"经验"本身之中的任何冲动。赋予它们以这种独立性似乎是因为它们有用而得到了一个坏的报答，"因为它们从而被迫离乡别井，无亲无故，流浪世间，乃至衣不蔽体。"[1]唯心主义者无疑地要问，为什么这些事实能够"独立地和自在地在那儿"而不在某个地方；[2]而且一直等到他把它们带到意识的家乡后，才觉得心安理得。但是实在论必然感到满意地说，在最后的分析中，经验的因素是不在任何地方；它们只是它们的本身。当它们进入各种关系时它们便找到了一个场所；但是它们却把它们本身和十分独立地所具有的一个特征带进了这些关系之中。

§7. 关于独立性的论证。反面的论证 我们现在必须来考察一下新实在论试图证明独立性的这个基本原理的论证。由于这个问题的当前情况，实在论者大部分的时间都用来否证其相反的论点，即主张认识意识制约着存在的这个论点。唯心主义所主张的这个相反的论点已经获得如此广泛的承认，以致产生了一种反对独立说的先入之见。在建立实在论之前，有必要来驳斥唯心主义。

首先，实在论坚持说，唯心主义并没有证明它的立场。它曾把

---

① 里德在其《对人类心灵之研究》一书第 103 页中对休谟的注释。

② 乔基姆：《真理之本性》，第 40 页。

这样一种证明依靠着一些错误的程序形式,如我所曾称为"从自我中心的困境进行论证"和"根据原始断定进行界说"等。后康德派的唯心主义曾经提供另一个论证,认为,必须赋予实在的这种综合的统一体或逻辑的结构乃是一种思维活动。但是这个论证也是错误的,因为它或者事实上就是依赖于前面这些错误中之一种,或者给予思维一种特别的统一力量,而对于这种统一力量却从没有一个人曾经给予过任何可理解的解释的。既然唯心主义的证明业已被检验过了,就没有必要在这里再进行详细的讨论。①

第二,我们也曾发觉,唯心主义带有它自己所发明的一个困难——主观主义或唯我主义的困难。如果意识被解释为占有它的对象,以致这些对象随着它的一些动作或状态而产生和消逝,那么不同的认知者或同一认知者在不同的时间就不可能具有对同一事物的知识。不可能有真实的同一性,而只有许许多多独特的和各不相干的意识单元。"如果我们说,它们彼此相似,我们的意思只能是说,它们彼此相似的这个判断存在着,而这也只能是说,有某一个人判断说,这个判断存在着等等。而且如果我们说,同一表象可以存在于不同的事例中,这也只能是说,某人判断它是如此。"②当唯心主义为了要避免这个困难,而把这个世界理解为"业已为思维所决定的",即先在于和制约着我们个人对它的熟悉时,那么唯心主义实际上便已经撤消了它原来把意识解释为占有它的对象的

---

　　①　见本书第 167—171 页。

　　②　罗素:"迈农的复杂体和假设的学说",iii,《心灵》杂志,第 8 卷,1904 年,第 513 页。散见各处。

那个见解,其结果,这个困难和这种解答都变成没有理由的了。[①]
换言之,唯心主义不能肯定其中心主题而不提出一个主张,而这个
主张根据它自己所承认的东西又是站不住脚的。

第三,这是一个合适的时机来介绍唯心主义反过来用来反对
实在论的一个理由。它是对"自我中心的困境"的一个反面的应
用。如果这个困难处境并没有证明唯心主义,那么就可以辩论说,
它至少,也使得实在论不可能证明。我们也许不能证明每一事物
都已被知;但是我们也当然不能毫无矛盾地认知有任何不被认知
的东西。由于这个反对的理由是纯思辨的,它业已为罗素充分地
作了答复。他说:"我们知道一个一般的命题时,那并不要求我们
去知道它的一切或任何的事例。'一切从未并将不为任何人所思
及的积数之和(multiplication-Sums)都是涉及 1,000 以上的数目
的'这显然是一个真的命题,虽然从未有人曾经举出这样一个和数
的事例。所以我们完全可能去认知:有些命题我们并不知道,纵然
事实上我们不能提出关于这样一个命题的事例来。"[②]

现在必须提出主张有不被认知之事物的理由。以上所述,我
们只是用驳斥相反的学说和否认责难实在论是内在地荒谬的——
的办法来为证明实在论的独立说铺平道路。

§8. 从关系的外在性进行论证　　实在论最一般的论证就是
对关系外在性的学说的一种应用。按照相反的看法,关系是渗透
着、占有着和融合着它们中的事项的,因而不可能把这些事项跟这

---

① 格林:《伦理学导言》,第 3 版,第 88 页,(着重点是我加的)。见本书第 173—175 页。

② 罗素:"实在论的基础",《哲学、心理学和科学方法杂志》,1911 年,第 8 卷,第
160—161 页。唯心主义的论证,见费勒尔:"无知论",《形而上学原理》,第 405 页以后。

个关系分隔开来而不至于破坏它们。但按照关系外在说,事项从它们的新的关系中获得一种附加的特征,这个特征既不制约它们所已具有的特征,也不必然改变它们。

逻辑和数理的程序——事实上,任何运用分析法的程序——必然要承认关系的外在性。分析法事先承认,部分所具有的性质和排列提供了整体的特征。如果不然的话,对部分所作的叙述和安排就不会对整体作出描述,而人们就会不得不满足于对它的一种直接的或神秘的领会。如果事物并不实际具有在 R 关系中的 a 和 b 的内在特征所构成的(a)R(b)这个结构,那么具体分别的分析和描述就绝不会构成知识。这并不是说,复杂体不可以彼此依赖的,或者说(a)R(b)不可以产生(c)R(d);但这只是说,如果这样的话,这些关系就在这些项目上加上了一些东西。正如 a 的内容并不从 R(b)中派生出来,同样,(c)R(d)并不从它对(a)R(b)的因果关系中派生出它的内容来;它只是在它借助于它的组成项目和关系而具有的内容之上具有那个因果关系。在 R 关系中成为 a 和 b 的那个东西也是偶然在因果上依赖于(a)R(b)的。

现在怎样把这一点应用到事物依赖于认识的问题上来呢?[①]首先,它显示,事物的内容绝不是超越它们以外的关系所构成的。所以一个事物的内容不能为它对意识的关系所构成。当然,对于一个事物的意识乃是从这个事物以及它对意识的关系所构成的。但是这时这个事物是把它自己的本性贡献给这个意识的复杂体,

---

① 罗素:前书,和"论真理的本质",《亚里士多德学会学报》,1906—1907 年,第 7 卷,第 37—44 页;斯鲍尔丁:《自我否定体系的逻辑结构》,《哲学评论》,1910 年,第 19 卷,第 276—301 页。见本书第 264—266 页。

而不是从它那里派生出它的本性的。如果 a 是和意识有关系的，那么对于 a 的意识就有一部分是由 a 所构成的，但 a 本身并不是为意识所构成的。第二，这就结论说，一个事物对意识的关系是否一种依赖的关系，乃是一个经验上的问题，有必要检验这个关系而且观察一下。换言之，不可能只从这种关系的事实来推论依赖性。不可能辩论说，如果它们是独立的，"独立的实在"就必定是绝对处于对意识的关系之外的。

关系外在说本身不足以建立实在论。的确，它的范围过于一般，与其说它是为实在论进行论证，还毋宁说它是为多元论进行论证。[①] 它表明，事物的本性是先于它们所进入的关系的，而这些关系的本性，无论依赖与否，乃是一个外在的事实。因此，我们只能结论说，许多事物是不是互相依赖的，这是可以由事实来证明的。但是实在论所要研究的乃是事物对意识关系的确切本质，要去发现这是不是一种依赖的关系。而在这儿这就是一个事实的问题，正如潮水对月亮的关系的问题，或鹅妈妈[②]对氢气原子量的关系的问题一样。

§9. 从对象和觉察之间的区别进行论证　　实在论在经验上的论证转到关于心灵本质的问题和心灵对其对象所保持的这种特别的关系的问题。当然，必须假定，如我们在上一章所已指明的，意识乃是一种关系。但首先我建议来考虑一个中间的论证，它说，意识不同于它的对象。这是摩尔在他研究这个主题的几篇文章中

---

①　显然，这个相反的学说与其说为唯心主义论辩，毋宁说是为一元论进行论辩，见罗伊斯：《世界与个体》，第 1 卷，第 3 讲。至于多元论，见本书第 262—270 页。

②　鹅妈妈，儿童读物中的虚构人物。——编者

的主要内容。唯心主义者"主张，对象和主体必然是联系着的，主要是因为他丝毫没有看到，它们是分别的，它们是两个东西。当他想到'黄'和当他想到'对黄的感觉'时，他没有看到，在后者中的任何东西都是不在前者之中的"。但显然"对黄的感觉"在"黄"以上并超越它，包含有"感觉"这个因素，它也包括在"对蓝的感觉""对青的感觉"等之中的。"黄色存在着"，是一回事；而"感觉"它，是另一回事。

换言之，一个感觉的对象并非感觉本身。为了使感觉成为一个对象，就有必要加上另一种觉察，例如内省，而它对感觉本身的意义却并不是本质的。而"一张桌子在空间的存在，显然同我自己的经验的存在和我对那个存在的经验是关联着的一样，是跟我对它的经验关联着的"。在这两个事例中，觉察显然乃是"一个明显的和独特的关系"，"它具有这样的一种本质，即它的对象，当我们觉察到它时，显然就是当没有人觉察时一样的那个东西"。①

但是除此以外，到底觉察是什么，摩尔先生并没有告诉我们。罗素先生附加地说：它"完全不像其他的关系，但整体和部分的关系除外，因为它的一个事项预先假定了另一事项。一个表现……必然有一个对象"②。但是除了这个对象之外，并没有什么东西来代替它，因而如果有人允许摩尔的区别滑过去，那是不能责备他的。而且当摩尔的论证证明了这个对象并不包括有或它本身涵蕴

---

①　摩尔："对唯心主义的驳斥"，《心灵》杂志，1903 年，第 12 卷，第 442、449、453 页。又见"知觉对象的本质和实在"，《亚里士多德学会学报》，新编号，第 6 卷，1905—1906。

②　罗素：前引书，第 515 页。

着被经验着的东西的同时,它并没有证明,它实际上可以不跟那个条件发生任何依赖的关系。"这张桌子在我房间里"这并不包含有觉察。但是,即使事实上它可能曾被一个搬运夫放到那儿来了,它也并不包含有"搬运"在内。而且同样,不管摩尔的论证怎样,它也可能曾被觉察放置在那儿。的确,会有这样的情况:即我仅仅想象这张桌子在我房间里,或者错误地判断说,这张桌子在我的房间里。如罗素先生在后来的一次讨论中自己所已承认的,虽然这张桌子实际上并不在这房间里面,但是"桌子""我的房间"和"在里面"这个关系有可能会跟心灵发生关系,因而组成一个集合体。[①]换言之,觉察由于把它的对象分别带入了觉知的直接关系之中而在这些对象中创造了一种间接的关系。而且人们可以主张,这个间接关系乃是事物在它们之间所具有的唯一的关系;或者说,任何特殊的关系,如物理的关系,乃是这种间接关系的一个事例;或者说,事物借助于这种间接关系实际上构成了一些新的交叉关系。

§10.　从心灵的本质进行论证　　换言之,我们需要舍弃思辨的方法,而观察实际上所发生的事情。于是我们发觉了意识乃是有机体所发挥的一种功能。有机体是跟它所由演化而来的和对它发生作用的环境,相互关联着的。意识乃是对先于它而存在的和不依赖于它而存在的环境的一种有选择性的反应。如果有任何反应,就一定有引起反应的某种东西。[②]　在其活动的领域中,物体在

---

①　"每一判断是一个心灵对几个对象的一种关系,而在这些对象中有一个是一种关系,当作为这些对象之一的关系和其他对象关联时,这个判断便是真的,否则,它就是假的。"罗素:《哲学论文集》,第181页。

②　参见《列宁全集》第38卷,第450页。——编者

空间上和时间上的分布情况以及这个领域所包括的比较抽象的逻辑的和数理的关系,决定着可能的意识对象。实际的意识对象是遵循着生活的各种迫切需要在这许多的可能性中所选择出来的。

这就结论说,为任何个别的反应的有机体所选择出来的这些对象组成了一个为那个关系所界说的聚集物。于是这样一个聚集物从意识中所派生出来的将会是它的聚集而不是别的东西。一个主观的多杂体将会是这样的:它的内容所包含的东西和它的内容的安排能够被归结为某一个特殊的有机体的反应的秩序和范围。例如我们不能这样来解说行星的数目以及它们与太阳的相对距离;但是对于我所已看见的这些行星的数目,我所已看见的它们的时间顺序以及它们在我看来的距离,都能够这样加以说明。换言之,太阳系的全部天文性质以及我的可感觉性的特殊条件说明了一个在我看来或在属于我的心理的历史中所谓太阳系的有限的多杂体。因此,这个物理的太阳系乃是先在于和独立于每一个心理的太阳系之外的。而关于主观性或客观性的问题便需要以同一方式来加以测验。

三 真实和错误

§11. 主观性的领域 从对心灵的具体性质的检验中所获得的关于独立说的证明同时也说明了必须用来解决与主观性有关的问题的原理。我们已经发觉,意识的有选择性活动不仅赋予事物以"对象"或"内容"的特性;而且同时按照它所排斥的或所包含的,来说明事物所具有的那些独特的片断,缩影和聚集物,而它们跟物理的和逻辑的分隔线可以是不相吻合的。而这些东西就可以说是主观的。

关于在这个意义下的主观性的最清晰的事例就是配景或观点；在这里，为有机体的地位所确定的一种投影乃是从自然的充实内容中抽象出来的。这样一种经验并没有创造出它的内容，而只是由于把环境中的某一部分放在一种为其余部分所没有的特殊关系之中而使之显突出来。所谓"第二性"，如热、颜色、声音，等等也必须以同一原理来对待。简单的性质本身显然不能是主观的，正像它不能是物理的一样。至于这些性质的空间上的和时间上的关系在怎样情况下，如果有的话，才可以被认为是主观的，这完全要依赖于这些关系可以被归结为这个有机体的感性行动的程度而定。①

主观的多杂体或虚构，一经意识的活动所制订，就可以变成定型的。它们可以被记忆或被描述出来；而且通过传统和艺术，它们可以或多或少地永久跟环境融合在一起。如果有这种情况的话，它们就可以被误认为它们所不是的东西，因此便产生了幻想和错误。

§12. 真实和错误的范围 主观性说明了错误的可能性；但是它本身却并不构成错误。心灵可能"享有"大胆的和原始的冥想，"茫然出神"，构成"空中楼阁"或从事于"空想"而不致犯错误。

———————

① 关于这个方法的应用，见蒙塔古："当代实在主义和知觉问题"，《哲学、心理学和科学方法杂志》，1907年，第4卷，第14号。纳恩："第二性独立于知觉之外吗？"《亚里士多德学会学报》，第1卷，1900；霍尔特："幻觉经验在一个实在论世界中的地位"，载《新实在主义》一书中。

一个高度冥想的或想象的心灵特别容易陷于错误,但这是由于它有达到真实性的较大的机会所付出的代价。但是一直到把幻觉误为事实的时候才有错误;而且一直到把心理的内容正确地当作是事实的时候,才在相关的意义之下有了真实性。错误和真实性产生于在主观的多杂体和某些独立秩序的多杂体之间实际的脱节或协调。

罗素先生说:"依赖于心灵和独立于心灵这两者的混合"便是真实性的特征。当代关于真实性的争论大部分由于试图把它完全放在心灵之外或完全放在心灵之内。为罗素先生早年的观点所说明的前一种试图,不可避免地导致承认"客观的误谬",这一个承认正是"好像有理的反面"。① 在另一方面,把真实性完全置于心灵之内的企图导致尤为不可克服的困难。这个企图可以用乔基姆先生的一元论唯心主义的真理论来加以说明,按照这个学说,真实性乃是经验的绝对整体的"有系统的融贯性"。真实性和错误之间的区别已归结为完全的和部分的经验之间的区别。但结果是:从人类讲来,不能有真实性,甚至于不能有"有真实性"的这个真理;既然即使乔基姆先生的经验也是部分的,因此,便没有方法去区别他的真理论和错误论。②

只有实用主义曾一贯地主张,真实性和错误是和心灵与环境

---

① 罗素:前引书,第184、177、173页。见"论真理的本质",《亚里士多德学会学报》,1906—1907年,第7卷,第44—49页。

② 乔基姆:《真理的本质》;第3章;见本书第197—202页。乔基姆先生自己也承认他的主张的困难;见第4章。至于罗素先生的批评,见《哲学论文集》中"一元论的真理论"一文。

的关系中的行动有关的。真实性既不仅仅是事物之间的融贯，也不是思维的完全内在的融贯；而乃是思维和事物之间一种协和一致。同样，错误既非仅仅事物之间的一种不融贯性，也不仅仅是思维的不完全的融贯性；而乃是思维和事物之间的分裂。实用主义曾经进一步主张在这儿的所谓一致和分裂乃是在实用方面的。说一个真实的信仰必须有一个与它相适应的事物，这是不够的，因为错误的信仰也有它的对象。说一个真实的信仰必须类似一个事物，这也不行，因为第一，这样说是不够的，因为一个信仰必须意味着有它的对象；因为第二，这是与事实相反的，因为它不需要类似它的对象。所剩下的似乎只有一条道路了，即把真实性当作是对待一件事物的一种正当的行动，而把错误当作是一种不当的行动。

但是实用主义也曾陷入一种独特的困难。由于过分地强调了真实性的实用方面；它似乎终于把真实性看成是主观的了；而且不保险不陷于那种唯心主义由于它的关于绝对主观的概念而具有的恶性的相对主义。① 我认为有可能来建立一种学说，它具有这些学说的优点而又不致陷入它们的困难之中。

§13. 错误和正确的判断 真实和错误起源于在一种独特的方式之下进一步对某些心理的内容来加以处理。心灵可能仅仅领会，冥索或想象；但在这里既没有真实，也没有错误。心灵也可能为了行动的目的而有所信仰，即采取一定的态度。于是信仰的真实和错误乃是相对于决定行动成功的兴趣和条件而言的。因此，我可以为了自我保存的兴趣把我的知觉内容当作从物理上加以处

① 关于实用主义的学说，见本书第 217—229 页。

理的东西来接受。如果适当地采取这样的行动，它便是真的；如果不适当地采取这样的行动，它便是假的或虚幻的。但是同一内容可以在另一种方式下加以处理而没有错误。例如，参照我的物理的行动，我可以不相信它，或不考虑它；或者例如说，如果有兴趣，为了收集关于幻想的事例，我也可以把它当作幻想事例之一。

在另一方面，考察一下在推理的意义之下的一个观念，一个关于某个事物的观念。它是关于某个事物的观念，由于这样的事实，即它是通过我的计划或期望而和环境的某一部分联系起来的。而在这样的情况之下，除了在与我的意愿的那种关系以外，在 a 里面或在 a 和 b 的任何关系里面都没有任何东西，它是内在地真的或假的。不管 a 是什么，它或是事实，或是幻想，只有当我对它的使用获得成功时，于是它便是真的；或者说，当我用它所构成的计划，或根据它所作的期望失败时，它便是假的。

如果认为这是主观主义的，它只能是由于这样一个假定，即成功和失败的决定乃是主观的。但是事实并不然。成功和失败乃是决定于兴趣、手段和条件。① 如果钓不到美人鱼，这是因为这些事实跟我为了求生而运用的方法不相一致。在最后的分析中，我之所以做这个笨事的理由乃是由于这个事实，即一个美人鱼的想象乃是由于意识所具有的那种有选择性的抽象活动和组合活动所产生的一个组合物。在"没有美人鱼"的这个判断中所含糊地表达出来的事实乃是说美人鱼乃是一个主观的多杂体，而不是一个物理的多杂体。所以，如果一个人要成功地对待它，就必须照样地去对

---

① 见本书第 360—362 页。

待它。同样,如果我的理论上的假设是一个错误的假设,这是因为我的假设涉及我的这个地位阻碍着我有这个假设的理论上的目的。

说成功和失败是主观的,说主观的满足或不满足本身可以是错误的,这远不是真实的。当我最不满足的时候,我可以有一个正确的观念;我可以清楚地把幻想误为事实,而且衷心地享受我的幻想。而且成功和失败可以预定,而不实现,正如一个人可以有一把正确的钥匙而不去开门,或者玩牌投机而没有受罚。

因此,绝对体在通常的事实伪装之下又出现了。心灵是在一个环境中发生着作用,而且按照它是符合或违反这个环境所控制着的这些条件,而得到成功或遭遇失败。真实就是成就,而错误就是冒险,在巨大的知识的冒险中,它是偶然的。但是在其盛衰变化之中并不蕴涵有永存的实有或自然的秩序。因此,如果在"永存"、"秩序"或"绝对"这些名词中有任何优点的话,那就是它们能够互相转换而没有损失。

第十四章 一个实在论的人生哲学

§1. 启蒙和幻灭 无疑的在本书大多数读者看来,实在论是一种幻灭的哲学。而在一种意义上讲来,确是如此。作为一种论辩的学派,实在论主要地是去否定浪漫主义;浪漫主义这个哲学认为由于事物依赖于知识,实在就必然是理想的。换言之,实在论拒绝这样一种主张,即事物为了要存在,就必然是善的,或美的或精神的。它承认有完全非精神的事物,有仅仅偶然是精神的事物,有虽属于精神领域但与其需要和愿望相对立的事物。这个宇宙,存在的集合总体包括有好的、坏的和无所谓好坏的事物。但是在人们仓促地得出实在论不鼓励努力和不相信信仰的结论之前,他最好回忆一下有一种意义把幻灭当作是力量的源泉。

当生命愈益熟悉其环境的实际特征时,它便愈益曾经维护过它自己并且提高过它的兴趣。理智具有实用的功能,它并不是把善强加于事实,而只是把事实在其漠然无关和原始的状态中赤裸裸地摆出来;因而可以安排行动去适应它们,结果可以得到好处。良好的行动制约于清晰的洞察。我们把理智当作是一种力量的工具,它的发展主要地是使它从最后动机的强迫要求中解放出来;而且使它成为一种发明事物的工具,通过这个工具,事物所固有的结构被揭露出来而置于行动的范围之内。成就即指对事物加以利用而言,而理智的功能即把事物坦率地和大胆地呈现出来,从而使它们有利于利用。

对自然的开化是和废弃把自然当作是对人生目的而言乃是预先注定的这个见解和承认自然有其独特而偶然的活动方式的这个见解相辅前进的。由于发现了自然的独立机制，人类便获得了工具。凡曾经清楚地觉察到社会当前的失败的那些人们曾经对社会的文明有过最好的贡献。同样，在任何个人努力的领域之内，自信或自满的性情是不会有什么效用的。没有成功的幻想的人确实获得了成功——他冷眼地计算着他所要经过的长途而且能够核对自己的账目而不过高地估计他的资财。

所有这一切似乎是太清楚了，如果不是因为它对于哲学的现状有着重要的意义，它是不值得来重复的。与实在论联系着的"这个新兴的启蒙"还要把这个成功的原理扩大到宗教与哲学所必定遇到的一些较大的争论之点；但是发觉了浪漫主义这个占有优势的哲学却是根据于另一个原理。人们由于受到善所具有的这种永久的卓越性的保证而得到安慰。他们的希望寄托于这个事实，即自然的漠然无干的状态和人类的失败是外表的现象而不是真实的。它们的希望由于那种想象或思维的活动而得到实现；这种想象或思维的活动重新发现了这个整体，而且洞见了它，判断它是善的。哲学本身使事物变成了善的，因为事物具有"综合的统一体"，它们也就必然是善的。

另一方面，实在论建议，哲学，好像科学一样，将看清事物以致可以发明使得事物变成好东西的那种行动。哲学一定使人能够处理和利用他的整个环境，正如科学使他适应于他所接近的物理环境一样。它必须显示出一种类似的耐心；而且避免把眼前的含混而可疑的机会跟圆满的梦想混为一谈。因为"我将怎样做才能得救?"这个问题原则上跟任何其它的关于权衡得失或策略的问题是一样的:即这个答案依赖于有害于得救的实际危险是什么以及有什么实际的工具和媒介可以用来使我得救。从知识的蕴涵来论证事物具有永久的和必然的善,这是鼓励一种关于得救的安慰保证,而宗教的职责却是使人们提防危害和引起他们有一种危害的感觉。

那么,如果实在论是一种幻灭的哲学,这不能说是对它的一种诽谤。不错,实在论确实拒绝了这样一种见解,即事物是好的,因为它们必须被思及是如此的;但是它丝毫没有不鼓励人们去努力使它们变成好的东西,或者不相信这样一种希望,即通过努力它们是可以变成好东西的。反之,符合于一切真正的启蒙的精神,它除掉幻想,只是为了把当前的时机和可以利用的活动的资源赤裸裸地摆出来罢了。

§2. 实在论以及价值对欲望的依附性　人生哲学总是包括有两个主要的组成部分:一个关于善或价值的本质的学说和一个关于实现它的条件和前景的学说。前者是伦理学的中心题目,而第二个学说则是宗教哲学的中心题目。

在讨论善或价值的本质时,我发现我自己和一些杰出的实在论者们有不同意之处,而跟他们我应该是很愿意一致的。摩尔先生和罗素先生都主张,善是一种不可界说的性质,它是独立于意识之外依附于事物的。摩尔先生曾这样说:"如果有人问我:'善是什么?'我的答复是:'善就是善',而那就是事情的终了……于是,善的东西不等于是在任何方式下被意愿着或被感觉着的东西,正如真的不等于是在任何方式之下被思考着的一样。"①

我相信，这个看法大部分是由于对这两位作者所同意的那个根本的实在论的明确范围的一个误解而产生的。有两个实在论的主张，它们是跟价值问题有密切关系的。第一，意识乃是一种关系，而事物进入这种关系，并不损及它们的独立性。意识到 a，这意思是说，它是在一种独特的方式下被作用着；而且在这种作用给予 a 以一个新的身份和一些新的联系的同时，它并不制约着 a 的存在或给予它以 a 的特征。因此，如果我想要 a，它就变成一个被想要的东西，而且和我所想要的其他东西，或和我所记忆的、所感知的东西等在一种新的方式之下联系了起来；但同时他却是存在着，而且仍然是 a，完全独立于这个条件之外。但 a 的价值应该包括在它的被意愿之中，换言之，应该包括在意愿的意识所提供的那种特有的关系之中，这自然是完全可以理解的。于是我们应该说，事物的存在或本质乃是独立于它们具有价值的这个条件之外的，但不应该说，它们所具有的价值乃是独立于意识之外的；正如罗素先生自己所要说的，一个命题是真的，这是独立于意识之外的，但这个命题本身乃是完全独立于它是真的这个条件之外的。②

第二，一个命题是独立于它被判断之外的，这是实在论的一个基本的主张。但如我们即将看到的，这同价值为意识之机能的这个假定是不矛盾的。因为，"我想要 a"这个命题十分可能是独立于关于这个问题的一切意见之外的。我实际所想要的东西既不依

---

①　摩尔：《伦理学原理》，第 6、137 页。见罗素："伦理学要素"，载《哲学论文集》，第 4—15 页。

②　见本书第 352 页。

赖于你对它有什么想法,乃至也不依赖于我自己对它有什么想法。

无论如何,对于这个事实似乎是没有什么怀疑的:即事物是由于它们被意愿着而产生价值的,而它们愈被意愿着,就愈具有价值。[①] 这并不是从一般的唯心主义的论证所演绎出来的,这一点,摩尔和罗素两位先生是正确的。[②] 它不是从这个事实所论证出来的:即只要发现价值,它们便和它们的发现关联着的。它只是从这个事实来论证的:即只要是发现有价值时,它们便是跟某种欲念或兴趣关联着的,至于当时的发现本身是完全可以被忽视的。因此,如果以(a)R(M¹)来代表一个价值,在这里,a 是任何一件事物,R是意识所特有的一种关系,而 M¹ 乃是一个特殊的意欲主体:于是就必须以〔(a)R(M¹)〕R(M²)来代替对于价值的发现。在这里,M² 代表这个发觉什么的主体,而这个较小的关系是完全独立于这个较大的关系之外的。然而,在经验上我们发觉无论任何事物当它被意欲着的时候,便获得了价值。没有一种性质或许多性质的结合体是内在地有价值的;或可以具有价值的;或唯一有价值的,意思是说,事物没有它就必然是无价值的。这些兴趣,如想入非非的好奇心,或乱七八糟的探索可以赋予任何事物以价值;而且没有比这更可贵的了,即如果一切需要、嗜好和欲念都消灭了,它的价值是不会消逝的。

§3. 道德价值的本质。正当的和最好的　　正如一般的价值

---

① 对这个题目比较详细的讨论,见作者的"价值的定义"一文,《哲学、心理学和科学方法杂志》,1914 年第 6 卷,第 6 号,和他的《道德经济》第 1、2 章(论道德)及第 5 章(论美感价值)。

② 摩尔:前引书,第 77、85 节。

产生于一种对于兴趣的关系一样,道德的价值产生于兴趣的复杂性和互相关系。要知道道德价值的特征,有必要介绍两个概念,即正当性的概念和比较的善的概念。正当性乃是为导致善的行动所具有的特征。当在一个时机或特殊的环境情况中遇到一种兴趣时,就有一种行动,它就会这样来对付这个时机,以致去满足这个兴趣。这是在前提中的正当行为。这是原始的正当的行动。因此,一个为自我生存的本能所控制的有机体如果它寻求食物而避开毒物,或攻击弱者而躲避强者,他就有正当的行动。正当的行动就是利用环境的行动,所谓有利既相对于控制这个行动者的兴趣而言,也相对于他所遭遇的这个情景而言。

但正当性并不一定是道德上的,它可以仅仅是理智或效用。只有在有比较价值的问题时才出现道德上的价值。这个问题产生于兴趣的对比和冲突。作为一种兴趣的肉类乃是另一种兴趣的毒物。有助于一种兴趣的行动是正当的,根据同一原理,当它有害于另一种兴趣时,它便是错误的。在这个事实之中并没有矛盾,正如在山谷里这个人上面的东西又是在山上那个人下面的东西这个事实中并没有矛盾一样。没有矛盾,只是因为同一事物有可能具有几种关系,至于它在每一种情况中是否合适,这是一个经验事实的问题。

在这儿,正如由于它导致对一种兴趣的满足和对另一兴趣的伤害,一个行动可以既是正当的又是错误的;同样,由于它导致对两种兴趣的满足,它也可以是加倍地正当的。所以便产生了比较的善。如果满足一种兴趣是好的,满足两种兴趣就比较好一些;而满足一切的兴趣就是最好的。同样,如果导致善的行动是正当的,导致较多善的行动就更为正当一些,而导致最多善的行动便是最正当的了。于是道德乃是这样的行为,即在这些条件下,就被影响的一切兴趣而言,它是导致最多的善的。

这就可以接着说,从道德的意义上讲来,一个行动既是正当的,也是错误的。最高限度的善可能同样为几个行动所促进,而在这种情况之下所有这一切的行动都会在道德上是正当的。但是没有一个是错误的,因为那就会要求它会比其它的行动导致较少的害,而从定义上讲,这是不对的。

§4. 价值的客观性或绝对性。当代在这个争论点上的混淆

现在我们已经作好准备来处理进一步的一个问题,而这个问题在当代的讨论中已有显著的地位。明斯特贝格教授说:"我们的问题就是我们是否必须承认在世界上有绝对有价值的东西。"①

这个问题只能用分开它的办法来加以解答。第一,从独立于一切意识之外的这个意义来讲,价值并不是绝对。它是相对于欲望或兴趣的。而且从独立个人的或特殊的兴趣这个意义上讲来,价值并不是绝对的。它们不仅相对于个人的兴趣,而且相对于兴趣的对立或冲突;因而它们同时是积极的和消极的,好的和坏的。

但是道德的价值乃是超越于这种相对性的,因为它包括有它。有一个最高限度的价值或"最高的善",它并非完全相对于任何特殊的兴趣的,只是因为它是相对于一切兴趣的。它不是一个纯粹

---

① 《永恒的价值》,第9页。我曾研究过这个问题,特别是涉及它的模糊不清之处。见"道德义务的问题"一文,载《国际伦理学杂志》,1911年第21卷。在这里重印了这篇文章中的几段。

的善或完善,不受一切生活的限制条件所制约,但在现有的条件下
对现有的兴趣而言它是最好的。然而,这样一个最高的善可以说
是绝对的,意思是说,它毫不含糊地是最好的;它也不能不是最
好的。

最后,这是我们最重要的结论,无论是什么样的一切价值都是
绝对的,意思是说,它们是不依赖于意见的。如果 a 是好的,即我
需要它、爱好它或想望它,那个事实既不能为任何关于它的判断或
意见所构成,也不能为它所毁坏。对于这样一个明白的真理由于
广泛地对简单的欲望同价值的判断混淆不清而没有为一般人所接
受。把价值对前者的相对性解释为它对后者的相对性了。这种混
淆不清乃是由于这个事实,即有一些感情的判断,在这些判断中,
一个人既想望一个对象,而同时又断言它是好的。要避免这种混
淆不清的情况,有必要有区别地来对待这些组成的成分:应该说,
欲望的因素赋予其对象以善,因此,这是一个价值事实;同时,判断
的因素,好像一切判断一样,按照它是否与事实一致而可以成为真
实和错误。

这种区分由于"欣赏"和"评价",或韦斯特玛克的"赞许情绪",
这些概念以致模糊不清而整个经验都具有了一种"假象的简单
性"。这些混合语被认为是形式上的判断,同时也是事实上的判
断,因为它们不会有错误。但是这只是利用它们的含义模糊的特
点,而这又是由于它们的两重性质而成为可能的。韦斯特玛克说:
"把一种行动称为好的或坏的,最后意味着说,它易于在作这个判
断的人中产生一种赞许或不赞许的情绪。"而且又说:"于是道德概
念本质上乃是对某些唤起道德情绪的现象所作的概括。"根据这些

想法,韦斯特玛克相信他已指出了:"由于所谓道德判断的客观性乃是一种幻想,因而就不能有一般所理解的意义之下的道德真理。"①在这儿,所谓"道德的情绪"或者包括有一个判断,或者不包括有一个判断。如果它包括有一个判断断定一个行动的好坏,那么那个判断就依照这个行动是否"易于在这个判断者中产生一种赞许的情绪"而成为真的或假的。如果它并不包括有一个判断,如果它只是为这个行动所激起的一种"愤慨的"或"温和的"情绪,那么它只是证明一个关于这个行动好坏的判断的真实性或虚伪性的证据而已。

如果不允许用一个赞许的判断来说明简单的好坏或价值,这种禁止,在道德价值的事例中则尤为积极和不会错误的。因为,在这里,例如在一般价值的事例中不足以有一种对一定意识形式的简单而直接的关系。一个人在道德上应该做的事情不仅是他想要做的事情;一定要证明它是正当的或最好的,因为它具有一定的较为复杂的决定作用。因此,一个正当的行动乃是一种产生好,即在一定情境中满足一个激动的兴趣的行动。所以它是被这样的一种局势所决定的,这种局势也许是正确的,或者是不正确的,而这是与意见无关的。同样,最好的东西乃是好的东西在数量上的派生物。它必须依赖于原先的好坏的性质,而任何数量的范畴在这里都是可以应用的。通常认为如果所望想的东西是好的,那么所偏爱的东西便是最好的。但是在这里出现了同样的恶性的含糊。如果把偏爱当作仅仅是欲望在数量上的一个变数,仅仅是更多一些

---

① 韦斯特玛克:《道德观念的起源和发展》,第 1 卷,第 4、5、17 页。

的欲望,那么就有可能来提供一个说明好坏的数量变化的方法了。不过,在这种情况下,这个事实还要用某种测量的方法来加以证实,而这个动作者仅仅对偏爱的自白是不能有什么权威地位的。另一方面,如果把偏爱当作是一个判断,说一个行动好于另一行动,那么就涉及"较好的"这一个属性;既然这个属性和另一个属性"好"具有某种客观的关系,它就能够被正确地或不正确地利用。

于是,看来用对欲望的关系对好坏所下的定义,虽然易于导致混乱,但同时在实事上丝毫也不支持这种把道德价值或义务感归结为关于它们的判断的企图,所以它并不是在任何恶性的或怀疑的意义之下的所谓相对主义的。而且如果有这种情况,那就无需乎有那种独特的唯心主义的补救了。首先价值曾被界说为"我所判断为有价值的东西",这一点便用唯心主义的这种办法来加以弥补,就是说,"当我判断得真实的时候,价值就是我判断为有价值的东西"。这个条件子句附加上去,乃是作为避免其余可疑的后果的一个手段。除非人类冲突的判断将如此彼此抵消,以致把价值归结为反复无常的私自意见,否则,真实的价值就要被保留下来作为一个标准的或绝对的判断。

这是一个一般理论的一种特别的应用,而这个一般理论业已加以检验;但是这个伦理学上的应用提供了一个突出的例子来说明它的空泛无用。因为我们即将开始来探讨关于这个真实的价值判断的显著标志,而我们可以从假的一面来知道它。如果一位天文学家得悉,海王星的重量乃是一个真实的判断断言它是如此,那么我们也可以跟这一位天文学家一样得到同样的启示。而且如果用"永恒的""标准的""普遍的""必然的""客观的"或"一贯的"这类

名词来代替"真实的"这个名词,那也没有什么好处,因为这些名词
仅仅是同一回事情的一些同义语或比喻性的表示而已。

　　这就说明了康德有名的所谓"绝对命令"("Categorical
Imperative")①的空洞无物。"要按照那样的准则来行动,即你能
同时意愿它会变成一个普遍的规律,"这不能意味着说,你应该希
望别人像你一样的行动,或者说,你应该仅仅可以意愿他们要像你
一样的思想。没有能够确切地重复的行动;而且没有一个能够在
事实上被意愿为普遍规律的准则。康德只能是说,你应该这样的
行动,即它会在你的行动中被每一个不偏不倚的,掌握了这些事实
的有批判性的判断所证实的。换言之,你应该根据一个真实的准
则来行动,或者说,你应当做那种真正正当要做的事情。但是要决
定真正正当要做的事情是什么,那就有必要转向行动的客观情境。

　　因此,要给予价值以事实的绝对性或客观性,只要在赋予其对
象以价值的这个欲望的事实和关于这些事实的判断之间慎重地加
以区别就行了。艾伦斐尔斯说:"如果一个人单独用评价
(Wertung)来理解处于价值关系之基础的感情倾向,那么事情就
很清楚,评价或者存在或者不存在,但不能既非真的,也非假的,因
为这些属性只能附着于判断。"②价值相对于"评价"或某种心理的
欲望行动的情况不致损及它的客观性,正像子女相对于他们的父
母的情况不致损及他们的客观性一样。价值从这种认识论上的意

---

　　①　康德:《道德形而上学》,阿保特英译本(《康德的伦理学》),第38页。
　　②　艾伦斐尔斯:《价值论体系》,第102页;见第102—107页。我想必须承认,以
评价代替欲望是不幸的,因为前一名词易于同法律上的"评价"(evaluation)相混。这个
学派(奥地利学派)的作者们对于这种混淆不清并不是完全无辜的。

义来讲跟任何其他的事实一样是绝对的——不多也不少。

§5. 价值的绝对性和优越性之间的差别　对于"绝对的价值"还有另一种可能的意义,而这一点我是有意保留下来另作专门的讨论。从占有或实现的意义上讲来,价值是绝对的吗? 价值是事物的普遍的或根本的规定吗? 我们现在必须转到这个问题上来。重要的是首先要在上述认识论的意义上同在这个形而上学的意义上来看价值的绝对性之间加以清晰的区别。

价值具有它们的本性和服从它们的法则而不依赖于意见,这个发现丝毫也并不保证它们的优越性。如果把它们命名为"永久的",它们在形而上学的地位也并没有改进。任何是真的判断,如"公正是正当的",它就是永久的,意思是说,不管宣布它的是何时代,它总是真的。即使公正的正当性会是相对于一个有时间性的文明时代而言的,这也会是如此的。因为这样就会有一个命题来断定那个时代的正当性,而这个命题在一切时代都会是真的。这样的命题,"我曾经一度喜欢吃无花果"或"野蛮人赞赏杀人者"也会附带着有一种相似的"永久性"。然而,也可能发现有些有关于生命的命题不依赖于任何历史时代,即说明广义的生命的一般特点的命题。这些命题将包括有时间,意即生命是有时间性的;但是它们所包括的时间乃是一个变数或共性,因而在一切特殊的时候都是如此的。这些命题组成了理论伦理学的根本原理。

但是关于价值的命题可以在一切时候,乃至对一切时代而言,都是如此的,然而在形而上学上它却是无足轻重的。公正导致生命的丰硕,这可以是客观地和普遍地真实的,但是它跟"罪恶的代价是死亡"这个法则的同等的客观性和普遍性并不保证生命的夭亡一样，也并不保证有生命的丰硕。价值原理是抽象的，而且它们本身并不决定它们将在自然和社会中所体现出来的范围，正如几何学的原理并不说明所将实际存在的物理的实物的数目一样。

　　就是这个第二个问题是和宗教有关的。所以如瑞希廉派所曾企图做的那样，①企图把宗教信仰建立在价值的纯粹的效用性上，乃是徒劳无益的。因为宗教信仰不仅与有价值这个真理有关，而且也和这些价值可以普遍流传这个希望有关。而这样一个希望仅仅从经验上，用检验价值和存在的关系的办法才能加以证明的。价值是有实效的吗？它们在任何意义上组成了存在的根据吗？有没有证据来证明它们终究将控制存在？

　　§6. **作为原因或决定作用的价值**　在这些问题中的第一个，关于价值的实效性的问题，只能借助于对因果性或决定性的本质有一个清晰的概念才能得到答复。有像道德上的因果性这样一回事吗？在表面上看来，有。在一定限度内，人做他所想做的事，——达到他的目的，执行他的规划——没有比这个事实更明白的了。但是人们却习惯于假定，科学在这种情况之下是不相信现象的。有人认为宣称有道德上的因果性的主张乃是基于对因果关系的一个混乱的概念，唯一清晰的和可以证明的因果性只是在机械的法则中显现出来。

　　我想如果必须把道德上的因果性和活动的感触等同起来，我们就会势必要接受这个结论。自然主义肯定说，唯一可理解的和

————————

　　①　赫尔曼：《神学中的形而上学》；见佛赖德尔：《宗教哲学》中的批评，斯图尔特和孟席斯英译本，第2卷，第188页等。

已被证实的因果性的事例即是为法则所决定的事例,这是正确的。[①] 但是如果跟机械法则有决定作用一样,道德法则也有决定作用,这又是怎么一回事呢?

物理学用寻求物理变化的常定特性的办法来发现机械的法则;特别是可以表示为空间、时间及其复杂的导数的数学比例。当一件事情能够用赋予法则所包括的诸变数以特别的价值时,它就可以说是为一个法则所解释的了。但是当生命被观察时,它显现出另一种的常定性,一种兴趣上的常定性。一个有机体的复杂运动可以是而且就是由于把它们当作是自我生存的特殊事例而得到了解释。同样,传记家企图发现一定的一般动机,如志愿,贪念或爱情;而且心里知道了这些动机,他就可以指出一个生命的统一性和一贯性,否则,生命就会是单纯的一堆和一系列的动作而已。目的的坚定性,完全跟能量有恒一样,是一件事实。如果真的我的动作的热力是和我所消耗的营养物质的化学能量在数量上是成比例的,那么同样是真的,我的动作显示出一种质量上的一致性,而这种一致性只能用控制着我的那种兴趣表达出来。在这两种情况下,法则同样是对变化的一种描述性的概括;把差别和一种背后的同一性关联起来,而把新奇和一种背后的持久性关联起来。

人们习惯于假定说,为我们所承认的机械法则的有效性似乎是阻碍着兴趣的活动。但是显然也会同样有理由来论证说,事实上兴趣的存在阻碍着力和能的活动。然而,在机械和兴趣之间绝对不相容的这个假定是既与理性相反,又与事实相违。没有理由

---

① 见本书第 106—107 页。

来说明为什么同一过程不该服从于许多的法则和不同类型的法则，一旦我们避免了"排外的特殊性"的错误的话。这种多元的决定作用是否在任何现有的情况中都是可能的，这是一个事实的问题。

而且论及在我们面前的这种事例，显然，这种多元的决定作用乃是事实。我在和地球的质量的关系中体重是一定的磅数，同时我又是为一定的政治动机所推动的。虽然我的精力是和我的营养成比例的，它也同样可以耗费到好的或坏的目的上去。而且虽然人类乃是爬行在他们所由生产的一个星球的表面上的，而且虽然他们的每一动作都必须服从于为一个物理的环境所强加的条件的，但是同样真实的，这些动作表现出文化的特征。它们满足需要，执行愿望而且继续不断地实现一定的共同的和理想的意愿。

§7. 自由，积极的和消极的　于是在理性上和在事实上都有足够的根据来肯定说，兴趣在活动着，事物因为它们所促进的好处而发生着。而且我想，这就是自由的意义，它既是一种现实性，也是一种特殊性。在一定限制以内，我能够，而且也确实在按照我的意志而行动着。换言之，动作在一定范围内是为欲望和意愿所控制着的。而且当知识、技巧和合作发展时，这个范围是还可以扩大的。它的扩大乃至还有可能和希望达到这样的一点，即当价值已经部分地占有了这个世界时，它们就将会占有整个世界。

也有一种消极的自由。有从机械法则的独占控制下摆脱出来的自由。的确，可以说，在某种意义之下，生命受道德法则的控制先于它受机械法则的控制。因为生命的单元即动物和人类的个体，乃是一个道德的，而不是机械的常数。一个个体的生命是以它所要保持和增进的东西而区别出来的。它是由于它的片面性、特有的偏见以及推动它的爱好而从它浸入于其中的一个空间的和物质的连续体中脱离出来的。甚至于可以说,在一定的范围以内,生命是不依赖于它的机制的。因为如果一个个体的生命是以它的兴趣来说明的,那么就在它的兴趣是物理的这个范围以内,它是完全等同于一个物理的环境的。如果能够说任何生命是包括有不依赖于事物之空间的和时间的安排的,如果能够说它的兴趣可以在别的条件之下通过其他的手段而实现的,那么就有理由说,这样一个个体生命乃是非物理的,而且不是必然同身体的命运联系在一起的。

也有一种从社会的或宇宙道德的法则的控制之下摆脱出来的自由。有这样一种意义,在这种意义之下,每一个个体在道德上对他自己而言乃是一个法则。这只是说,他的活动不能完全用包括他和其他个体在内的这种较大的目的来加以解释。确有这样的一些较大的目的,而且它们是有效用的,我想,在任何承认目的是有效的人看来,这将是没有争论的。但是社会的目的乃是从个人的目的产生的,而且绝不会完全把它们同化。如果有这样一些法则,它们决定着一切的物理事素,就有可能完全用这些法则来解释任何物理的事素;同样,也有可能完全用推动一个社会集体的动机来解释一个人的活动。宇宙的多元性反映于生命之中。兴趣,和其他的事物一样,乃是或多或少地联系在一起的。的确,在这种情况之下,统一体不是一种被贬责的必然,而是一个被追求的利益。

§8. 宗教信仰的依据 一切积极的和充满希望的类型的宗教都是以这个信仰为依据的,即善是普遍流传的。如詹姆士这样成功地和雄辩地辩论过的,这并不必然意味着说,事物的存在本身乃是以它们的善为依据的。如果如此,在一切哲学中,实在论将会给予宗教最少的安慰。因为实在论是坦白地拒绝任何精神的或道德的本体论的。但是宗教的乐观主义还有另一个意义,它比较不是那么夸大的,因而是比较具有安慰作用的。按照这个第二个意义讲来,宗教的信仰乃是深信,漠然无关的东西将会获得价值,而坏的事情将会变成好事——通过道德行动者对于一个预存的和独立的环境所采取的活动。

　　对于这个信仰,我们已经在这样的事实中找到了根据:即善既是客观真实的,也是实际发生着作用的。自然已经产生了生命;而生命一经建立后即曾把它的兴趣附加在环境之上,在这样的事实中有着希望而没有沮丧。如果善必然只有在违反机械法则中才会得到胜利,那么科学的产生就确实是不吉之兆。但是生命是在机械法则之中而且通过机械法则来得到胜利的。自然的体系是完整无缺地进入生命的体系之中的。机制在时间上的先在丝毫也无损于生命在后来的上升。如果生命在以前能够把它自己建立起来,它就能以同样的手段来扩大它的领域。而且如果兴趣在以前能够把它们本身摆脱出来,正如它们曾经从它只专注到直接的身体需要的情况下摆脱出来一样,它们就能够以进一步的和类似的进展来更进一步地减低它们所付给那种一度曾是无所不能的环境的代价。

　　事实上,生命确有这样一种前进的运动。它随着时间的进步而变成更为自由一些和更为有力一些。最发达的这些生命形式——理智的活动、可感受性的使用以及友谊的社交——都正是这些能以维持它们本身和提高它们本身的生命形式。一位在世的科学家说:"如果我们把脊椎动物的进化画一条曲线,……我们就会发现,当这条曲线上升时,男女爱情、父母爱护、互相帮助以及较为温和的情感的纵标,总的讲来一般地是在逐步提高的。有这样禀赋的有机体,虽然充满着有自私自利的竞争,但仍会生存,这是自然的结合。地球是强者的寓所,但它也是爱者的家乡。"①在整个动物生命的发展中是如此,在人生发展的较大范围中也是如此。生命通过文化的媒介——兴趣的多样化和精密化、社会的组织和团结,尤其是理性的成长——而得到解放和改善,这同时是生命的稳定和进一步扩张的保证。

§9. 信仰的冒险 通常假定,如果人类不能被证明从一开始就曾经占有了这个世界,他就一定会放弃后来去占有它的希望。因此,罗素便明显地推论说:如果"人类是原因的产物,而它对这些原因所要达成的目的并无预见",那么他的生命就势必是"单薄而无力的","缓慢的、注定的劫数就势必无情地和暗淡地落在人和一切他的种族的身上。"严肃的和追求真理的心灵将在科学的圣坛前牺牲希望而尽可能从理性的解放和自由中获得安慰。达尔文在这种精神之下写道:"在我看来,最稳妥的结论是:整个课题是超过人的理智范围以外的;但人能尽他的责任。"而在今天,罗素先生在逻辑方法和实在论的形而上学的名义之下,结论说:"在人来讲……所剩下的就只有在打击尚未降临之前来培养那使他的卑微岁月变

---

① 汤姆士和格迪斯:"一种生物学的研究方法",载韩德编:《科学的理想与信仰》,第69—70页。

得高贵的崇高思想；……自豪地反抗那只是暂时容忍他的知识和
他所鄙视的那些不可抵抗的力量，这一个精疲力尽但不屈服的阿
特拉斯①孤独地负荷着这个他不顾无意识的力量的践踏、而用他
自己的理想所构成的世界。"②

很少人会否认，这样的一个人生哲学较之迷信、伤感主义或自
得的乐观主义是比较令人信服的。但是如果要把殉道宣称为人们
的福音，那就不只是勇敢而已；在最好的意义之下，它一定是聪敏
的和有益的。深信放弃宗教的希望是科学和哲学的最高道德的主
张，一定是完全建立于把意识当作是无能的这个假定之上的。它
必然假定，兴趣和理想只能创造"一个闪光的金子的新影像"、一个
较好事物的梦想，用来暂时粉饰那个"命运的外在统治"，而这个统
治却是任何有生之物所不能抵制的。③ 但是如果理想发生作用，
如果意识不仅仅去创造想象的玩具而实际上使事物变好；那么厌
世便既是愚昧和非理性的，也是没有必要的。

不错，宗教乐观主义的主张是不能证明的。但也不能证明：
"这个时代的一切劳动，人类天才的一切虔诚、一切愿望、一切白昼
的光明都注定要在太阳系的大死亡中归于消灭，以及人类成就的
整个宫殿都会不可避免地埋葬在一个废墟世界的瓦片之下。"④妄

---

① 阿特拉斯（Atlas）是古希腊神话中的一个巨人，他用头和双肩负荷着天穹，使
它不致下堕，而永受重负之苦。——编者

② 罗素：《一个自由人的信仰》，载《哲学论文集》，第 60、70 页；《达尔文的生平与
书信》，第 1 卷，第 276—277 页。

③ 同上书，第 66 页。关于意识之理想化的，但是具有无能的机能的类似见解，见
桑太耶那：《理性的生命》第 1 卷（常识中的理性）第 9 章。

④ 同上书，第 60—61 页。

想用天文学的狭隘的和抽象的推断来论及宇宙,这乃是无意之中暴露那种跟最原始的拟人论差不多狭窄的和没有理想力的心灵的偏见。那个隐约出现于知识界线之外的剩余部分的宇宙,将来究竟会带来一些什么东西,直到现在还没有一个已经生下的人能够说出。它可以超过这个已知的小世界而且可以改造它,并且使得每一眼前的预见都成为错误的,这一点是没有人能够怀疑的。严肃的思想可以把它当作是得救的希望而欢迎它,也可以把它当作是毁灭的一个部分而惧怕它。而且如果承认在这两种情况之下这乃是一个过于信仰、急于信仰的问题,那么任何虔诚的灵魂都是不能犹豫的。由于已经获得的胜利所证明,他将以一种好心肠来邀请他的意志来完成这个征服的工作。

在实在论中是没有令人沮丧的事情的。它承认既存的现有情景,而没有试图把它想成或想象成为已经是好的了。但是它同样也包括有生命是真实而有力的这个概念。它既反对一种唯心主义的对精神胜利的预测,也反对一种自然主义的对精神无能的自白。从这个意义讲来,一切勇敢的和前进的生命都是实在论的。它包括有一种把事物当作是实有的意义,一种把它们当作是所应该变成的东西的理想,以及一种通过开明的行动,把事物转变成为它们所应该是的东西的决定作用。

附录　詹姆士哲学^①

一　心灵哲学

§1. 心灵问题在詹姆士哲学中的地位　像詹姆士的哲学这样一个完备的和重要的哲学,它触及每一个传统的问题,而透过个人天才的媒介表达了一个时代的独特趋势,是不能轻率地予以估计的。在它没有防备之际加以攻击而赢得胜利,这是不光荣的;而故作庄严的判断,无论属于称赞性质的或谴责性质的,都会一定证明是不成熟的和不明智的。但对詹姆士和对哲学也许有一件事是有所贡献的而且是最适时的,那就是给它一个简单的和适当的阐述。每一哲学体系,由于创作的时间顺序和不同的迫切需要,总是病于偶然有所偏重。临近于他的生平的末年,詹姆士自己感觉到有把他的哲学汇集起来而给以统一与平衡的需要。它的确是一个哲学,一个思想体系,但其整个的结构和轮廓却从未明显地表现出来。詹姆士没有继续活着来承担这个工作,这对人类来说,是一个

————————————
①　重印自《哲学评论》,1911 年第 20 卷和《哈佛研究生杂志》,1910 年第 19 卷。

绝对的损失，而对于这一点，我的任何努力也丝毫不能弥补。[1] 但我愿意开始作一粗略的提纲，姑不论其平淡与拙劣的素描，但我希望它至少对其整个的形式和各部分的适当强调可以有所建议。

如果一个人在一天之内读完詹姆士的著作，而忘掉其出版的顺序，我想他就会发现，这些著作是讨论三个大题目——人心的本质、知识的结构与标准和宗教信仰的根据。如果他然后考虑一下作者的发展以及其兴趣和嗜好，他就会看见这些题目中的第一个是原始的和根本的。詹姆士的哲学乃是一种关于人或人生的研究。生物学、医学、心理学、哲学本身和宗教，在他看来，并不是一些独立的学问，由于他三心二意或反复无常、一会儿选这一门、一会儿又选另一门的，而是通向人性的许多光源。因此，由于他忽视了科学之间的区别，甚至在适合于他的目的时，访问过理智的地下境界，人们难以在科学的课程或级别中把他加以分类；但同时，他的思想却始终是坚定地集中于它的对象的。他的知识跟他的课题内容一样，一方面是统一的，而另一方面又是丰富多彩的。在以下的概述中，我将首先对他关于人的心灵的一般观点进行叙述；然后来讨论他对于人的伟大事业、知识和宗教的见解。

§2. 作为感到兴趣的和有所选择的心灵　　在他最早发表的一篇关于"斯宾塞对心灵之定义"[2]的论文中，詹姆士采取了一个他从未离开过的立场。他的对象是人，这个有机体，在这个自然的

---

[1]　詹姆士曾遗留了一本未完成的"哲学导论"，在这里，他曾对其思想的系统的重述作了一个开始；但由于它的不完整性，它并未给读者提供一个当他写这本书时作者心里所具有的整个见解。在他死后，它曾以《几个哲学问题》的题目出版。

[2]　《冥想哲学杂志》，第 12 卷，1878 年 1 月号。

环境中拯救他自己,维护他的兴趣。这些兴趣,这个无可归结的
"目的因素"在任何关于心灵的叙述中必然是一个参照中心或参照
点。在斯宾塞把心灵当作是"内部的"和"外部的"关系的适应点的
观点中它的缺点在于它没有认识到这种适应点乃是相对于有机体
的兴趣的。"因此,斯宾塞的公式,如果它有任何明确的意义的话,
就必须重写如下∶'正当的或合理的心理活动包括着相应于外向关
系而建立这样一种内向的关系,以利于这个思想者的生存或者至
少有利于他的物理的福利。'"①心灵并不是一面镜子,消极地反映
它所偶然遇到的东西。它开始着和尝试着;它与"外部世界"相适
应着,就是说,它努力为了它所由产生的有机的兴趣而成功地适应
着环境。心灵,有如触角,为有机体探听道路。它四周摸索着,向
前探索着和向后退缩着,作出许多胡乱的努力和得到许多的失败;
但总是由于兴趣的压力而不得不采取主动,而且当它遇到和接触
着环境时在某些尝试的时日中终归于成功或失败。这就是心灵,
而且按照詹姆士的看法,这就是它的一切活动。这些特征、兴趣、
活动、尝试、成功和失败都是在具体地观察它时,它所具有的一般
的特征;而这些特征应该是先在于一切其他在描述心灵的每一特
殊活动,如认知、追求真理和信仰等特征中的一种特征。

　　然而,心灵的活动并不是有独创性的。它的观念并不是它自
己的创作,而毋宁说是它自己的选择。在它发展的每一阶段中,在
每一复杂化的水平上,心灵本质上是一个有选择性的活动者,是

---

①　见前引处,第5页。

"一个具有许多同时的可能性的舞台"①。感觉器官从许多同时的刺激物中进行选择;注意是从许多的感觉中有所选择的;道德是从许多的兴趣中有所选择的。而在这一切之上,思想也具有选择性。"事物"的统一性和区别性首先起源于对特别的某一群性质的兴趣,然后心灵在这一群之中选出一些当作是它的"本质的"特性来作为是它的最真实的代表。推理并不是简单的联想机构。唠唠叨叨,即一任观念之流倾泻而出,它就是非理性,它就是一种心理衰退的病征。推理就是借由鉴别和强调那些恰当地联系着的观念来指导观念的进程。人类的明智和天才,以及人类超过野兽的整个特别的优越性,都要归属于一种能以从未经分化的一堆混乱的原始经验中抽绎出正确的特性来的能力;所谓正确的特性就是那些对手头的问题讲来密切有关的东西,或那些使心灵能以通过一座为等同物所构成的桥梁而走到类似物的那边去的东西。②

§3. 意识的关系论或机能论　现在让我们从一个略微不同的角度来看一看心灵。如果它的活动是具有选择性的,而不是有创造性的,那就势必要说,它的内容是从它的环境中所派生出来的,而且除了它的选择这个条件以外,对于那个内容是无可增添的。如果"意识"这个名词用来指这个心灵的内容,即那个能以见到的和为内省所检验得到的多杂物而言,那么意识就不是一个独特的实体,乃至不是一个独特的性质,而是对于从环境中所借来的特征所作的一种组合,排除一些和包容一些。在一篇发表于1904

①　詹姆士:《心理学原理》,第1卷,第288页。

②　同上书,第5、9、13、14、22章;特别见第1卷第284—290页;第2卷,第329—366页。

年的名为"意识存在吗?"的文章中,詹姆士第一次提出了对于这个问题的这种解说。但是后来他写道:"在过去二十年中我曾不相信'意识'是一个实体;在过去七、八年中,我曾建议我的学生说它是不存在的。"① 所以这个学说既是和他的其他学说密切关联着的,而且也是由来已久的。

在建议说意识是不存在的时候,当然詹姆士的意思是为了准备对它的真正特性进行一种解释。这种思想的转变也许可以用以下的话来加以意译。如果所谓一个事物的存在你是指它的分开的存在而言,即它是存在于其他事物之外,完全是另一个东西,例如一个星球存在于另一星球之外一样,那么意识就不存在。因为意识不同于其他事物,正如同一些事项的一种组合不同于另一种组合一样;例如,共和党不同于美国人民一样。但是这却是它的真实特性,而从这个意义讲来,它是存在的。如果人们坚决地拒绝在口头上讲出来,他们也要被引导到这个结论上来。当我们探索一下"意识"这个字使我们所指向的那个地方时,我们发现了什么呢?初视之下,我们似乎发现了一个特殊的特性,如蓝色;而再视之下,又是另一个特殊的特性,如圆形。这些之中哪个是意识呢? 显然都不是的。因为如果把这些特性这样分开来对待,在它们和自然的某些部分之间就没有可以发现的差别。而且在这些特性本身之中也没有可以发现的自然的共同体。但是只要你愿意的话,你可以一直继续进行这样的研究,而且你只是在内容上再加上内容,而

---

① 《哲学、心理学和科学方法杂志》1904 年,第 1 卷,第 477 页。这篇论文曾收集在《激进经验主义论文集》,I。

既找不到任何种类单独属于意识的元素，也找不到任何保持内容元素的有意识的"溶剂"。这个谜语的解答在于这个事实之中，即一个事项相应于它所参与的几个关系而可以有几个不同的名称。只需要承认："每一最小块的经验都是一个在多方面联系着的小型而内容丰富的东西；每一种关系就是一个方面、一个特点或一种功能，就是它所被涉及的方式或者它涉及其他事物的方式；一小块的实在，当它主动地牵连在这些关系里面的一种关系之中时，并不由于这个事实而同时被牵连在一切其他的关系之中。关系并不是法国人称为彼此团结的一切东西。一个事物能够联系另一个事物或脱离另一个事物而不致丧失它的同一性，好像一根木料……它装上新的运输舰，离开旧的运输舰，带着一个轻便的护送队能够旅行到任何地方去。"[①]

我把这一段全部引录一下，因为它有深远的意义。但是在这里我仅仅把它应用到意识的问题上。进入意识而成为它的内容的这些元素或事项现在可以被认为是在另一种关联中组成物理自然的同样的元素。元素本身，这种"基本物质"或"纯经验的素材"，既非心理的，也非物理的[②]。这些元素的一定空间的和动力的体系构成了物理的自然；在另一些关系之中，它们构成了"理想的"体系，如逻辑和数理；而在另一种组合中，在一种特别的机能关系中，它们构成了反省思维的过程，而成为作者在他的观念论和真理论中讨论的题目。最为个体意识所特有的这种组合或布局在"活动

---

① 《多元的宇宙》，第322—323页。见《激进经验主义论文集》，第140页。
② 见本书第395—397页。

的经验"中得到了最好的描述。

　　但是在转向这个题目之前,还要请注意到另一个能够有着很广泛应用的必然结论。这种纯经验的共同的或"中性的"的元素不仅可以使意识跟各种客观的存在秩序联系起来,而且也可以使不同的意识单位同另一些意识单位联系起来。两个或更多的心灵由于包括有同样的元素而成为共同衔接和可以交流的。因此,我们懂得了"两个心如何能知道一个事物"[1]。同样的心灵在显然相同的方式之下可以在不同的时候知道同一个事物。因此,一个意识的不同的倾向可以重叠和相互渗透。而在这些倾向是连续的情况下,这些共同因素,在一点上是在边沿上的,而在下一点上是处于中心的,它们的持续便给予了意识以它所具有的这种特殊的联系状态和连续状态。可以不需要额外有一个综合;在这个内容本身之内就有同一性、永恒性和普遍性。最后,正如几个个别的心灵和一个个别心灵的几个时刻是"共同意识的",同样,没有理由说为什么人类心灵就不应该"在一个较高的意识之中会合一气"。[2]

　　§4. 活动的经验　经验元素的一定组合,在这样的组合中,活动和感情状态是最显著的特征,构成了"个体化的自我"。"真正的活动"或"活动自身"是一个虚构的实体。但是我们不能因此在我们的哲学词汇中废弃"活动"这个名词,因为有一种特别的经验复杂体,而这个名词可以正确地和有益地用来代表它。"如果这个

　　───────────────

　　[1]　前引书,第 123 页等。

　　[2]　《多元的宇宙》,第 290 页,见第 7 讲的各处。詹姆士关于"意识之组合"的观点的发展,见《心理学原理》,第 1 卷,第 160、161 页;"共同认知事物",《心理学评论》,1895年第 2 卷;《多元的宇宙》,第 5 讲。

字具有任何意义,它一定是指在那儿所发觉的东西而言。……这样一个情境的经验者占有这个观念所包括的一切。他感觉到倾向、阻碍、意志、紧张、胜利、或消极地放弃等,正如他感觉到时间、空间、速度或浓度、运动、重量和颜色、痛苦和快乐,这个复杂体或任何为这个情境所包含的其余的因素一样。"①这个特别的经验之流或经验之组合被用来构成了活动,因而只要是它伴随着一定的感情状态时;换言之,只要是它集中于对我自己的身体的一定经验时,它就将会构成"我的"活动。因为感情的状态乃是半机体性的。它们不完全属于心理的秩序或物理的秩序。凡有吸引力或抗拒力的东西是既激动身体,也激动心灵。"事物的'有趣的'方面"统治着我们的几条意识之流的会合;但是"虽然它们只是在物理自然中为我们的身体所占有的那些微小的角落里才是活跃着的,它们在物理方面也并不是完全无生气的。"②因此,个体化的自我乃是一些元素所组成的一个特别的集合物或场所,它"在一切时候都是以我的身体为它的中心,视觉中心、动作中心、兴趣中心……。身体乃是一个风暴中心、座标的来源、在所有那个经验之流中的恒常的应力点。每一事物均以它为中心,而且从它的观点上被感觉到。因此'我'这个字眼就其本源的意义上说就是一个地位的名词,如'这个'和'这里'一样。和'这个'地位联系着的这些活动有着特殊的着重点。……在这些活动中的'我的'就是这个着重点,即它们

---

① "活动的经验",见《多元的宇宙》,第380、376—377页。
② "在一个纯经验世界中感情事实的地位",《激进经验主义论文集》,第150—151页。

所感染着的远景兴趣(Perspective-interest)的感觉。"①

很明显,正如没有意识自身和没有活动自身一样,也没有心理的力量或"效用"自身。心理的因果关系在于为心理复杂体所特有的戏剧、行列、连接或系列之中。"支持、持久、争取、努力奋斗、坚持乃至最后达成我们的意愿——这就是行动,这就是唯一形式的效用,只有在这种形式中它的处所才能为一种纯经验的哲学所探讨。……真实有效的因果关系……正是我们自己的活动系列所揭示出来的那种连接。"②在这里,我们见到了一种特殊类型的过程。至于人类的活动原来是受这个过程所决定的,或者是受神经细胞的原始过程所决定的,詹姆士没有试图来解决这个问题。它实质上是在长距离和短距离之间的一个问题;我们朴素地相信,而且我们喜欢人道地和带戏剧性地相信,这两者在人生中是在共同工作着的。③

如果我们把心灵的这些不同的各方面聚集起来,我们就能够把它的具体的完整状态描绘出来。有机体在它的自然环境以内有兴趣地和有选择地活动着;而这样选择出来的许多因素组成了心灵的内容。但是这个内容,就它本身看来,显示出一定的独特的集合、组合和结合。在这些之中,知识过程是最突出的。但是正如身体乃是原有的选择工具和个人偏向的根源一样,身体的状态和身体的定向将是每一个体的内容场所的核心。

---

① 《多元的宇宙》,第 380 页注。
② 同上书,第 390、392 页。至于这一点对自由的问题的影响见本书下面第 407 页。
③ 同上书,第 387 页。

二　认识论

§5. 认识的功能　要懂得詹姆士对于这个题目的贡献的首创性和价值，不可避免地，人们就应该看到他的问题。在一个人能够欣赏他对这个问题的解答之前，他一定要重视其中的困难。詹姆士的问题也许能够简要地陈述如下：观念和对象怎么能够是两个东西，而一个又能是另一个的知识，并且两者都在同一个体的意识领域之内呢？而且詹姆士建议从经验上来解决这个问题，即具体地来检验认识作用。当我有一个关于一个对象的观念时，正在发生一些什么事情，正在发现一些什么事情？

虽然詹姆士关于认识的讨论主要的是论及这种二元的或中间的类型的，是论及我所借助于 a 而具有的关于 b 这个事物的认识，但是他并没有把这种知识当作是唯一的类型或标准的类型。"关于什么的知识"乃是"直接的"知识或"熟悉的知识"的一个派生物，而且它永远只是它的一个暂时的代替物。代表只有在它是一个实际的呈现时才是具有认识性的。在直接知识或熟悉的知识中，"经验里面的任何同一个东西由于它在一般的经验进程中交织着两种不同的关联而交替地成为一个被认知的事物和一种关于这个事物的知识。"①换言之，在这一类型的知识中，事物本身是在一种个人意识的领域中所特有的方式之下被作用着和被感触着。在这方面

---

① "人本主义的实质"，载《真理之意义》中，第 127 页。参见"认识的功能"，同上书，第 1—24 页。

最显著的事例就是官感知觉。在这里,如果在能知和被知之间有任何差别的话,能知只是接受被知的事物的这个情境、全局。而这个个体的能知者将是那个业已曾被描述过的核心的机体复杂物。这种知识的功能显然就是去获得这样直接作用着的事物,或这样直接介绍到生命中来的事物。

　　但是从人类来说,如果生命的范围不是狭隘地局限着的,那么大多数的事物就必然要以代替物的方式,即用"关于"它们的所被知的东西来代替的方式,在生命中呈现出来。"这类认识对于人生的极大重要性就在于这个事实:即认知另一经验的一种经验能够成为它的代表者,而所谓代表者并不是从任何种神秘的'认识论上'的意义而言,而是从在各种操作中①成为它的代替物的实用意义上而言。"因此,"关于什么的知识"的功能就是为那些实际上不可能直接认知的事物提供代替物,因而知识原来的功能就大大地扩充了。它只是为一切组织起来的生命所特有的那种情况的一个特别的事例——即用代表和间接的方式来扩大它的范围。而且我们就因而被引导到考虑一个狭小和确切的问题。一个事项为了认识上的目的在什么时候可以成为另一个事项的代替物呢?那个可以如此用来代替的东西就是"关于被代替的那个事物的知识"或那个事物的"观念";而被代替的那个事物就是对象。因而我们的问题就等于是"一个观念和它的对象之间的关系是什么"这个传统的问题。但重要的是要注意,詹姆士的问题不能简单地用观念等同于对象的说法来予以解答。在许多情况之下它们是等同的,而在

---

① 《激进经验主义论文集》,第 60 页。

一切情况之下它们实际上是等同的，这些他并不否认。但是他特别要问的是它们所不等同的那个方面；即在内容上有实际的另外一面的那个方面或从一个内容向另一个内容有一个实际的在时间上的进展的那个方面。而且也必须要记住，詹姆士不允许他自己在经验的根据以外来处理这个问题；换言之，他假定一切所涉及的事项都必须是能以完全置于一个意识领域之内的。① 旧的二元论，即主张在每一个个人意识的可能范围以内的某种东西代表着它以外的某种东西的说法，乃被认为是陈腐的了。②

　　一个观念及其对象所特有的这种关系能够被分析为两个因素：意图和一致。③ 第一，观念必须在某种方式下"意味着"它的对象，即指作为它的对象的那个东西而言。而意图是先在于一致的。一个观念仅仅和某一东西是一致的，这还不够；它必须跟它的对象一致；而且一直到它的对象被识辨出来之前，便没有能被应用的一致的标准。"不是凭借于发现一个感觉'类似'那个实在，因而我们去发觉它所指的那个实在。我们首先觉察了它所指的那个东西，然后我们假定那就是它所类似的那个东西。"④但是意图本质上乃是一件有关于实用的事情。一个人所意向的东西就好像是一个人的目标或目的地，它是一个人的行动所集中或指向的东西。而观念的存在便是由于一种意图或行动的计划，在这里面，"被意图的东西"就是终点。意图，当然，时常是模糊不清的；但是当行动的计

---

① 关于"经验主义"的意义，见本书第 394—397 页。

② 《真理的意义》，第 126—127 页。

③ "认识的功能"，同上书，特别见第 28—32 页。

④ 同上书，第 25 页。

划展开时,这个意图便揭示出来,而且愈来愈不模糊了。就在这一点上,说明了姿势优越于语言的地方。如果一个人能够举起这个对象,把手放在它上面,或者乃至指着它,对它的指认就会是没有错误的[①]。所以我们必须结论说,当对这个对象的行动尚未完成的时候便有着一系列的行动,意向着这个对象,而且如果这个行动完成了,这一系列的行动就会终止在那个事物上面。我可以在此时此地有一个关于"印度老虎"的观念,即意味着、意向着或涉及它们,这时在我的心里的东西是在环境上跟现实的印度和它的老虎这样联系着的,即如果我按照这个意图做去,我就会跟这些印度的老虎见到面。[②] 换言之,对一事物有一个观念,就是当它不在面前时,有着接近它的机会。

但是一个观念不仅意向着它的对象;它必须在某种意义之下跟它一致。而且在这里我们也发现了,本质的东西就是实际上的联系;因为同一性,乃至类似性显然是不必要的。"我们普遍地被认为,既意向着、论及到特殊的实在,同时又达到关于它的结论——总之,即认知它,而在我们的主观意识中并没有任何即使在一个距离较远的程度上类似它们的心理实质。我们是通过语言而得知它们的,而语言并未超过它的声音去唤醒意识;而且我们是通过对它们所具有的某些较远的情境的最模糊的和最片断的窥视,不是通过直接对它们本身的想象而认知它们是怎样的实在的。"[③] 既然观念并不总是要类似它的对象,我们就必须结论说,对一切观

---

①　《真理的意义》,第 25、35 页;又见"真理一词的意义",前引书,第 217 页。

②　前引书,第 43—50 页。

③　"认识的功能",前引书,第 30—31 页。

念所要求的最起码的一致性不能够是类似性。在它是最赤裸裸的地方、在它并未被一致性的偶然状态复杂化的地方，我们最能懂得这种最起码的一致性。于是，最好的例子将是字句和它们对象的一致性。当一个词按照已有的习惯导致它所意向的那个对象，或使得人们能够去发现它时，它和那个对象就是一致的。对于一些单字是如此，对于许多字的结合也是如此；当这些字的结合和事物的结合是这样联系着的，以致使得人们可以颠倒这种文字化的操作而用事物的结合去代替这些字的结合时，它们就会"一致"。但是既然有可能我的观念并不帮助我去达到它所意向的东西，那么显然我们就已经进入了真实和错误的领域；一致性和真实性是一回事，而不一致和错误是一回事。而这个问题需要特别的和细致的检查。

不过在离开现在的这个题目之前，值得再一次指出，在詹姆士看来，一切知识事实上都是直接的或呈现的。第一，我们日常知识中最可靠和最确切的是官感知觉。第二，观念不必要是类似它的对象的，但同时通常观念将是这个对象的一些片断，抽象出来并为这个整体服务的。而且在这种情况的范围之内，观念和它的对象是等同的。第三，即使间接的知识，也只有当这个对象借助于它而直接进入心灵时，才是完备的。因此，最好的观念将是那样一个观念，它会导致我们自己跟对象的实际融合在一起，"导致一种完全的互相吻合和等同"①。换言之，一般讲来，知识乃是属于自然或某种理想秩序中的事物进入个人生命的关联情境的入口。在间接知识中在观念和它的对象之间有差别和有一种外在的联系，这种

_____

① "关于真理，再进一言"，前引书，第156页。

知识,对于刚才所界说的知识而言,乃是偶然的;只是用代替的方法扩大它的范围的一种手段。

§6. 真理的实用性 知识的功能揭示出真理问题的轨迹。真理乃是观念由于它们对它们的对象的关系,即对它们"有关"的事物的关系所涉及的事情。观念,"对"它们的对象而言,是真实的,假定对象既不同于信仰而又是为信仰所意愿的。实用主义的真理论即指应用于这个特殊的情境而言。如果这个情境的特别复杂性不考虑在内,那么这个学说就变成了勉强而无意义的。詹姆士宣称大多数实用主义的反对者们犯了忽视这个问题或者对它过于简单化的毛病。如果有人把真理和事实等同起来,他就简直无视于詹姆士所提出的问题:如在一切间接知识的事例中那样,一个事实怎样能够是另一事实的真实情况呢?如果有人说,真实的信仰乃是对于真命题的信仰,所谓真实性乃是某些命题所具有的一种不可界说的特性,那么他是在逃避所谓信仰是指什么意思的这个麻烦问题;而且他是在忽视这个事实,即几乎在一切现实的知识中,这个信仰状态的内容或所信仰的东西和关于它的信仰是不同的。因此,詹姆士的问题只是重复这样一个问题;即一个关于一个真命题(从反对者方面看来)的真信仰怎样不同于一个关于同一命题的假信仰。最后,或者说,如果有人用一种假设的无所不知的状态来说明真实性,他便把这个问题转移到一个不可能运用经验检验的领域中去,而未曾触及能在经验中检验的人类的真理问题,也包括着无所不知这个假设的真实性的问题。①

---

① 以《真理的意义》为书名的那本书差不多是全部致力解除这些误会。特别参见序言,以及第 6、8、9 和 14 号。

　　那么,就让我们来访问一下为詹姆士的问题所引起注意的那
个世界的角落吧。一方面,我们发觉有一些,例如,属于物理自然
境界的东西。另一方面,我们发觉有一些特殊的个人所有的特殊
信仰、观念,或涉及那个东西的陈述。那么,当这个观念乃是属于
这个东西的真实情况时,我们发现为这个观念所独有的特征是什
么呢? 我们并不是要求开一张构成真实性的清单;更不是要求开
一张毫不会错误的清单。我们只要了解"所谓'真实的'一词,当它
应用于一个陈述时所指的是什么意思";"真实性实际上包括着什
么";"在任何一定的事例中,使得观念真实的那种观念对它的对象
的关系是什么"。① 如果我们把这个情境用符号表达出来,我们将
会忠实于詹姆士的原意。以 b 代表假定存在着的一个个别的事
物;而以 a 代表也是假定存在着的某一个人对 b 的观念。a 也许
类似 b,也许不类似 b;但无论如何它必然是在业已说明的那种方
式下意向于 b 的。也应该注意,a 和 b 属于同一经验的多杂体,意
思是说,同一个人的心灵可以从这一个走向另一个。于是,我们的
问题就是这样的:在什么时候 a 对 b 来说是真实的? 实用主义者
的答案如下:②a 作为一个观念乃是由于某些兴趣而获得它的存
在;如果没有有所兴趣的心灵在这个世界上活动着,那么这个世界
就只包括有 b。③ 观念,无论它们只是代表事物的习惯标志,或是

---

　　①　前引书,第 221、234、235 页。

　　②　这并不是原著作的任何部分的一个近似重述,但是利用《真理的意义》一书中
的争论语句来达到这样一个陈述,是为了使得《实用主义》一书第 6 讲中建设性的陈述
更加明白一些。

　　③　见本书第 377—379 页。

所选择出来的事物的某些方面,只是由于某些实用的动机才产生的。而且,联系一个观念和某一事物并使那个事物成为它的对象的这种意向的关系,也是由于选择这个观念的同一兴趣或动机。[①]最后,当选择 a 而把它跟 b 关联起来的这个兴趣得到满足时,a 对 b 来说就是真的。总之,当 a 是 b 的一个成功的观念时,a 对 b 来说就是真的。[②]

如果我们现在区别一下应用的真实性和理论的真实性的情况,我们将会更清楚和更明白些。我们可以假定 a 首先是作为理解 b 具有某种用处的一种式样而产生的。然后,当我借助于概念 a 而能够掌握或控制 b,并且由于这样做而达到了所想望的目的时,从应用的意义上来讲,我就具有了关于 a 的一个真的观念。这一类的真实性是比较普通的。如果我们包括如动物所具有的这样的知识以及一切没有确切表述出来的人类的才干和技巧——一切非科学的艺术——在内,显然,它的内容就远远超过直接与理论的动机关联着的这种知识了。

但是实用主义并不是要想轻视理论。詹姆士自然抱怨人们把它描写为"一种独特的美国运动,一种截头去尾的思想体体,特别适合于这种天然地憎恨理论而喜欢直接金钱报酬的市侩"[③]。确实,由于扭转这个矛盾而强调这个问题,实用主义的作者们曾经用了一些不相称的篇幅来讨论理论的真理。理论的过程本身有它自

---

① 见本书第 387—388 页。

② 这种成功是现实的或可能的。詹姆士所谓"可能的"的意思在《真理的意义》第 93 页中有清楚的陈述。但无论如何真实性不涉及成功是不能够加以界说的。

③ 《真理的意义》,第 185 页。

己的兴趣,它有它特有的动机和它特有的成功和失败,这是一个事实,没有人曾经怀疑过它。而所谓"理论的真理"就是它的成功。当一个观念对理论上的目的起作用时,它就是在理论上真实的。所剩下来的只是去发现那个目的是什么。那么,形成观念的理论上的动机是什么呢? 或者说,当没有机会作用于事物时,形成对于事物而又区别于事物本身的观念这有什么好处呢? 实用主义者答复说,是为了对这些事物有一个紧凑而易于储藏的接近机会;是为了在人们需要它们时能够发现比较在同一时间内心灵所能容纳的更多的事物。于是这就势必要说,从这个观点看来,一个良好的观念的标志就是它能以使人用它来直接达到它所意指的大量的特殊事实。因此,实证就是对一个观念导致其对象而达到它们对心灵直接呈现的能力所作的尝试、实验。因此,当我由于心里有 a 而能够把 b 也带进心里来,而 a 比 b 又较为紧凑些的时候,从理论的意义上来讲,a 就是真实于 b 的。而 a 的恰当的程度依赖于它使我在事实上占有 b 的全部或完整的本质的范围。总是有这样一个意义,即没有比 b 对 b 能更为真实的了,而且如果在人类有可能直接而同时认知每一事物,如我们在官感知觉中认知事物的各方面那样,那么观念就不会有存在的时机了。但是那时候也就不会有詹姆士使用这个名词时所具有的那种特殊意义的所谓真理了。

　　值得注意,当詹姆士用满足来界说真理时,他心里有一种特别的满足,一种决定的满足,关于它的条件一方面是由环境所赋予的而另一方面是由唤起这个观念的兴趣所赋予的。[①] 这绝不等于

---

　　①　参见前引书,第 192 页等。

说,所以一个令人满意的观念就是真的。它必须满足于某一特殊的目的,而且是在特殊的条件之下。一个观念具有一定的作用,而且它必须起着那个作用,以便于被判断是真的。也有这样一个情境,又是一个特别的情境,而在这样一个情境中,可以允许承认一个观念具有一般的有效性和生命力。但这是例外而不是在实用主义中必然蕴涵着的。所以我曾总的考虑到在另一个地方来讨论它会比较清楚一些和公平一些。[①]

　　实用主义的真理论在作者的心目中是和"实用的方法"密切联系着的。它强调观念的特殊的和可以拿得出来的后果,因而是跟咬文嚼字、抽象主义、不可知论和模糊无关的冥想相对立的。但是在这里实用主义已经融化于经验论之中,而在这儿的争论之点又比较广泛些和多样些。

　　§7. 经验论　从最广义来讲,詹姆士是一个经验论者,即他坚持用一个观念所意味着的那个特殊的经验来检验这个观念。一个观念,如果它不关系到某些可以直接带到具有这个观念的同一心灵前面的事物,确切地讲来,就不是一个观念;而且只有当两个观念所导致的事物在某些特征上是不相同的时候,它们才是不同的。"任何命题的意义在我们将来的实际经验中总是能够导致某些特殊的后果的,不是消极的,就是积极的……关键与其说是在于经验必须是积极的这个事实,毋宁说是在于它必须是特殊的。"[②]同样,"实用主义的全部首创性,它的整个关键之点,就是它利用了

---

　　① 见本书以下,"信仰的权利"一节,第362—364页。
　　② 《真理的意义》,第210页。

具体的观察的方法。"①经验论或实用主义，从这个意义讲来，实质上乃是詹姆士的关于观念之功能的学说的一种应用。既然观念的职能为直接知识铺平道路或是暂时地去代替它，它们的效能便是受它们易于为人所接受的程度、受它们易于为人所使用的程度所制约的。按照詹姆士的意义讲来，一个观念的最普通的例子就是词，而实用主义或经验论的方法的最显著的例子就是他自己的这种谨慎地避免咬文嚼字的态度。这就势必要说，既然观念本身是没有认识价值的，既然它们在实质上是具有工具性的，那么它们总是在考验之中，而且是"在将来经验的进程中不断得到改变的。"②因此，假设和实验的方法乃是普遍的方法，而可证实性的规则应用于科学，也同样应用于哲学。

从一种狭义讲来，经验论就是这样一个设定，"即在哲学家中唯一可以辩论的事物将是可以用经验中所引申出来的名词来加以界说的事物。"③我们发现经验本身被描述为"一个时间中的过程，在这儿，无数特殊的事项消逝而为另一些事项所更换。"④这并不能意味着说，经验就等同于官感知觉中的多杂体，因为他重复地论及"非知觉的经验。"⑤这也不能意味着说，经验即等于被经验者，即意识。因为意识，同物质一样，乃是经验的一部分。的确，"没有一种为整个经验所由构成的一般素材。""它是由于'那个'、由于所

---

① 参见前引书，第 216 页。对这个方法比较通俗的阐述和它的事例说明，见《实用主义》，第 2、3 讲。

② 《信仰的意志》，序言，第 vii 页。

③ 《真理的意义》，序言，第 xii 页。

④ 同上书，第三部分。

⑤ 参见"意识存在吗？"，载《激进经验主义论文集》，第 17 页。

呈现出来的东西,空间、浓度、平度、棕色、重量等等或者与此相反的东西所构成的。……经验只是所有这些可感觉的性质的一个集合名词,而且除了时间和空间以外(而且如果你愿意的话,除了'有'以外)似乎就没有为所有一切事物所由构成的普遍因素了。"[①]于是,经验便成为代表在空时连接中的事物的一个没有色彩的名称了。当这些连接直接呈现于心灵时;换言之,当它们在此时此地被直接认知时,或当这样一种此时此地的知识是可能的时候,事物就是经验。换言之,我们又回到了根本上坚持对直接的或当前呈现的知识的这个主张。关于坚持这一点,詹姆士乃是贝克莱、休谟和缪勒的直接后裔,而且是霍格森和马赫的同胞兄弟。在所有这一切的作者中,对知识对象的内在性的坚持曾经倾向于导致现象主义;和其他的人们一样,詹姆士也是一个现象主义者,即是跟二元论和超验论相对立的。但是,至少在他后来的著作中,他曾十分清楚地说,事物乃是"如它们所被认知的一样",但同时它们的存在并不需要依赖于被认知。它们的被认知乃是它们所直接参与的一种偶然的关系。[②] 把知识局限于经验,意思只是把它局限于此时此地所直接被领悟的东西、局限于在它历史的某一特殊时期中所直接带到心灵面前的东西。

　　于是詹姆士的经验论,第一是说,观念是要受直接知识所检验的;第二是说,知识限于能够直接呈现的东西。不过还有第三个思想,它既是这两个意思的一种应用而且也是避免一种被认为是对

---

　　① 参见"意识存在吗?",第26—27页。
　　② 参见"意识存在吗?"和"一同认知事物",《心理学评论》,1895年第2卷。又参见本书第400页。

它们有致命伤的困难的一个途径。这就是詹姆士所谓"激进经验论"的东西,即发现"在连接的或不连接的事物之间的关系,也正和事物本身一样,不多也不少,正是有关直接的特殊经验的事情。"①"邻近的经验微末"被"经验连续体的一定单位、或重点、或小点、或对象、或成员的……持久的同一性"所统一起来。② 由于事物的联系是如此随着事物本身而被发觉的这个事实,因而就没有必要提出任何在经验背后的实体,或任何在上面的题材把事物联结起来。不管原子论的感觉主义者怎样,总是发现有关系;不管布拉德莱怎样,而关系总是关联着的。而且既然同一事项失去旧关系,获得新关系而不丧失其同一性,那就没有理由说,为什么一种关系不应该联结事物,却仍然是变化不定的。因此,唯心主义的理论,为了可以有某一种联系而想到有一种超经验的和不可变动的联系,这只是一种走捷径的办法③。这种处理关系问题的办法同时证明了经验法的效用和"理智主义"的无用。

§8. 知觉和概念。对理智主义的批判　随着詹姆士对概念的理解以及它对知觉的关系而来的,便是把他的认识论进行批评性的应用。"抽象概念……是我们的具体经验的突出方面,而我们发觉把它抽绎出来是有用处的。"④他在另一地方论及它们时,把它们当作是我们学着"割裂"出来的东西,当作是"摘下来的花朵"

① 《真理的意义》,序言,第 xii 页。见《多元的宇宙》第 279—280 页。
② 《多元的宇宙》,第 326、356 页。见《心理学原理》,第 1 卷,第 459 页。
③ 见"事物及其关系",载《多元的宇宙》,第 347—369 页。又参见本书第 381—382 页;和第 407—408 页。
④ 《真理的意义》,第 246 页。

和"从时间之流中所滴出来的瞬间。"①无疑地,那么它们是属于现存的和独立的世界的原素;不是发明出来的,而是选择出来的——而这是为了某种实际上的和理论上的目的的。由于知识而来的不是它们的存在或它们的本质,而是它们的隔离或抽象以及它们在认识上的用处。这种用处或功能会掩盖着这个事实,即它们本身乃是"客观的"。事实上,它们有它们自己的"观念上"的关系,它们自己的"秩序路线",而当它被思想追溯时,就变成了逻辑和数学的体系。②

概念和观念体系在人生的重要性相对于官感知觉的多杂体而言在于它们在认识上的功能。所以有必要来探讨一下它们所提供的正是后者那一类的知识。既然它们是从同一经验的实体中所抽出来的东西,它们可以是,而且大部分就是同它们的知觉的对象相类似的。但是描绘它的对象,从来都不是一个观念的基本功能,而在这种情况之下,至少一个完备的描绘是不可能的。因为第一,概念是知觉的事物的单一的和片面的方面,而总不是一个事物的整体。虽然概念逐一地把这些方面清晰地显示出来,但是同时或具体地领会一个东西的全部的官感知觉,不管它是怎样不连贯的,总是传递着一些为概念所没有的东西——它也许只是潜能的概念的全部。于是,这就会势必要说,一个概念只是在它的活动范围以· · · · · · · · ·

---

① 《多元的宇宙》,第 235 页。见《心理学原理》,论"概念"和"推理",第 12 章,第 22 章。

② 《激进经验主义论文集》,第 15、16 页。见《真理的意义》,第 42、195 页注;《多元的宇宙》,第 339—340 页;《心理学原理》第 28 章。在这里,和其他地方一样,在两种显然冲突的陈述中,我采取了后者。詹姆士对于概念的观点的最好的陈述见《几个哲学问题》,第 4—6 章。

内，对于一个知觉而言，才是真实的。但是，运用概念的那些人们倾向于"私自地"使用它们，那就是说，似乎它们全部占有了它们的知觉对象而使它不致成为更多的东西。这种"把一个名称当作是从这个被称谓的事实中排斥出去这个名称没有正面包括进去的东西的办法"，即詹姆士的所谓"恶性的理智主义"。①

　　但是，第二，还有一个特别的理由来说明为什么概念不能恰当地来表达存在的感觉多杂体。不仅因为概念是从这种感觉的多杂体中所抽象出来的，所以它们并不等于它，而且它们必然不同于它，因为在感觉的多杂体中最独特的方面并不能在概念的形式中传递出来。这就是詹姆士驳斥理智主义的主要根据，而对于了解他的哲学具有批判的重要性。重要的是要再一次注意，观念在认识上的使用并不依靠于它们同它们的对象的相似性。它们也许是它们对象的抽象出来的方面，或者它们也许是完全外在的经验微末，好像词一样，只有通过它们的功能职责才跟它们的对象相联系着的。在这儿，詹姆士的主张就是：存在所具有的最独特的方面只有在这个第二种方式之下才能被观念化。这些存在的独特方面，虽然肯定能为人们所导致和从功能上代表出来，但是它们不能被抽象出来，它们本身不能成为思维的直接对象。每一点滴的经验都具有"其性质、其绵延性、其广袤性、其浓度、其紧迫性、其清晰性，以及其他许多方面，其中没有一个能够孤立地存在，而只有我们语言化了的逻辑把它保持在这种孤立的状态之中"②。理智主

---

　　①　《多元的宇宙》，第 60 页。又见第 218 等页，和《真理的意义》，第 248 页、249等页。

　　②　《多元的宇宙》，第 256 页。

义的错误在于它企图从逻辑的事项和逻辑关系中来构成像这样的一些方面。结果，或者是把存在荒谬地过于简单化，或者就是加倍的矛盾。变化的连续、相关事物的结合、这个现存世界的完整，如果要去认知它的特征，就必须要被感觉到或被感触到，好像颜色要被看见或音乐要被听见一样。因此，就存在的这些方面而言，从"实用的目的"讲来，概念是有用的，即指导我们去到达可感觉的具体情景，而不是为了"洞察的目的"。①

"因此，直接的熟识和概念的知识是互相辅助的；每一方面弥补另一方面的缺点。"②认知在最后的分析之下，总是进行见证——在内心有着事物的本身。这是揭露事物的本性，原始的和内在的特征的唯一途径。思维本身就是这样直接觉察事物某些方面的一种手段。但是由于心灵活动的特殊条件，实际上有必要间接地认知大多数的事物。因此，思维还有第二种用处，即为只能为感觉直接所知的事物的方面提供代替物。于是思维的特有价值在于它直接掌握较为普遍的原素以及在于它间接掌握那些只能为感觉所直接掌握其原有性质的原素的范围和经济程度。

在一切变异和发展中的知识起源于实际需要。它发生在一个环境之内，而它必须服从于这个环境的独立本性。如果把那个环境当作是某种信仰的东西，那么它就是指服从于同一实际动机时所业已达到的真理。但是如果把它简单地理解为实在，如它也是必须加以理解的一样，那么它就是先在于一切知识的，而并不包括

---

① 《多元的宇宙》，第290页。参见第5、6和7讲。
② 同上书，第251页。

在知识的变迁之中。总之,詹姆士的学说乃是狭义的认识论。它描述知识而不意味着事物是依赖于对它们的认知的。的确,相反,它是公开地基于承认那个非心灵的世界秩序的,而这个世界秩序是常识、科学和哲学的实在论所承认的。[①]

三　宗教哲学

§9. 信仰的权利　　詹姆士在宗教研究方面的贡献是十分巨大和十分重要的,以致在他的心理学和他的哲学以外,它是独立存在的。在现在这个简单的概述中,我只准备讨论直接与他的哲学的基本内容,即他的心灵论和他的认识论有关的东西。宗教,好像知识一样,是人对他的环境的一种反应。它的动机是实用的,而且它的争论、考查和成功都是实用的。宗教是"一个人对人生的总反应"。它起源于"人们好奇地把整个剩余的宇宙当作一个永恒的呈现,亲密的或生疏的、可怕的或可乐的、可爱的或可憎的"[②]。积极的或乐观的宗教说,"最好的东西就是比较永存的东西",而且如果我们这样相信的话,"即使在现在我们的情况也会更好些"[③]。有一个实用的动机导致某一个这样的信仰,而有一个附加的动机来采取这种乐观的而不是失望的看法。应用业已论述过的这个真理论,那就势必要说,宗教信仰,如果它满足使它产生的这些需要,就

---

　　① 见《真理的意义》,序言和第 190—197、212—216 页。

　　② 《宗教经验种种》,第 35 页。在这部书中,为了便利起见,这个题目受到一定限制,见第 31 页。

　　③ 《信仰的意志》第 25、26 页。

是真的。到此为止，这可以只是意味说，对人生而言，对事物的最后性质具有一个观念，而且尽可能的是一个有希望的观念，这一点是重要的；在这种情况之下，真的宗教就是满足了这些要求的观念。它会是关于有尽可能多的希望的这个证实了的假设，而这是为宇宙所证明的。但是情况并不那样简单。因为没有一个关于事物之最后本性的观念是能够被证实的，即能够由于追溯到其对象的直接呈现而加以证明的。而在这个时候，在实际上就有必要采取某一个这样的观念。所以便产生了这样的问题：即在这种情况之下，是否可以允许考虑一个观念的一般的可接受性，包括着它服务于理论上的兴趣以外的其他的兴趣。接受一个观念，或在这样的条件和这样的依据之下相信什么，乃是一种信仰的行为。那么，为什么理由要有信仰呢？

　　信仰并不是藐视证明，而只是一个次好的东西，在证据还得不出结论时的一个代替物。"信仰就是相信某一种东西，对于它，在理论上，仍然有可能去怀疑；而且因为是否愿意采取行动乃是测验信仰的标准，人们可以说，信仰就是当某一个问题的热烈争论还没有在事先对我们予以证实时我们要为了这个问题而准备采取行动的这种状态。"[①]如果能够事先证明它，那就更好；但如果不能，那么同样自信地去采取行动，这也是合适的。首先，当犹疑或中止行动在一个激烈的争论中就等于是不相信的时候，那就是这样的一种情况。因此，"如果我必须不相信这个世界是神圣的，我就只能用拒绝像它是神圣的那样去采取行动来表示那种不信仰的态度，

---

　　①　《信仰的意志》，第 90 页；见第 1 页；和《真理的意义》，第 256 页。

这只能意味说,在一定危急时机就把这个世界当作不是神圣的那样,或以一种非宗教的方式来采取行动。"①"逻辑的谨严性"也许会做得过分,而使人即使在有盖然性的面前也实际上采取了一种拒绝的态度。第二,"在有一些情况中信仰创造了它自己的实证。"相信这个信仰者本人所参与的这个事业一定会成功的这个信仰培养了自信心,它将会有助于这个事业的成功。而宗教就是这样一种事业。"相信吧,而你就会是对的,因为你将会挽救了你自己。"②

总之,"真正没有科学的或其他的方法来帮助人们能以在相信过少和相信过多这两种相反的危险之间掌稳船舵。"③我们既不能把信仰限制于证明,因为那就会使我们放弃那些对我们来说,目前还很重要的真理的可能性;也不能完全使我们的信仰不受批评,因为那就会失掉我们达到真理的主要手段。对于信仰,是真正有所"取舍"的,这些选择是"活生生的",因为有一种选择的诱因;而且是"强迫的",因为拒绝选择事实上仍然是在选择。④　当有这样一种选择存在时,便允许可以有希望把客观的或理论上的盖然性变成主观的确定性。而像这样的一个重要的例子就是宗教。

§10. 反射动作和有神论　有一种宗教信仰在理论的根据上是最可能的,而同时就其"直接诉之于一切那些为我们所最敬佩的

---

① 《信仰的意志》,第53页。

② 同上书,第97页。

③ 同上书,第 xi 页,参见第128页。

④ 同上书,第3页。参见《几个哲学问题》,附录,"信仰和信念的权利"。

自然力量"①的这个广义而言又是最合理的,那种宗教信仰就是有神论。上帝被理解为"宇宙间最深刻的力量",这一种力量不是属于我们自己的,"它不仅支持正义,而且它就是正义,这种力量认得我们"。②"用最好的和最正当的反应来同他的创造物合作,这似乎是他对我们的一切要求。"③这样一种对世界的解释最完全地答复了我们的需要。"它把这个死板的、空洞的世界的'它'一变而成为一个活生生的'你',而整个人可以跟他打交道。""于是我们的意志本性必定一直到时间的终了为止经常对心灵的其他部门施加压力,使它们的功能导致有神论的结论。"④于是在这里便是这种可能的和最想要的宗教信仰。忽视它就是不相信它,而这是同样无端武断的,此外,还有一切实用上的损失;但同时接受它就有助于使它成为真的,因为人类的努力可以帮助树立善的优越性。但是有什么凭据可以用来支持它呢?

对于这个问题的答复包括着两部分:一部分是克服一些困难,例如科学的武断和"意识的混合"问题⑤;一部分是把关于"下意识自我"的学说应用于宗教经验。"我们曾看到这样的事实,即有意识的人是跟一个较广泛的自我连续着的,通过这个自我,达到这种储存着的经验,这种积极的宗教经验内容,而且在我看来,在它的活动范围以内,它在实际上和客观上乃是真的。"⑥当我们发问:

---

① 《信仰的意志》,第 110 页。参见第 122 页。
② 同上书,第 122 页。
③ 同上书,第 141 页。
④ 同上书,第 127 页。
⑤ 见本书第 381—382 页。
⑥ 《宗教经验种种》,第 515 页。又见"人们的精力",载《回忆与研究》。

"如果我们追溯意识到它较远的方面,我们的超边沿的意识将把我们带到多远的地方去"的时候,我们便开始了"超越的信仰";但是借助于一种现有心理学的理论所解释的神秘经验所提供的证据产生了倾向于有神论的假设的这样"一种显然巨大的盖然性"。①

§11. 决定论的进退两难　信仰自由和信仰上帝一样,是不能证明的。在这里,又是信仰在一个严格决定的世界和一个具有各种选择可能性的世界之间作一取舍。决定论"公然宣称,宇宙间那些业已确定的部分绝对地指定着和命令着其他部分将要成为什么"②。另一方面,非决定论却意味着说,有几种的未来是真正可能的,这就是说,它们是与同一过去相容的。在一个事实以后,发生这一系列的事情跟发生另一系列的事情是同样合理的而且这个事实并不能说明"别的事情是否会曾经代替它而发生"。③ 因为这个理由,这些事实本身既不能建立决定论,也不能否证它。而且既然这些事实都不是有决定性的,人们就有根据来考虑这些有关的严重的在实际上的争论之点。如果关于自由的假设是真的,它就使人从一个否则就是不可调和的情境中摆脱了出来;而如果因为他的怀疑还没有完全解除而不接受这个假设,他实际上就选择了另一条更坏一些而盖然性却并不更多一些的道路。

从道德的或宗教的观点看来,一个决定的世界乃是这样一个世界,在这里罪恶不仅是一个事实,如从任何假设上讲它都必然如此一样,而且也是一个必然。"把一个东西称为坏的,如果它有任

---

① 《宗教经验种种》,第513页;《多元的宇宙》,第309页。

② "决定论的进退两难",载《信仰的意志》,第150页;散见各处。

③ 同上书,第152页。又见第146、156页。

何意义的话,这只是意味着说,这个东西不该如此,代之而来的,应
该是另一东西。决定论,由于它否认有任何东西能够来代替它,事
实上把这个宇宙界说成是一个不可能有应该有的东西的地方——
换言之,界说为一个其组织为一种不可医治的病症、一种无可补救
的瑕疵所侵蚀的有机体。"①在这样一个宇宙间,只有两个宗教的
途径,失望或自制,——一种没有希望的抱怨,说这个世界不应该
如此,或者培养一个主观的意愿,想到任何东西应该如此。选择后
一条道路,或"知神论"(Gnosticism),作为获得心地安宁的唯一途
径,就是"放弃歉意的判断",而以一种予罪恶以理智的、情操的或
感性的宽恕来代替这种健康的在道德上去根除它的努力。② 另一
方面,非决定论乃是一种期望和摆脱的理论。③ 它给我以"这样一
个世界,在这里有着全然都好的一种机会";用"完全抛弃罪恶、把
它抛出九霄云外,并超过它有助于构成一个忘掉了罪恶的存在和
名称的宇宙"④的办法来逃避罪恶。

　　虽然信仰自由归根到底是一种信仰行为,但有根据来证明它
的可能性,乃至盖然性。自由并不是同任何已被发现的一致性是
不相容的,而只是同这种武断的说法,即:即使未曾发现一致性是
绝对的但它也必定是绝对的这个说法,是不相容的。如果在这个
世界里有任何真正新颖的东西,有任何方面,其未来不仅仅是过去
的一种展开而已,那么它就足以影响全体。在意志自由这种情况

---

①　"决定论的进退两难",同上书,第 161—162 页。
②　同上书,第 162 页等。
③　《实用主义》,第 119 页等。
④　同上书,第 297 页;《信仰的意志》,第 178 页和第 173 页等。

下，所要求的只是"在活动情境中的新颖特征"。这种"努力"或活动过程乃是一个整个的"意识场"①的形式，而对自由而言，所需要的只是这个过程的绵延和强度，不是"这个对象的固定的功能"。②活动的经验，当它产生时，就会贡献崭新的东西，这一点不仅与心理学所肯定的事实一致，而且也和激进的经验论的一般原理是相符的。旧事项可以发生新的关系；世界的统一体并不是凌空的和静止的，而是逐一连续的，有着无限止的变化而没有脱节和混乱。因此，非决定论只是一个在多元的宇宙中所要探索的东西。

　　§12. 多元论和一元论　多元论实质上就是否认绝对的一元论。"绝对的统一体不容许有程度的差别"，而多元论却要求"你允许事物中的某种分隔、某种独立的呼声、某种在部分之间彼此自由的活动、某种真实的新颖或机缘，即使是很微小的。"③而从这个意义讲来，多元论是詹姆士认识论的直接结果。首先，当绝对一元论的先验的必然性被否证时，绝对一元论马上就丧失了它的威信。从经验方面来说明知识，就是使得所有一切这种精细的冥想结构都成为不必要的了。作为一个假设，它还不是完全不能成立的，④但是从理智的经济性讲来，它和多元论将是不可比拟的，而且在它的体系中它带来了一些人为的困难。⑤　第二，在"外在关系"的事实中有正面的根据证明多元论的假设。"正因为这许多经验的连

---

①　《多元的宇宙》，第 391 页注。参见本书第 382—383 页。

②　《心理学原理》，第 2 卷，第 571 页。参见第 569—579 页。

③　《实用主义》，第 160 页。参见第 4 讲等。

④　《信仰的意志》，第 vii 页；《多元的宇宙》，第 292 页。

⑤　《真理的意义》，第 125 页等。

接似乎是外在的,所以一种纯经验的哲学在其本体论中就必然倾向于多元论。"关系可以按照它们是相对连接的或不连接的特点而排列起来:"会合"、"相连"、"接近"、"相似"、"相近"或"同时"、"在内"、"在上"、"相向"、"相随"、最后仅仅是"和"。它的各部分是如此关联着的,这个宇宙仍有足够的统一性来作为一个讨论的题目,但是它是一种"连接"的统一体,而不是一种"互相蕴涵"的统一体。①

　　这样一个结论对宗教的目的的重要性是明显的。在一方面,如我们所已见到的,恶并非必然为宇宙的其余部分所蕴涵,因此,从整个讲来,宇宙并不是跟它妥协的或为它所玷污的。但是另一方面,善也是处于同样的地位。善的优越性是并没有保证的,而只是成为可能的而且是作为一个奋斗的目标而投射在未来的。多元论"对于无可挽救的有病的灵魂是没有得救的福音的。"②它不是"软心肠人"的哲学;它只是为了那些战斗精神活泼的人们而使得人生成为是值得活下去的。③ 在对他父亲的"文学遗集"的导言中,詹姆士把宗教上要求一种最后的幸福区别于那种具有健康心灵的道德主义,在这里,"我们通过我们自己而感触到的这个生命足以为它本身保证,而没有什么东西诱使我们把它涉及一个较高的根源"。④ 就是这个注释统治着詹姆士的人生哲学。它说明了

---

① 《多元的宇宙》,第 321、325;359、361 页。见第 8 讲和附录 A。又见本书第 382 页。
② 《真理的意义》,第 228 页。
③ 见《实用主义》,第一讲和"人生是值得活的吗?",载《信仰的意志》。
④ 《亨利·詹姆士文学遗集》,第 514 页。

他对不朽是不大感兴趣的。① 他并不感觉到有必要来预先保证他自己个人的安全。但有关于别人利益的地方，他是具有软心肠的特色的，因而他深深地同情对宗教精神的这种较为缠扰不休而无可助益的渴望。但是他自己却是"愿意把这个宇宙当作是实在有危害的和有冒险性的，所以便不致逃避和喊着'停止比赛'。"②"善的实质只是满足需要"。但是可悲的事实乃是：需要是冲突着的而且是超过供应的。虽然有上帝作为"债权人之一"，给予人生以远景和希望，但这个胜利尚未赢得。如果我们有勇气如是地接受这个可疑的和危险的情境，"那就只有一条无条件的戒律，即带着恐惧和战慄，我们应该不断地作出决定和行动以获得我们所能见到的最大的全部善的宇宙。"③

四　结　论

我相信，这些就是詹姆士哲学的一些纯本质的东西以及联系它们的理论线索。像这样的一个概述必定全部失去了他的思想的生动形象的和带戏剧性的性质。他所特有的那种东西是不能重述的；因他自己的体裁是它所不可避免的和唯一适当的表达方式。但我提供这个粗略的提纲，是希望它可以对那些想要完整地领会这个哲学的人们有所帮助。詹姆士的研究领域即包括他的一切特殊问题的全景，包括全部人类的范围。一方面，是环境、一个不受

---

① 《宗教经验种种》，第 524 页；《人类的不朽》，第 3 页。

② 《实用主义》，第 296 页。

③ "道德哲学家和道德生活"，载《信仰的意志》，第 201、212、209 页等。

指使的呈现,它只同顺从于它的东西相协调,威胁着和障碍着每一种兴趣,而只是迟缓地和逐渐地屈服于道德的努力。另一方面,是人类,只要当他同这个环境发生了友好的关系时,他就发现了它是无限可能性的源泉。"通过缓慢地积累起来的选择的点滴",他好像一个雕刻家一样,从这个环境中浮雕出他所生活于其中的这个世界。詹姆士从未把这个世界和人的世界混淆起来,但他把如此逐渐达成的人的世界当作是他的研究的主要对象。人征服自然,首先是通过认知它,因此把它呈现出来以便于采取行动;第二,是作用于它,因此把它加以塑造以适合于他的目的。但是这两方面的操作都是同一活动的不可分割的部分,而通过这个活动,从原始的潜存中发展出一个人道化和道德化的世界来。因而当人努力完成他的自救时,哲学就成为对人的研究。他的禀赋和才能是什么?他的认识是怎样产生的,而认识的成功的标志是什么? 当实在通过人类心灵的媒介时它具有一些什么形式? 人所追求的善是什么? 他对最后成功的信仰有什么根据和理由?

詹姆士思想的特征和他对哲学使命的概念是密切联系着的。他对实在突出地具有一种非常的感觉。他有一种勇敢的欲望去认知最坏的东西,放弃幻想,信赖生活而接受它的挑战。他有一种不能比拟的才能,当事物成为心灵的内容而同化于生活时,在它们与人类有关的那些方面去领会事物。在观察这些连接和过渡的丰富细致的内容时,他的耐心是这样地不知疲倦,以致在他的批评者之中很少有人乃至有足够的耐心去跟随他的指引。为了忠实于他的经验的理想,他放弃了那种较为容易和粗暴的抽象哲学,而采取了这种比较困难而不易得结论的具体的殊性的哲学。而且最后,他有一种确实的探索人类有兴趣的和重要的问题的本能。为了人们,他试图答复这些为生活的迫切需要所导使他们去追问的问题。而在还得不到确切答复的地方,而且既然人们又必定需要生活,他便提出了信仰的支持。当他发现论据还不能得出结论时,他并不伪装确切,这时他感到虽然光线是暗淡的,但普通人类却是需要前进的。因此,他的哲学是他带领人们获得最明智的信仰的途径,而这种信仰是在人们的半明半暗之中所能达到的。他是一个坦率的偏向于人类的人,必要时,他并不欺骗他们,而给予他们以一切怀疑的益处。

把他的能力归之于他的天才就等于说他的能力是不能加以分析的。在他的时代中人们感觉到他是一个具有首创性的理智的和精神的力量,它不能加以区分和归类,正如他的哲学不能划入陈旧的学派类别一样。很容易说,不少地方他应该归功于他的文体;但也很清楚,他的文体的一切也应该归功于他。确实,他是一个爱好形式的人,具有最精微的感受性而为创造性的动力所激发的;但他的文体总是他的工具。他首先发现它是一个沟通的手段;因为他的思维的社会性质是他的最使人注意的地方。他为他的读者们写出了他对他们呈现在他面前没有错误地指导着他到达他们心灵的核心的这种生动的想象。而他的文体也是忠实地代表他的经验的手段。它是象征的和形象的,因为他所看见的这个世界乃是许多充满着新奇和特征的具体发生的事情所形成的一个行列。因为他的首创性并不在于他的发明,而是在于他的知觉的异乎寻常的新鲜和一种摆脱了习俗的想象力,它完全听从于他所发现的这个世界的那种原始的和天然的性质。他的思想总是有关于开展在他面前的这个现实的世界,有关于他所谓的"人生的特殊事实"。他很少依靠论辩,但是当传统哲学使问题抽象化而且把它封闭在私室之内时,他就使他的观察力量活跃起来。而且除了对特殊的东西具有这种第一手的熟悉以外,他还有一种追求形而上学冥想的深厚热情。正如自然的人是好奇的一样,他是好奇的、爱好冒险探索的;他不喜欢学派的纯技术的问题,而偏爱于较大的存在之谜。

他的资源绝不限于他自己观察的结果。他大概比他同时代的任何哲学家都阅读得广博些。然而他并不是为了博学而重视博学,而只是把它当作是获得启发的一种手段。他读书总是有选择的和融会贯通的;他立即把它变为理智上的养料,因而它给予他以力量和轻快,而绝不仅是一个负担。而且他从书本学习,也从人学习。有些人总是为他的爱好而不是为他的厌恶所控制,是慷慨而坦率的,他们对于别人是畏缩的,却把他们无疑是最好的东西给予了他。总之,他的心灵从本能上是具有鉴别作用的。他不仅从坏的知道好的,而且他是受一种显然独立的比例判断所指导的。他从来不仅仅因为一个东西获得了职业上或学院中的显耀而承认它是重要的;而且虽然他接受任何从人类讲来是重要的,即使在社会上也许是不光彩的东西,但是他很少受有名望的骗子所欺骗。

不可能把他理智上的天才和他的性格孤立开来。人人都知道的他的虚怀若谷,这仅仅是他的根本忠实的许多标志之一。不夸耀自己的意见,很少重视个人的特权,他的心灵总是灵活的和易于接受的。他的谦逊和忠直乃是力量的源泉。因为他的谦逊不是一种自我意识的形式,而是沉湎于他本人以外的事物或人物。而他的忠直不是一种幼稚的天真,而是一种动机上的诚实和坦率。他具有一定的尖锐和直率——一种能以立即触及事物核心的能力——这使得他成为最聪敏的顾问。但是他没有所企图掩饰的野心和所嫉妒的特权；因而他是以一种自然单纯和毫不注意社会显耀的态度来对待他的学生和朋友。他证明了可能具有嗜好和个人的特点而不高傲。而他的民主主义既是一种信仰，也是一种冲动。他诚意相信他的国家的制度和分享自由、和平和幸福的希望，而这是联合和推动人们从事文化工作的动力。

詹姆士并没有建立一个学派。他没有为培养门徒所必需的那种在学院里耐心进行培育的能力。和通过他而获得了他们自己的观念的那些人们比较起来，借用他的观念的人们为数甚微。作为一位导师，他的伟大在于他培植和孕育学术上的独立性。他称赞他自己的大学，因为它的个人主义和包容精神，以及它所给予他的那种把学术上的职责和学术上的方法服从于一个较大的为人类服务的职责的自由。因此，他的影响范围已扩大到欧洲的文化领域；然而他的多才多艺、他的自由的同情心、他的占统治地位的情欲和他对整个人类的深刻兴趣的一致性，而且特别是他的心肠的深厚良善，使得他的影响是多方面和属于全人类的，因而很少有人对它的反应是那么正统的和那么独特的。

人名对照表

三　画

马赫　E. Mach

马尔文　W. T. Marvin

马克思　K. Marx

四　画

贝克莱　G. Berkeley

孔德　A. Comte

文德尔班　W. Windleband

巴门尼德　Parmenides

韦斯特玛克　Westermack

冈瑟·雅科比　Günther Jacoby

五　画

艾瓦尔德　O. Ewald

艾伦斐尔斯　C. N. Ehrenfels

艾伦斐尔斯　C. V. Ehrenfels

皮尔逊　K. Pearson

布朗　Sir Thomas Browne

布耳　Boole

布什　W. T. Bush

布特鲁　E. Boutroux

布拉德莱　F. H. Bradley

布鲁诺　G. Bruno

尼尔德　J. Neild

卡尔金　M. W. Calkins

卡西尔　E. Cassirer

卡莱尔　Carlyle

皮亚诺　Peano

皮特金　W. B. Pitkin

圣托马斯　Saint Thomas

切斯特顿　G. K. Chesterton

六　画

乔基姆　H. H. Joachrim

华希纳　Büchner

休谟　D. Hume

华德　J. Ward

吉布生　W. R. Boyce Gibson

伍德布里季　F. J. E. Woodbridge

伐尼尼　Vanini

亚里士多德　Aristotle

汤姆森　J. Arthur Thomson

七　画

沃什伯恩　Washburn

纳托尔普　P. Natorp

伽利略　G. Galileo

阿尔比　E. Albee

阿基里斯　Achilles

阿伦纽斯　Arrhenius

阿万纳留斯　R. Avenarius

克尔文　Lord Kelvin

克拉克　Samuel Clarke

克利顿　J. E. Creighton
克利福德　Clifford
库蒂拉　Couturat
杜威　J. Dewey
杜·波依斯－雷蒙德　E. Du
　Bois Reymond
佛赖德尔　Pfleiderer
里德　T. Reid
里克特　H. Rickert
里乐伊　Le Roy
怀特　Andrew D. White
李卜曼　O. Liebman
李普士　Th. Lipps
狄奥尼修　Dionysius The Areopagite
狄尔泰　W. Dilthey

八　画

欧铿　R. Eucken
凯尔德　E. Caird
麦独孤　W. McDougall
麦塔格　J. M. E. McTaggart
麦尔布朗契　Malebranche
明斯特贝格　H. Münsterberg
罗素　B. Russell
罗伊斯　J. Royce
波德　B. H. Bode
朋纳　Burnet
拉缪斯　Ramus
拉喜戴尔　H. Rashdall
苏格拉底　Socrates
刻卜勒　J. Kepler
林赛　J. Lindsay

九　画

哈密顿　Hamilton

柏利　J. B. Baillie
柏比尼　G. Papini
柏格森　H. Bergson
柏拉图　Plato
柯亨　H. Cohen
柯立芝　Coleridge
柯里尔　Collier
洛克　J. Locke
洛奇　Sir Oliver Lodge
茂禄　P. Mauro

十　画

格林　T. H. Green
格迪斯　P. Geddes
海涅　H. Heine
纳恩　T. P. Nunn
朗格　F. A. Lange
席勒　F. C. S. Schiller
桑太耶那　G. Santayana
泰勒　A. E. Taylor

十 一 画

培根　F. Bacon
培左特　J. Petzoldt
笛卡尔　R. Descartes
莱曼　E. W. Lyman
梅森　M. P. Mason
康德　I. Kant
康帕耐拉　T. Campanella

十 二 画

费尔巴哈　A. L. Feuerhach
费尔丁　H. Fielding
费希特　J. G. Fichte

费勒尔　J. F. Ferrier

斯蒂芬　L. Stephen

斯密特　K. Schmidt

斯宾塞　H. Spencer

斯坦因　L. Stein

斯宾诺莎　B. Spinoza

斯特尔特　H. Sturt

斯特劳斯　D. Strauss

斯鲍尔丁　E. G. Spaulding

韩德　J. E. Hand

韩庭顿　E. V. Huntington

琼斯　H. Jones

惠卫尔　Whewell

舒乐德　Schroeder

奥悌里亚　Ottilis

奥斯瓦尔德　W. Ostwald

黑格尔　G. W. T. Hegel

黑克尔　E. Haeckel

彭加勒　H. Poincaré

温莱　Wenley

策勒　E. Zeller

十　三　画

雷伊　M. A. Rey

詹姆士　W. James

焦尔　Joule

瑞希廉派　Ritschlians

爱默生　Emerson

蒙塔古　Montague

十　四　画

赫尔曼　Hermane

赫胥黎　T. H. Huxley

赫拉克利特　Heraclites

豪伊森　G. H. Howison

十　五　画

摩尔　A. W. Moore

摩尔　G. E. Moore

摩尔莱　J. Morley

鲁克尔　P. Rücke

诺瑞斯　L. W. Norris

十　六　画

霍布斯　T. Hobbes

霍尔特　E. B. Holt

霍佛丁　H. Höffding

霍格森　S. Hodgson

霍布豪斯　L. T. Hobhouse

穆勒　J. S. Mill

鲍兹曼　Bollzman

鲍尔森　Fr. Paulsen

十　七　画

谢灵顿　C. S. Sherrington

谢佛尔　H. M. Sheffer

戴达尔　J. Tyndall

书名对照表

《在一个经验世界中感情事实的地位》，詹姆士著　*The Place of Affectional Fact in a World of Pure Empiricism*，by W. James

《在基督教界中科学与神学的战争史》，怀特著　*A History of Warfare of Science with Theology in Christendom*，by Andrew D. White

《多元的宇宙》，詹姆士著　*Pluralistic Universe*，by W. James

《早期希腊哲学》，朋纳著　*Early Greek Philosophy*，by Burnet

《共和国》，柏拉图著　*Republic*，by Plato

《达尔文对哲学之影响及其他论文》，杜威著　*Influence of Derwin on Philosophy and Other Essays*，by J. Dewey

《达尔文的生平与书信》，弗·达尔文编　*Life and Letters of Charles Darwin*，by F. Darwin

《存在，意义和实在》，摩尔著　*Existence，Meaning and Reality*，by A. W. Moore

《动物之心灵》，沃什伯恩著　*The Animal Mind*，by M. F. Washburn

《休谟哲学中被忽视之一点》，蒙塔古著　*A Neglected Point in Hume's Philosophy*，by W. P. Montague

《亚里士多德学会学报》　*Proceedings of the Aristotelian Society*

《回忆与研究》，詹姆士著　*Memories and Studies*，by W. James

《决定和错误》，马赫著　*Erkenntnis und Irrtun*，von E. Mach

《价值论体系》，艾伦斐尔斯著　*System der Wertheorie*，von C. V. Ehrenfels

《价值的定义》，培里著　*The Definition of Value*，by R. B. Perry

《伦理学》，斯宾诺莎著　*Ethics*，by B. Spinoza

《伦理学导言》，格林著　*Prolegomena to Ethics*，by T. H. Green

《伦理的科学》，费希特著　*Das System der Sittenlehre*，von J. G. Fichte

《伦理学原理》，摩尔著　*Principia Ethica*，by G. E. Moore

《伦理学要素》，罗素著　*The Elements of Ethics*，by B. Russell

《迈农的复杂体和假设的学说》，罗素著　*Meinong's Theory of Complexes and Assumptions*，by B. Russell

《创化论》，柏格森著　*Creative Evolution*，by H. Bergson

《论自然知识之限度》，杜·波依斯－雷蒙德著　*Uber die Grenzen des Nature Kennen*，von E. Du Bois-Reymond

《论真理的本质》,罗素著 *On The Nature of Truth*, by B. Russell

七　画

《形而上学与道德评论》,里乐伊著 *Revue de Metaphysique et de Morale*, par E. LeRoy

《形而上学要素》,泰勒著 *Elements of Metaphysics*, by A. E. Taylor

《形而上学原理》,费勒尔著 *Institutes of Melaphysics*, by J. F. Ferrier

《利维坦》,霍布斯著 *Leviathan*, by T. Hobbes

《判断之性质》,摩尔著 *The Nature of Judgement*, by G. E. Moore

《近代哲学》,雷伊著 *La Philosophie Moderne*, par M. Abel Rey

《近代哲学史》,霍佛丁著 *History of Modern Philosophy*, by H. Höffding

《进化和唯心主义》,豪伊森著 *Evolution and Idealism*, by G. H. Howison

《进化的限度与其他论文》,豪伊森著 *The Limits of Evolution and Other Essays*, by G. H. Howison

《进化和伦理》,赫胥黎著 *Evolution and Ethics*, by T. H. Huxley

《社会改革家的有效信仰》,琼斯著 *The Working Faith of the Social Reformer*, by H. Jones

《作为一个实用信念的唯心主义》,琼斯著 *Idealism as a Practical Cread*, by H. Jones

《时间与自由意志》,柏格森著 *Time and Free Will*, by H. Bergson

《里德哲学文集》,哈密顿编 *Philosophical Works of Thomas Reid*, edited by Sir W. Hamilton

《亨利·詹姆士文学遗集》 *Literary Remains of Henry James*

《系统哲学文献汇编》,斯坦因著 *Archiv für Systematishe Philosophie*, von L. Stein

《阿万纳留斯和纯粹经验的立场》,布什著 *Avenarius and The Standpoint of Pure Experience*, by W. T. Bush

《纯粹理性批判》,康德著 *Critique of Pure Reason*, by I. Kant

《纯悟性逻辑》,柯亨著 *Logik der reinen Erkenntniss*, von H. Cohen

《纯意志的伦理学》,柯亨著 *Die Ethik des reinen Willens*, von H. Cohen

八　画

《宗教的医治》,布朗著 *Relogio Mediel*, par Sir Thomas Browne

《宗教经验种种》,詹姆士著

M. E. McTaggart

《散文选》,海涅著　*Prose Writings*, by Heine

《斯芬克司之谜》,席勒著　*Riddle of the Sphinx*, by F. C. S. Schiller

十　三　画

《数学原理》,罗素著　*Principles of Mathematics*, by B. Russell

《数学年鉴》　*Annals of Mathematics*

《意识之性质》,伍德布里季著　*The Nature of Consciousness*, by F. J. E. Woodbridge

《意识存在吗?》,詹姆士著　*Does Consciousness Exist?*, by W. James

《意识之概念》,霍尔特著　*Concept*

of Consciousness, by E. B. Holt

《感觉的分析》,马赫著　*Analysis of Sensation*, by E. Mach

十　四　画

《精神之生命》,欧铿著　*The Life of Spirit*, by R. Eucken

十　五　画

《德国哲学之现状》,艾瓦尔德著　*The Present State of Philosophy in Germany*, by O. Ewald

十　六　画

《激进经验主义论文集》,詹姆士著　*Essays in Radical Empiricism*, by W. James

图书在版编目(CIP)数据

现代哲学倾向:评自然主义、唯心主义、实用主义和实在论,兼论詹姆士的哲学/(美)拉尔夫·巴尔顿·培里著;傅统先译.—北京:商务印书馆,2022
ISBN 978-7-100-20540-5

Ⅰ.①现… Ⅱ.①拉… ②傅… Ⅲ.①现代哲学—研究—西方国家 Ⅳ.①B15

中国版本图书馆 CIP 数据核字(2021)第 273709 号

现代哲学倾向
——评自然主义、唯心主义、实用主义和
实在论,兼论詹姆士的哲学
〔美〕拉尔夫·巴尔顿·培里 著
傅统先 译

商 务 印 书 馆 出 版
(北京王府井大街 36 号 邮政编码 100710)
商 务 印 书 馆 发 行
北京市十月印刷有限公司印刷
ISBN 978-7-100-20540-5

2022 年 3 月第 1 版　　　　开本 850×1168 1/32
2022 年 3 月北京第 1 次印刷　　印张 13¾
定价:69.00 元